W0095886

Axel Becker
DIE TOLERANZFALLE

Axel Becker

DIE TOLERANZ-FALLE

Was grenzenlose Liberalität uns und
unseren Kindern antut

Das Werk einschließlich aller seiner Teile ist urheberrechtlich geschützt. Jede Verwertung ist ohne Zustimmung des Verlags unzulässig. Das gilt insbesondere für Vervielfältigungen, Übersetzungen, Mikroverfilmungen und die Einspeicherung und Verarbeitung in elektronische Systeme.

Dieses Buch ist erhältlich als:
ISBN 978-3-407-86411-6 Print
ISBN 978-3-407-86419-2 E-Book

1. Auflage 2016

© 2016 im Beltz Verlag
in der Verlagsgruppe Beltz · Weinheim Basel
Werderstraße 10, 69469 Weinheim
Alle Rechte vorbehalten
Umschlaggestaltung: www.anjagrimmgestaltung.de,
Stephan Engelke (Beratung)
Lektorat: Barbara van Benthem, Tutzing
Gesamtherstellung: Beltz Bad Langensalza GmbH,
Bad Langensalza
Printed in Germany

Weitere Informationen zu unseren Autoren und Titeln finden
Sie unter: www.beltz.de

Kinder und Jugendliche
haben das Recht,
Grenzen auszutesten,
Erwachsene die Pflicht,
ihnen Grenzen zu setzen.

INHALT

EINLEITUNG

Auf einem Workshop kam ich mit einem jungen Strafgefangenen ins Gespräch. Dieser junge Mann, der dem Dozenten bei den Übungen assistierte, hatte mit 19 Jahren einen bewaffneten Raubüberfall begangen und war daraufhin in Haft gekommen. Während der Mittagspause berichtete er mir, dass er schon als Kind Probleme gehabt habe, sich an Regeln zu halten. Mit 13 Jahren sei er dann kriminell auffällig geworden, in den Folgejahren kamen immer neue Fälle hinzu. »Und all diese Jahre hindurch, nach jedem neuen Fall«, so sein Vorwurf, »haben sie mich nur vollgelabert und mich in dem Glauben gelassen, ich könne immer so weitermachen. Wirklich passiert ist sieben Jahre lang nichts. Erst dann, als ich 19 war. Ist das fair?«

Ich konnte diesem Vorwurf nicht widersprechen. In meiner 30-jährigen Arbeit als Lehrer mit verhaltensschwierigen Kindern und Jugendlichen habe ich immer wieder die Erfahrung gemacht, dass endlose Mahnungen, Erklärungen und Strafpredigten gegenüber dissozialem und gewalttätigem Verhalten wenig bewirken.

Dies gilt auch für viele der üblichen Interventionen auf Regelverstöße oder Gesetzesübertretungen. Sie werden von verhaltensschwierigen jungen Menschen weder besonders ernst genommen noch als wirksam eingeschätzt.

Dieser Sichtweise entsprachen auch die Klagen von Pädagogen, für die ich seit 2001 im Themenbereich Gewaltprävention Fortbildungen gegeben habe. Verstörend war vor allem die Erkenntnis, wie wenig Wirkung gut gemeinte, von Toleranz und Verständnis geprägte Reaktionen gegenüber dissozialen Verhaltensweisen zeigten. Angesichts akuter Probleme und des Anspruchs der Politik, im Rahmen der Inklusion verhaltensschwierige Kinder und Jugendliche in die Regelschulen aufzunehmen, fühlten sich die Kollegen hilflos und überfordert. Doch nicht nur Schule und andere pädagogische Einrichtungen sind betroffen. Klagen kommen aus allen Bereichen der Gesellschaft. Aus Gesprächen mit Mitarbeitern anderer Institutionen, von Freizeiteinrichtungen und Verkehrsbetrieben lassen sich ähnliche Probleme erkennen. Die Wirtschaft beklagt bei vielen Berufsanfängern nicht nur unzureichende Kenntnisse der grundlegenden Kulturtechniken, sondern vor allem einen auffälligen Mangel an persönlichen und sozialen Kompetenzen. Eltern sind mit der Erziehung zunehmend überfordert, und in den Medien finden sich fast täglich Meldungen über dissoziale Verhaltensweisen von Kindern und Jugendlichen in der Öffentlichkeit. Was bei jungen Menschen zur Gewohnheit wird, hört mit dem Beginn der Volljährigkeit nicht auf.

Als Lehrer macht es mich betroffen, dass sogar Pädagogen vor den anstehenden Problemen kapitulieren. Diese Betroffenheit gilt auch jenen, die durch ihr Verhalten die Schwierigkeiten hervorrufen. Sie haben das Recht auf die bestmögliche Förderung. Und wer, wenn nicht wir als Pädagogen, sollte dazu in der Lage sein. Dabei soll keineswegs übersehen werden, dass die tieferen Ursachen vieler Verhaltensprobleme in sozialen und ökonomischen Mängeln gründen, die nur auf lange Sicht verändert werden können. Doch dies kann keine Entschuldigung dafür sein, einer langsamen Erosion der sozialen Umgangsformen tatenlos zuzuschauen und die gegebene Situation zu akzeptieren. Sind junge Menschen mit sozialen Defiziten erwachsen geworden, begrenzen sich in einer freien Gesellschaft die Möglichkeiten für eine nachhaltige Prävention und Intervention. Umso mehr stehen die Gesellschaft und ihre Institutionen in der Verantwortung, früh und eindeutig einer dissozialen Entwicklung entgegenzuwirken. Allerdings erfüllen sie diese Aufgabe mancherorts eher schlecht als recht. Das hat vielfältige Ursachen, die aktuelle gesellschaftliche Einstellungen und Haltungen spiegeln. Viele Bedingungen, die ich als Einschränkung der pädagogischen Handlungsfähigkeit erlebt habe, sind veränderbar. Dies betrifft neben bürokratischen, juristischen und finanziellen Einschränkungen vor allem den individuellen Umgang mit dissozialen Verhaltensweisen. Das allerdings setzt die Bereitschaft voraus, sich von einigen Illusionen zu lösen und die Probleme differenzierter zu betrachten. Es gilt, sich aus einer Art ideologischer Selbstbeschränkung zu befreien. Aus Verständnis für die individuellen und sozialen Schwierigkeiten der betroffenen Kinder und Jugendlichen wird oft alles vermieden, was den Anschein von Konsequenz und Begrenzung erwecken könnte.

Diese Haltung findet sich nicht nur bei professionellen Pädagogen, sondern kennzeichnet die Ansicht breiter Bevölkerungsschichten. Die Aufbruchsstimmung pädagogischer Reformdiskussionen der letzten Jahre beförderte eine öffentliche Erwartungshaltung an die positive Wirkung einer Erziehungspraxis, die vornehmlich auf eine tolerante Vorgehensweise gründet. Aber nicht selten scheitern Eltern ebenso wie Pädagogen und andere erziehungsrelevante Berufsgruppen mit dieser einseitigen Sichtweise an der Realität. Viele Kinder und Jugendliche entsprechen nicht den idealen Ansprüchen an das erwartete sozial kompetente Verhalten.

Was schon im schulischen Bereich misslingt, setzt sich unter ungünstigeren Vorzeichen im Leben der jungen Erwachsenen fort und prägt immer stärker die öffentliche Kommunikation. Rüpelhaftigkeit, Rücksichtslosigkeit und Aggressionen nehmen zu und werden nicht selten als Ausdruck individueller Freiheitsäußerungen (miss)verstanden. Das Gefühl der allseitigen Überforderung von Eltern, Pädagogen und betroffenen Bürgern zeigt sich in Hilflosigkeit und Resignation.

Was tun? Erziehungsideale und -modelle müssen überprüft werden. Es gilt, kritisch zu hinterfragen, ob deren hoher Anspruch auf Freiwilligkeit, Einsicht und Selbstständigkeit die aktuell vorhandenen Fähigkeiten sozial behinderter junger Menschen in vielerlei Hinsicht überschätzt. Dabei fängt die Handlungsunsicherheit von Lehrern, Eltern und Erziehern keineswegs erst bei schweren, medienträchtigen Vorkommnissen an. Kein dissozial auffälliger, gewalttätiger Jugendlicher beginnt als Intensivtäter. Aber jeder dieser jungen Menschen wird mit Erfahrungen groß, die sein weiteres Verhalten mitbestimmen. So zeigen sich die Probleme schon im alltäglichen Umgang mit sozial belastenden Verhaltensweisen. Indem Erwachsene hierbei oft nachlässig oder unsicher intervenieren, werden den Kindern und Jugendlichen, die mit ihrem Verhalten Schwierigkeiten haben, vielversprechende Orientierungen und Hilfestellungen für ihre Persönlichkeitsentwicklung vorenthalten.

Begünstigen wir also mit unseren Erwartungen und Idealen, mit unserem Denken und Handeln, vor allem aber mit unseren Unterlassungen die Entstehung und Ausbreitung dissozialen und vielfach gewalttätigen Verhaltens? Bieten wir denen, die mit dem Prozess der sozial-emotionalen Entwicklung größere Schwierigkeiten haben und deshalb besonderer Hilfe bedürfen, ausreichend Unterstützung und Halt? Reicht unser liberales und auf oft grenzenlose Toleranz fußendes Verständnis von Erziehung aus? Falls nein, wie könnten wir es besser machen, ohne in autoritäre Erziehungsmuster der Vergangenheit zurückzufallen? Fragen, die uns tagtäglich beschäftigen und in Zukunft an Dringlichkeit gewinnen werden. Das gilt nicht nur im Hinblick auf die beabsichtigte Inklusion verhaltensschwieriger Schüler in die allgemeinbildende Schule, sondern ganz aktuell auch hinsichtlich hunderttausender junger Menschen, die mit den Verhaltens- und Wertvorstellungen fremder Kulturen im Gepäck als Flüchtlinge zu uns kommen und in das demokratische Wertesystem einer offenen, liberalen Gesellschaft integriert werden müssen.

Ganz gleich, ob wir aus professionellem Interesse, als Lehrer, Erzieher, Eltern oder interessierte Bürger damit konfrontiert werden – die Aufgabe, jungen Menschen die Regeln unseres Rechtsstaates und einer freien, offenen Gesellschaft zu vermitteln, geht uns alle an. Es ist eine der schwierigsten und zugleich entscheidendsten Fragen unserer heutigen Gesellschaft. Von ihrer Beantwortung wird abhängen, ob und wie wir die sozialen und politischen Probleme in der nahen Zukunft meistern können.

Anmerkung: Wenn im folgenden Text die Bezeichnung der Berufsgruppen in der männlichen Form erfolgt, so ist damit keine Benachteiligung der Frauen, sondern nur eine bessere Lesbarkeit beabsichtigt.

I. WAS LÄUFT, ABER NICHT GEHT

An allem Unfug, der passiert,
sind nicht etwa nur die schuld, die ihn tun,
sondern auch die, die ihn nicht verhindern.
Erich Kästner

Passiert ja doch nichts.
Ein Schülerspruch

1. MISSVERSTANDENE VIELFALT ...

Eine fast alltägliche Situation: Stellen Sie sich vor, Sie sind Lehrer, laufen durch das Schulgebäude, und Ihnen begegnet ein fremder Jugendlicher. In selbstverständlicher Gewissenhaftigkeit – Sie sind ja für die Sicherheit der anwesenden Schüler verantwortlich – fragen Sie den jungen Mann: »Wo möchten Sie denn hin?«, oder auch: »Kann ich dir helfen?« Wenn Sie den hippen Sound großstädtischer Umgangsformen gewohnt sind, werden Sie wahrscheinlich nicht überrascht sein, wenn die Antwort lautet: »Was geht dich das an, Alter?«, und Sie ansonsten ignoriert werden.

Abgesehen davon, dass dies eine recht harmlose Variante der möglichen Antworten darstellt, werden Sie jetzt vielleicht denken: Ja, was soll's? Für viele junge Menschen ist das doch völlig normal heutzutage. Sie sind es in ihrem Umfeld einfach so gewohnt. Wo ist das Problem?

In meinen Seminaren zur Gewaltprävention stelle ich den Teilnehmern häufig solche Beispielsituationen zur Abstimmung. Wer stört sich an dieser Antwort, interveniert vielleicht gar? Wer nimmt sie hin, auch wenn sich in den verschütteten Resten seines erzieherischen Anspruchs ein leiser Unmut regt, oder wem ist dies überhaupt gleichgültig? Kaum ein Teilnehmer nimmt wirklich Anstoß. Die meisten tolerieren solch ein Verhalten als Umgangsform, die sie zwar nicht begrüßen, aber achselzuckend akzeptieren, weil sie sich mittlerweile vielerorts eingebürgert hat. Sie sind es leid, sich damit auseinanderzusetzen. Aber auch wer solchen Antworten als Ausdruck jugendlichen Freiheitsbedürfnisses viel Verständnis entgegenbringt, wird zugestehen müssen, dass die Gewöhnung daran weder für die zwischenmenschliche Kommunikation noch für die Verhaltenserwartungen der künftigen Berufswelt der Jugendlichen förderlich ist.

Was tun? Wir müssen durch einen nachhaltigen Lernprozess der Einstellung entgegenwirken, dass solch ein Verhalten in der Gesellschaft »normal« sei – was allerdings nur gelingt, wenn die Erwachsenen es tatsächlich nicht für normal halten. Und hier haben wir schon ein erstes Problem.

Um dem vorschnellen Einsortieren in Vorurteilsschubladen vorzubeugen: Es geht nicht darum, »unangepasstes« Verhalten zu unterbinden, nicht um grüne oder blaue Haare, Piercings, den Musikgeschmack, alternative Formen des sozialen Zusammenlebens oder der politischen Meinungsäußerung. Es geht um wohlbegründbare Verhaltensweisen, die das soziale Zusammenleben in unserer Gesellschaft regeln und prägen und deren Missachtung allen Beteiligten letztlich zum Schaden gereicht.

Wir dürfen sozial negatives Verhalten nicht hinnehmen, weil das gehäufte Auftreten zu einer unerwünschten Veränderung in der kommunikativen Atmosphäre einer Gemeinschaft führen kann. Da solche Reaktionen bei manchen jungen Menschen Testcharakter haben, ist eine Steigerung nicht ungewöhnlich. Der Nächste, der eine ähnliche Frage stellt, bekommt vielleicht zu hören: »Verpiss dich, Alter«, oder auch: »Fick dich«, körpersprachlich ergänzt durch den gestreckten Mittelfinger. Nicht nur Pädagogen an Brennpunktschulen können von der schleichend zunehmenden Vermehrung dieser Umgangsformen seit Jahren ein Lied singen. Auch das öffentliche Umfeld ist davon betroffen. Es sind oft ununterbrochene Aneinanderreihungen von Respektlosigkeiten und Provokationen bis hin zu körperlicher Aggressivität, die täglich ertragen werden müssen. Während der einzelne Bürger in hilfloser Resignation die Begegnung mit größeren Gruppen Jugendlicher unter diesen Umständen zu meiden versucht, zeigen sich bei den betroffenen Pädagogen die Folgen in hohen Krankenständen und zunehmenden Burn-out-Diagnosen. Wer hier nicht schon am Anfang beginnt, Grenzen zu ziehen, kann schnell den Kompass für die Beurteilung sozial akzeptierten Verhaltens verlieren.

Vor allem junge Menschen, die Ähnliches in ihrem privaten

Umfeld täglich erleben und weitere Verhaltensvorbilder hauptsächlich aus den Medien und der Peergroup entnehmen, neigen
dazu, ihre gewohnte Kommunikation für normal zu erachten.
Das ist verhängnisvoll, besonders für die Lebens- und Berufs-
perspektiven dieser jungen Menschen. Nach Aussagen der In-
dustrie- und Handelskammer Berlin im Jahr 2014 sind für 30 Prozent der Unternehmen soziale Kompetenzen wichtiger als das
Abschlusszeugnis.

Das könnte für viele eine Chance sein. Doch die Klagen, die
von den Ausbildungsstätten der Wirtschaft über das Sozialverhalten mancher Azubis geführt werden, geben zu denken. Jedes
dritte Unternehmen moniert mangelnde Umgangsformen. Sei
es der Umgang mit Vorgesetzten oder Kunden, die Unfähigkeit
Kritik zu ertragen, mangelnde Zuverlässigkeit bis hin zu nach-
lässigem Umgang mit Werkzeug und Materialien.

Flapsige Antworten, so berichtete mir ein Handwerksmeister,
hätte er früher manchmal selbst gegeben. Damit könne er umgehen. Doch habe er immer ein Gefühl dafür gehabt, was der Situation angemessen war und wo die Grenzen lagen. Heute dagegen
empfinde er viele Azubis als dreist und anmaßend. Sie riskierten
eine große Lippe, ohne dies durch Können und Interesse an der
Tätigkeit zu bestätigen. Auch fehle ihnen eine realistische Selbsteinschätzung, was häufig Fehler provoziere und eine kritische
Reflexion über das eigene Verhalten erschwere. Dazu gehörten
auch pünktliches Erscheinen, insbesondere bei Verabredungen
mit Kunden und Arbeitskollegen, sowie rechtzeitige Benachrichtigung im Fall von Krankheit. Er habe manchmal den Eindruck,
als hätten die Jugendlichen dafür kein Problembewusstsein. Das
gelte auch für die Auswirkungen auf die Arbeit von Kollegen,
die zu Recht ungehalten seien, wenn Absprachen und Termine von den Azubis nicht eingehalten würden. Die Reaktion auf
Zurechtweisungen sei dann häufig entweder ein kindliches Be-
leidigtsein oder aufbrausende Abwehr. Klarzumachen, dass die
Ordnung und Pflege des Materials von erheblicher Bedeutung
sei, sei ebenfalls nicht einfach. Dies als niedere und damit unan-

gemessene Tätigkeit zu betrachten, scheine unter jungen Leuten wohl inzwischen üblich.

Besonders ärgerlich empfand der erfahrene Handwerker den oft erlebten Mangel an Teamfähigkeit. Persönliche Animositäten, die sich bis zu mobbingähnlichen Zuständen steigerten, stünden einer konstruktiven Zusammenarbeit nicht selten entgegen. Den jungen Leuten falle es offensichtlich schwer, ihre eigenen Befindlichkeiten zurückzustellen. Statt sich gegenseitig zu helfen, würden die Schwächen anderer ausgenutzt, auch um sich selbst zu profilieren. Die Fähigkeit, Schwierigkeiten auszuhalten, vielleicht auch einige Zeit mit einem weniger verständnisvollen Kollegen zusammenzuarbeiten, sei immer seltener zu beobachten. Dafür steige die Neigung, schon bei kleinen Problemen alles aufzugeben.

Ich hatte Ähnliches selbst festgestellt. Während verschiedener Praktikumsbegleitungen konnte ich erleben, wie persönliche Streitigkeiten zwischen Praktikanten die Arbeitsatmosphäre überlagerten und manche Anforderungen als unzumutbar angesehen wurden, was in einigen Fällen sogar zum Abbruch des Praktikums führte. Die Jugendlichen verhalten sich oft so, wie sie es aus ihrer Freizeit, aber auch aus der Schule gewohnt sind, und gehen mit ihrem Umfeld entsprechend um. Dass man am Arbeitsplatz allerdings selten Verständnis für jugendkulturelle Umgangsformen aufbringt, ist naheliegend. Nehmen wir nur das harmloseste der obigen Beispiele. Haben Sie schon mal Ihrem Chef auf eine seiner Fragen entgegnet: »Was geht dich das an, Alter?«

Ehemalige Schüler berichteten mir des Öfteren, dass die so mühselig ergatterte Berufsbildungsmaßnahme sehr plötzlich beendet war, weil sie auf wiederholte Ermahnungen mit Sprüchen reagiert hatten, die sie, anders als die Ausbilder, für »normal« hielten. Bei manchen vorzeitig abgebrochenen Betriebspraktika, von denen Kollegen berichteten und die ich oft genug selbst miterleben musste, waren es dauernde Unpünktlichkeit und Unzuverlässigkeit in Verbindung mit provokantem Verhalten, die das Scheitern bewirkten. Sicher auch eine Folge des aus der Schule gewohnten langmütigen Umgangs mit unakzeptablen Verhaltensweisen. Oft reichen die halbherzigen pädagogischen Reaktionen nur vom völligen Ignorieren bis zu wortreichen »Predigten«. Bewirkt wird leider meist das Gleiche: nämlich der Lerneffekt, dass ja doch nichts wirklich passiert, wenn man sich in dieser Weise verhält. Mit ihren besonderen Antennen für solche Situationen spüren Kinder und Jugendliche die Ambivalenz in der Einstellung der Erwachsenen sofort und nutzen sie, um ihre Grenzen zu erweitern. Durch die Lerntheorie ist mittlerweile bestätigt, dass provokantes, forderndes Verhalten durch Nachgiebigkeit verstärkt wird. Diese als komplementäre Eskalation bezeichnete Dynamik kann zu immer höheren Provokationsniveaus führen und manchmal damit enden, was durch Verständnis heischende Nachsicht eigentlich vermieden werden sollte: in einer von negativem und feindseligem Verhalten geprägten gegenseitigen Wahrnehmung.

Besonders betroffen von dieser Dynamik ist das Verhältnis junger Menschen zur Polizei. Anlässlich einer der unzähligen Tagungen zur Jugendgewalt berichtete mir ein Oberkommissar der Schutzpolizei, was ihn bei diesem Thema besonders belastete. Der gegenseitige Austausch war so interessant, dass wir den anstehenden Vortrag ohne den Anflug eines schlechten Gewissens schwänzten.

Der Beamte, ein Mittvierziger mit wenigstens zwei Jahrzehnten Praxiserfahrung, wirkte so gar nicht »bullenmäßig«, wie das Klischee diese Berufsgruppe oft zeichnet. Er vermittelte eher das Bild eines Sozialarbeiters, der viel über die Hintergründe des Verhaltens von Kindern und Jugendlichen reflektierte, aber mittlerweile ziemlich desillusioniert war. Sehr oft werde er in seiner Arbeit mit Jugendlichen konfrontiert, die jeglichen Respekt vor der Polizei verloren hätten. Kennzeichnend dafür sei weniger die Abwehr, sich Verhaltensvorschriften machen zu lassen, als vielmehr eine verächtliche Haltung einem Vertreter des »Systems« gegenüber, die vor allem sprachlich, manchmal aber auch tätlich zum Ausdruck komme. Besonders gegenüber Gruppen sei die Kommunikation schwierig. In der Öffentlichkeit von einer Horde pubertierender Halbwüchsiger als Hurensohn, Missgeburt oder auch nur Drecksbulle bezeichnet zu werden und für alle ausgleichenden Bemühungen nur höhnisches Gelächter zu ernten sei besonders dann belastend, wenn unbeteiligte Passanten zugegen seien. Einerseits könne er selbst solche Beleidigungen rationalisieren und im Interesse der Deeskalation damit umgehen, andererseits spüre er, dass die zuhörenden Bürger etwas erwarteten, was er und seine Kollegen in solchen Situationen nicht leisten könnten: Achtung gegenüber einem Vertreter des Rechtsstaats durchzusetzen, damit der Bürger diesem Rechtsstaat auch vertrauen könne. Da sei bei vielen inzwischen etwas Grundsätzliches hinsichtlich des gegenseitigen Respekts und des zivilen Umgangs verloren gegangen.

Gleiches gilt für den sprachlichen Umgang junger Menschen untereinander. So ist jugendtypische Sprache oft durch Klischees bestimmt, die umso einfältiger ausfallen, je bildungsferner sich das soziale Umfeld darstellt. Hier wird es durchaus problematisch. Denn dieser Wortschatz ist nicht ›neutral‹. Da wimmelt es von Begriffen, die Erwachsene unschwer als Beschimpfung, Provokation, Beleidigung, Abwertung oder schlicht als Geschmacklosigkeit identifizieren können. In sozial belasteten Gegenden bestehen manche Gespräche unter Jugendlichen nur noch aus einer Aneinanderreihung einfältiger Obszönitäten.

»Du Spast«, »Wichser«, »schwule Sau« und ähnlich aufmunternde Begrüßungsformeln sind als typische Anrede Pubertierender untereinander keineswegs nur in bestimmten Sozialmilieus üblich. Auch Gymnasiasten erfreuen sich dieser anheimelnden Kommunikationsformen. Sie sind Anlass für unzählige Reibereien und Gewalttätigkeiten, wobei es nicht einmal zu körperlichen Übergriffen kommen muss, um das soziale Klima nachhaltig zu schädigen. Die psychische Ebene wirkt viel perfider. Der oder die Unterlegene ist »der Hurensohn«, »das Opfer«, »die Schlampe«. Das bleibt nicht ohne Wirkung, schleicht es sich doch als selbstverständliches Sprachverhalten in die alltägliche Gewohnheit.

Im Ergebnis können unsichere Kinder und Jugendliche nicht mehr zwischen provokanten und »normalen« Äußerungen differenzieren. Gleichzeitig reagieren sie auf Äußerungen und Verhaltensweisen, die sie nicht einordnen können, ausgesprochen ablehnend bis aggressiv, weil sie alles als Provokation einschätzen und ihre Umwelt als feindselig deuten. Schon ein Lachen kann verkehrt sein, denn es könnte ja ein »Auslachen« bedeuten. Die berüchtigte, oft von muslimischen Jugendlichen verwandte provokant drohende Frage »Was guckst du?« ist ein typisches Beispiel. Aufgrund ihres gestörten Selbstbewusstseins nehmen diese Kinder das wahr, was sie erwarten, und handeln entsprechend. Diese Art von sozialem Analphabetismus verstärkt die alterstypische Neigung, die Beziehung zu anderen Menschen durch Fundamentalismen und Absolutheitsaussagen zu kennzeichnen. Die sind dann »immer blöd«, und auf die kann man sich »nie verlassen«.

Jugendlichen, die sehr bewusst provozierendes Sprachverhalten pflegen, dienen solche Pauschalverurteilungen vor allem dazu, Hierarchien und Machtansprüche zu demonstrieren. Um solche »Herrschaftsmittel« nicht zu verlieren, neigen sie zu der Behauptung, solch ein Umgang sei normal und üblich, Erwachsene lägen mit ihrer Interpretation von Diskriminierung völlig falsch und sollten sich deshalb nicht einmischen.

Anlässlich eines Ausflugs im Brandenburger Umland begegnete ich an einem Badesee einer Jugendgruppe, die ununterbrochen in der oben skizzierten Weise miteinander kommunizierte. Dabei konnte ein aufmerksamer Beobachter unschwer ausmachen, wer hierbei in der Rolle des »Bestimmers« und wer als »Befehlsempfänger« agierte. Irritierend war für mich nur, dass der begleitende erwachsene Betreuer diesen Umgang der Jugendlichen untereinander ohne ein äußeres Zeichen von Unbehagen hinnahm und zu keiner Zeit Anstalten machte zu intervenieren. Wer wollte jungen Menschen vorwerfen, dies als einen Hinweis zu werten, dass ihr Verhalten normal und völlig unproblematisch sei?

Wer jedoch genau hinhört, wird feststellen, dass gerade jene Jugendlichen, die locker austeilen, entgegen der Normalitätsbehauptung selbst sehr empfindlich auf entsprechende Äußerungen reagieren. Zumal Sender und Empfänger bei solchen Interaktionen oft dauerhaft einseitig verteilt sind. Kein »Leithirsch« wird akzeptieren, so angeredet zu werden. Umgekehrt sieht es dagegen ganz anders aus. Wer mehrfach am Tag in abfälliger Weise angesprochen oder »begrüßt« wird, vielleicht noch vor hämisch grinsenden Zuschauern, dem vergeht der Spaß daran sehr schnell. Und die Eskalation lässt nicht lange auf sich warten. Bestenfalls wird das Gehörte einfach geschluckt, in sich hineingefressen, vielleicht auch wie in einem Sprengstoffdepot gleichsam gesammelt, bis es an anderer Stelle explodiert. Die Motive von Amokläufern könnten dazu einiges erhellen.

Wahrscheinlich aber wird es nur unmittelbar bei der nächsten Gelegenheit weitergegeben, wenn der Getroffene auf einen Schwächeren trifft, dem gegenüber er sich selbst in der dominanten Position befindet. So entsteht langsam, aber sicher die sogenannte Radfahrerkommunikation: nach oben buckeln, nach unten treten. Auch deshalb sind Mobber oft früher selbst Mobbingopfer gewesen. Untersuchungen sprechen von einem Drittel der Schüler mit einschlägiger Erfahrung.

Dabei ist die Sprache nur die sichtbarste Unterdrückungsebene. Jeder, der sich mit Kommunikation beschäftigt, weiß, dass die Ebene der Körpersprache weit wirkungskräftiger ist. Bewegungen, Gesten und Blicke unterstützen und bestärken die sprachlichen Äußerungen oder wirken auch ganz für sich allein. Für Erwachsene ist diese stille Ebene nicht immer erkennbar. Es bedarf schon einiger Übung, derartige Mechanismen zu identifizieren.

Solche Diskriminierungs- und Ausgrenzungsszenarien werden von Erwachsenen oft nicht ernst genommen, weil die Ansicht vorherrscht, dass die Probleme erst dann beginnen, wenn das Auge blau oder die Nase blutig ist. Dies spiegelt sich in den offiziellen Angaben über sinkende Schülergewalt. Psychische Gewaltformen tauchen dort kaum auf. Sind Erwachsene vielleicht noch eher bereit einzugreifen, wenn sie selbst beleidigend angesprochen werden, so halten sie sich auffällig zurück, wenn es sich um die Kommunikation zwischen Schülern handelt. Nicht selten wird die Meinung vertreten, dass Kinder und Jugendliche in einer Art Selbstregelungsmechanismus ihre eigenen Umgangsformen mit Unterdrückung und Provokation ohne die Intervention von Erwachsenen finden müssten.

Ein Fehlschluss, wie Untersuchungen zum Mobbing beweisen. Die meist hilflosen Reaktionen der unbeteiligten Gruppenmitglieder zeigen, dass der vermutete Selbstregelungsmechanismus keineswegs funktioniert. Sie reichen von fasziniertem Beobachten der Unterdrückungsszenarien bis zu ablehnendem Verhalten, doch nur selten kommt es zur aktiven Gegenwehr. Meist sind Kinder und Jugendliche mit der Situation überfordert, wobei die Angst, selbst Opfer zu werden, eine nicht unerhebliche Rolle spielt. Dies äußert sich auch in der häufigen Einschätzung der »Zuschauer«, alles sei nur Spaß und deshalb gar nicht so schlimm. Das »Opfer« kann sich nicht selbst aus der Situation befreien, die Gruppe der »Zuschauer« kann nicht helfen.

Aber auch die Reaktionen der Erwachsenen sind nicht selten von der gleichen Hilflosigkeit wie die der Schüler geprägt. Das reicht ebenfalls vom Unterschätzen des Bedrohungsszenarios über Durchhalteparolen wie »Das geht schon vorbei« bis hin zu – meist ungewollter – Zustimmung zum Mobbingverhalten im Sinne von »Na ja, du solltest aber auch ...«. Gerade unter diesen Bedingungen kommt es nicht selten vor, dass das »Opfer« dem weiterhin bestehenden Problem ausweicht, seine Schule verlässt und die Täter weitgehend unbehelligt bleiben.

Wir haben das mehrfach im Zusammenhang mit mobbinggeschädigten Schülern erfahren müssen, die wir aus anderen Schulen in unsere Klasse bekommen haben. Es gehört nicht viel Fantasie dazu, sich vorzustellen, was die Beteiligten, und das sind ja nicht nur »Täter« und »Opfer«, daraus für das Leben lernen.

Wenn Täter in dieser Situation erleben, dass ihre Verhaltensweisen kaum Konsequenzen nach sich ziehen, haben sie das gelernt, was in unserer Gesellschaft häufig vermittelt wird: Machtbetontes, unterdrückendes Verhalten zahlt sich aus. Als ich einen 13-Jährigen wegen seines Mobbingverhaltens zur Rede stellte und ihn fragte, was ihm dieses Verhalten einbrächte, war seine eindeutige Antwort: »Macht! Ich kann dann über die anderen bestimmen.«

Gerade das Phänomen des Mobbings hat in den letzten Jahren durch die Verbreitung der elektronischen Medien eine neue Dimension bekommen. Handys, die Fotos und Videos aufzeichnen können, sind mittlerweile in den Händen von fast allen Schülern. Da ist es naheliegend, dass diese Technik von den jungen Leuten auch genutzt wird – und zwar anders, als es sich Eltern, Pädagogen oder die Politik wünschen. Das Posten von Kommentaren in sozialen Netzwerken spielt dabei eine nicht unerhebliche Rolle. Wenn diskriminierende oder rassistische Äußerungen auf Facebook-Profilen zu finden sind, verstärkt sich auch hierbei schnell der Eindruck, dass dies ›normal‹ sei. Beleidigungen, Häme oder volksverhetzende Aussagen werden auf diese Weise salonfähig gemacht.

Die Unmittelbarkeit der Smartphones verleiht dem Ganzen noch einmal einen besonderen Kick. Die Geräte sind jederzeit dabei, in der Freizeit, auf dem Schulweg, in der Pause auf dem Schulhof, manchmal auch im Unterricht, und sie verbinden die persönliche Konfrontation des klassischen Mobbings mit der Bedrohlichkeit der anonymen Verbreitung im Netz. Das Opfer erlebt sich als Objekt, über das am Smartphone getuschelt und gelacht wird. Die Ausgrenzung aus WhatsApp-Gruppen ergänzt die reale Ausgrenzung aus dem Klassenverband.

Wenn aufgrund von Befragungen circa 17 Prozent der Schüler, die das Internet nutzen, als Opfer von Cybermobbing gelten, so dürfte diese Zahl wenig dramatisch klingen. Die Dimension des Problems wird durch eine absolute Zahl, die der Konfliktforscher der FU Berlin, Professor H. Scheithauer nennt, vielleicht etwas anschaulicher. In einem Artikel im *Tagesspiegel* vom 18. April 2015 geht er davon aus, dass »bundesweit … rund eine Million Schüler von dieser perfiden Form der Gewalt betroffen« sind. Die pädagogische Leiterin der EU-Initiative Klicksafe gibt darüber hinaus zu bedenken, dass »die meisten Opfer verschweigen, was sie erleben, weil sie sich schuldig fühlen und Vorwürfe machen«. Neben Leistungsabfall und einer Vielzahl psychosomatischer Erkrankungen könnten, schreibt sie in der *Lausitzer Rundschau* am 30. August 2015, auch »extreme Rache- und Gewaltfantasien bis hin zu Suizidgedanken« die Folge sein.

Da Kinder und Jugendliche mit dem Gebrauch der neuen Medien häufig alleingelassen werden, auch weil viele Eltern und Pädagogen sich mit den sozialen Netzwerken weniger gut auskennen, können solche destruktiven Interaktionen leicht zur Gewohnheit werden. So kommt die Blauäugigkeit mancher Erwachsenen, die die technische Medienkompetenz der Jugend leichtfertig als Hinweis auf selbstständiges, sozial kompetentes Handeln missverstehen, durchaus recht. Kontrolle ist in diesem Denken unerwünscht. Lehrer dürfen Handys zwar einsammeln, aber sie dürfen deren Inhalte auch bei einem aktuellen Verdacht nicht kontrollieren. Das bleibt den Strafverfolgungsbehörden vorbehalten. Doch wer holt schon bei jedem Verdacht einer unangemessenen Handynutzung die Polizei?

Hassmails, Gerüchte, Aufrufe zur Gewalt unter dem Deckmantel der Anonymität sind in den Social Media nicht nur üblich, sondern zu einem gesellschaftlichen Trend geworden. Niemand wird zur Verantwortung gezogen. Die Politik versucht hilflos, mit Appellen gegenzusteuern, während sich der Nachwuchs darin übt, das Heer der anonymen Pöbler zu vergrößern. Die unmittelbare soziale Diskriminierung wird durch die virtuelle ergänzt.

Haben sich dissoziale Umgangsformen erst einmal festgesetzt, ist an einen vertrauensvollen Umgang nicht mehr zu denken, und es bedarf großer und vor allem gemeinsamer Anstrengung solche Verhaltensweisen wieder rückgängig zu machen. Gerade dies aber ist nicht leicht, wenn Unsicherheit darüber herrscht, welche Verhaltensweisen üblich oder gerade noch akzeptabel sind und welche auf jeden Fall unterbunden werden sollten. Und die Aufgabe wird nicht leichter, wenn weder familiäre noch andere gesellschaftliche Einflüsse dieses Bemühen unterstützen, sondern oft gegenteilig wirken. In einer Glosse beklagte ein Redakteur des Berliner *Tagesspiegels* am 15. November 2014, dass seine sechsjährige Tochter auf dem Spielplatz in Gossensprache von anderen Kindern beschimpft wurde und die anwesenden Eltern nicht eingriffen. Sein Fazit, indem er auf die Verantwortlichkeit der Erwachsenen hinweist: »Es gibt in dieser Stadt eine Tendenz zur Nichteinmischung, begründet von falscher Toleranz, die noch die übelste Pöbelei als Ausdruck weltstädtischer Pluralität durchgehen lässt. Wir kümmern uns nicht, weil uns die verbindenden Werte unserer Gesellschaft nicht mehr kümmern.«

So sind es vor allem Grenzsituationen des Verhaltens, die zwar von allen Beteiligten als belastend erlebt werden, aber konsequentes, regelndes Eingreifen so schwer machen, weil sie in einer Gesellschaft des »anything goes« zur täglichen Erfahrung gehören.

2. ... UND DIE TOLERANZFALLE

Die Lautstärke, mit der sich die Schüler gegenseitig anmachten, verhieß nichts Gutes. Wie so oft war es während der Pause auf dem Hof zum Streit gekommen. Andere hatten sich eingemischt. Begleitet von gebrüllten Provokationen und Beleidigungen begab sich der Trupp auf den Weg in den Klassenraum. Als Aufsicht führender Lehrer hatte ich einige Mühe, dafür zu sorgen, dass unbeteiligte Schüler unbehelligt ihren Weg fortsetzen konnten, ohne in die Auseinandersetzung hineingezogen zu werden. In der Klasse setzte sich das Getümmel fort. Die Kollegin, die jetzt dort zu unterrichten hatte, war nicht zu beneiden. Ich kannte das nur zu gut. Auch wenn es gelang, die Gemüter kurzzeitig zu beruhigen, genügte oft ein falscher Blick, ein falsches Wort, und alles kochte wieder hoch. Konzentrierter Unterricht war unter diesen Bedingungen nicht möglich. Solche Situationen sind täglich vielfach an unseren Schulen zu finden. Und nicht nur dort. Jeder kennt ähnliche Szenen aus der Begegnung mit Gruppen von Kindern und Jugendlichen im Alltag, besonders in öffentlichen Verkehrsmitteln. Sie denken an nichts Böses, unterhalten sich angeregt mit einem Bekannten, und dann steigt eine Kinder- oder Jugendgruppe zu ihnen in das Bahnabteil oder in den Bus. Immer öfter können Sie Ihre Unterhaltung dann vergessen. Sie verstehen einfach nichts mehr. Und Sie haben Glück, wenn die Belästigungen nur akustisch erfolgen. Verhängnisvoll wird es, wenn solche Gruppen ohne erwachsene Begleitung unterwegs sind. Ich kenne Menschen, die steigen in solchen Situationen lieber aus, wechseln das Abteil oder warten auf den nächsten Bus. Auf den regelnden Eingriff von Älteren, auch von Pädagogen, wartet man oft vergebens, und wenn er erfolgt, wirkt er nicht selten hilflos und wenig überzeugend. Das liegt nicht nur an der Unwilligkeit der verantwortlichen Erwachsenen. Lärmendes Verhalten, oft mit aggressiven Pöbeleien und Beleidigungen verbunden, gilt mittlerweile als »Normalzustand«, nicht zuletzt deshalb, weil vielen Beteiligten, Erwachsenen wie auch jungen Menschen, ein angemessener Verhaltensmaßstab aus dem Alltag fehlt. Das wird für Jugendliche, die erst lernen müssen, sich auf die Bedürfnisse von anderen einzustellen, durchaus zum Problem. Indem die Erwachsenen darauf verzichten, regelnd einzugreifen, fördern sie einen schleichenden Prozess, bei dem sich die gesellschaftlichen Kommunikationsformen zu ändern beginnen.

Während man sich außerhalb von Institutionen solchen Erlebnissen leichter entziehen kann, stellen sie für verpflichtende Gruppensituationen in der Schule ein Problem dar, das den Erfolg des Lernens grundsätzlich infrage stellt. Schon seit Jahren ist bekannt, dass Lärm- und Schallbelastungen das sprachliche Kurzzeitgedächtnis und somit das Verstehen von Sprache beeinträchtigen. Lärm stört die Sprachentwicklung, die Konzentrationsfähigkeit und die kognitiven Leistungen. Vor allem aber erhöht Lärm den Stress und erstickt die Bemühungen um einen anspruchsvollen Unterricht. Das betrifft Schüler und Lehrer gleichermaßen.

Nach Gründen für die hohe Krankheitsquote befragt, nannten Berliner Lehrer in einer Tageszeitung im Januar 2015 neben der gestiegenen Zahl der Unterrichtsstunden, den großen Klassen und den als »immer schwieriger« eingeschätzten Schülern vor allem den Lärm. Dabei gehört dies alles zusammen, denn es geht im Schulalltag nicht nur um Lautstärke, obwohl sie allein schon belastend genug sein kann. Oft ist sie nur der Boden, aus dem weitere Probleme erwachsen. Tamara Oetting von der Deutschen Tinnitus-Liga weist darauf hin, dass der Lärm in einer Schulmensa durchaus 140 Dezibel erreichen kann und somit den Geräuschpegel einer Kreissäge übertrifft. Lern- und Konzentrationsschwierigkeiten beginnen aber schon bei einer permanenten Belastung von 40 Dezibel. Lehrer oder Erzieher, die ihre Pause als Aufsicht in einer derartigen »Kreissägenatmosphäre« verbringen müssen, aber auch die Schüler selbst als »Lärmverursacher« sind nicht gerade gut vorbereitet für die nächste Unterrichtsstunde. Und zum richtigen Problem wird dies, wenn sich das Verhalten im Unterricht fortsetzt.

Vor allem jene Phänomene erweisen sich dort als kritisch, die man als »soziale Unruhe« bezeichnet. Ich meine damit jenen Lärm, der begleitet ist von konfliktträchtigen Situationen, die durch Lärm gefördert, oft sogar hervorgerufen, jederzeit eskalieren können. Die dadurch entstandene Anspannung und unterschwellige Aggressivität töten jegliche Kreativität bei Lehrern ebenso wie bei Schülern. Beide Phänomene haben seit Jahren immer mehr Einzug in viele Klassenzimmer gehalten, erhöhen das Konfliktpotenzial und tragen in erheblichem Maße dazu bei, Unterricht und Lernen scheitern zu lassen.

Pausenlose Gespräche mit dem Sitznachbarn, ungefragtes Dazwischenrufen, sich gegenseitig überschreien, in den Redebeitrag eines Mitschülers oder Lehrers hineinrufen, andere nicht ausreden lassen, sie für ihre Beiträge auslachen oder beleidigen, Provokationen und Streitigkeiten, laute Beschwerden, noch lautere Dementis, dazu ständiges Rascheln und Klappern mit Papier und Schreibutensilien, mit den Stühlen scharren, Trommelrhythmen nervöser Kinder mit Fingern oder Füßen und Ähnliches – das alles sind Alltagsgeräusche in den Klassenzimmern unserer Schulen und keineswegs nur dann, wenn der Unterricht mal langweilig wird. In sozial belasteten Klassen wissen Lehrer oft gar nicht, wo sie zuerst eingreifen sollen, und auf Störungen wird erst reagiert, wenn es zu Wutausbrüchen oder Handgreiflichkeiten kommt.

Da das Verhalten der betreffenden Kinder und Jugendlichen oft grenzwertig ist, stellen sich für jede einzelne Situation Entscheidungsfragen, die im Zeitstress des täglichen Erziehungsgeschäfts beantwortet werden müssen: War das schon eine Störung, die eine Intervention rechtfertigt? Und wenn ja, wie sollte diese aussehen? Dass diese Unsicherheit dazu verführt, nachlässig zu verfahren und das Problem zu übersehen, ist durchaus verständlich. Nichts ist so nervig wie die Beschäftigung mit störenden Verhaltensweisen, die sich ständig wiederholen und von dem abhalten, was die eigentliche Aufgabe ist. Ab einer bestimmten Häufung dieses Verhaltens ist jeder in seinen Reaktionsmöglichkeiten überfordert. Für Schüler eine ideale Möglichkeit, verunsicherte Erwachsene auszutesten. Wie reagiert der X? Was kann ich mir heute erlauben? Sind seine Reaktionen berechenbar oder eher von der Tagesform abhängig?

Wer hier nicht sofort klar reagiert, hat meist schon verloren. Interveniert er ein nächstes Mal, kommt mit Sicherheit der Einwand: »Vorhin haben Sie ja auch nichts gesagt.« In diesem Hin und Her der vermeintlichen Gerechtigkeitsfindung geht schnell das verloren, was eigentlich der Orientierung dienen sollte: »Es gibt da eine Regel, die besagt ...«

Dass sich, gerade im Hinblick auf die beabsichtigte Inklusion, auch jene Schüler in den Klassen häufen, die zu einem ruhigen und konzentrierten Umgang in der Gruppe gar nicht in der Lage sind, egal wie interessant der Inhalt dargeboten wird, macht die Sache nicht leichter. Entgegen allem Schönreden ist die Belastung für alle Beteiligten umso höher, je größer die Anzahl dieser Kinder oder Jugendlichen ist, weil sie einerseits den Mangel an sozial angemessener Kommunikation durch erhöhte Lautstärke ausgleichen (der Lauteste hat recht), andererseits ihre geringere Frustrationstoleranz die Konfliktanlässe deutlich vermehrt.

Doch neben Stress und situativer Überforderung trägt noch ein anderer Umstand dazu bei, dass Erwachsene nicht oder zu spät eingreifen, keine Grenzen setzen und damit duldsam, aber nicht eindeutig reagieren. Durch die Veränderung der Wertvorstellungen in der Gesellschaft hat sich die Wahrnehmung und Akzeptanz kindlicher und jugendlicher Verhaltensweisen geändert. Mit der Erkenntnis, dass junge Menschen Bewegung brauchen und es dabei durchaus etwas lauter und unruhiger zugeht, verändert sich die Haltung zum Unterrichtsgeschehen. Da der Unterricht offener gestaltet werde und Gruppenarbeitsaktivitäten zunähmen, seien Lärm und Streitigkeiten nun einmal eine unvermeidbare Folge.

Argumente, die so oder ähnlich auch von Pädagogen vorgebracht werden, können schnell in eine Toleranzfalle führen. Es gibt ja so viele gute Gründe, nachsichtig zu sein. Und weil man alles vermeiden will, was auch nur im Entferntesten nach Einschränkung aussieht, verhalten sich die Erwachsenen so, wie es unserer Gesellschaft am meisten entspricht. Man zeigt sich tolerant um jeden Preis und verweigert den jungen Menschen die Erfahrung, dass Verhalten auch etwas mit der jeweiligen sozialen Situation zu tun hat. So wird die Frage, welche Unruhe für einen kreativen Unterricht unvermeidbar ist und wo sie sich zum störenden Verhalten, zum sozialen Problem entwickelt, oft gar nicht mehr gestellt. Den Schülern ist der in einer lauten, unruhigen Umgebung entstehende Stress meist nicht bewusst. Sie sind der steigenden Nervosität und Aggressivität hilflos ausgeliefert. Dabei haben sie durchaus einen Begriff von der unterschiedlichen Wirkung von Ruhe und Lärm. Ich habe in jeder neuen Schülergruppe die Frage danach gestellt, was sie für ein stressfreies Lernen wohl am ehesten bräuchten. Die mit Abstand häufigste Antwort war: Ruhe!

Doch hat sich diese Erkenntnis offenbar nicht überall herumgesprochen. Im Sommer 2013 zitierte der *Spiegel* eine Allensbach-Umfrage unter Schülern, in der die Hälfte der Befragten sich über das Verhalten von Mitschülern im Unterricht beklagten und mehr als ein Drittel die Meinung äußerten, Lehrer gingen nicht konsequent gegen Störenfriede im Unterricht vor (*Spiegel* 17/2013).

Solch vermeintliche Nachsicht liegt kaum an der individuellen Unfähigkeit einzelner Lehrer. Denn gehen sie dagegen vor, stößt das nicht selten auf Unverständnis. Meist unterhalb der Aufregungsgrenze der Medien angesiedelt, werden solche Alltäglichkeiten nur bekannt, wenn Betroffene sich aktiv an die Öffentlichkeit wenden. Im Dezember 2013 berichtete die *Hamburger Morgenpost* von dem »Wutbrief« der Lehrerin einer ersten Klasse aus einer Grundschule in einem gut situierten Vorort. Anlässlich des Besuchs einer Kunsthalle beschreibt sie das Verhalten der Kinder beim Versuch, mit einer Führerin in den Kunsträumen zu malen: Beim Verteilen der Malutensilien beginnt eine Klopperei, die Kinder schreien sich an, boxen und treten einander, werfen mit Rucksäcken und trampeln gegenseitig mit Schuhen auf ihren Bildern herum. Fragen der Kunsthallenmitarbeiterin werden in Fäkalsprache beantwortet. Auf der Rückfahrt ein Rülpswettbewerb in der Bahn. Am nächsten Tag dann die Erklärung eines Kindes, ihm sei eben langweilig gewesen. Was aber besonders irritierte war, so die Lehrerin, dass viele Eltern versuchten, das Verhalten ihrer Kinder mit Erklärungen zu rationalisieren – womit wir zu einer typischen Haltung unserer Gesellschaft zur Erziehung kommen, die weit über die speziellen Probleme der Dynamik von Gruppensituationen in Schulen und anderen öffentlichen Erziehungseinrichtungen hinausweist. Alles ist irgendwie erklärbar und begründbar. Aber ist auch alles zu akzeptieren?

Eigentlich sollten gewisse Basics des Zusammenlebens vorhanden sein, bei den vielen kleinen Individuen, die etwa ab dem sechsten Lebensjahr die Schulen bevölkern. Doch hier hapert es gewaltig, weil immer mehr Eltern nicht in der Lage sind, diese Basics zu vermitteln. Das ist selten böser Wille, oft Überforderung und in vielen Fällen ein falsches Verständnis von den Bedürfnissen des Kindes, was zur Folge hat, auf alle wahrgenommenen Lust- oder Unlustäußerungen einzugehen. Wie sich das in der Praxis anfühlt, bekam ich anlässlich einer Bahnfahrt eindringlich vor Augen geführt:

Die junge Mutter, die sich mit ihrem etwa sechsjährigen Sohn ins Abteil setzte, sah anfänglich noch ganz munter aus und ging sehr nett mit ihrem Filius um. Erst Vorlesen, dann ein Brot, ein Getränk, anschließend ein Spiel. Danach wieder Vorlesen, ein Versuch, etwas zu malen, dann sollten es die Spielsachen sein, die dummerweise in dem Koffer oben im Gepäckfach verstaut waren. Sie erwiesen sich dann doch nicht als das Richtige, im Koffer gab es ja noch vieles andere. So ging es weiter, oftmals nur nach wenigen Minuten wechselnd, und jedes Mal, wenn die Mutter nicht schnell genug reagierte, wurde das Quengeln lauter. Die junge Frau bemühte sich ununterbrochen, es dem Jungen recht zu machen, packte ihr Gepäck während der Reise mehrmals um, stemmte es hoch und wieder herunter, war irgendwie immer in Bewegung – und ihre Umgebung auch. Immerhin dauerte die Fahrt circa drei Stunden. Sie reichten, um die Befindlichkeit von Mutter und Sohn grundlegend zu verändern. Beide waren mit ihren Nerven ziemlich fertig, als sie am Zielort ankamen.

Natürlich kann eine Bahnfahrt für ein bewegungsfreudiges

Kind dieses Alters eine Belastung und das entsprechende Verhalten verständlich sein. Doch erwartet man beim Beobachten solcher Szenarien, dass irgendwann eine Grenze gesetzt wird. Und ich behaupte, dass der Junge dies unbewusst ebenso erhoffte. So oder so ähnlich spielen sich viele Szenen zwischen Erwachsenen und jungen Menschen ab. In den Familien, in der Kita, in den Schulen, in der Freizeit. Was sich im Umgang mit kleinen Kindern als nur nervig erweist, kann sich bei älteren zum echten Problem entwickeln, wenn solche Erfahrungen zur Gewohnheit werden. Allein in meinem Bekanntenkreis gibt es mehrere Fälle, bei denen die empathische Dauervermeidung von Begrenzungen im Kindesalter zur Entwicklung einer unangemessenen Anspruchshaltung führte, die einige Jahre später bei der Durchsetzung der eigenen Bedürfnisse auch vor Gewalt nicht Halt machte. Ist eine Gesellschaft des »anything goes« noch in der Lage, Grenzen zu setzen?

3. DIE ERFAHRUNG DER HILFLOSIGKEIT

Ein sonniger Nachmittag in einem bürgerlichen Bezirk Berlins. Hier wohnt der gehobene Mittelstand. Großräumige Wohnungen in historischer Bausubstanz, oft im Eigentum der Bewohner, dominieren. Die Straßen werden von alten Laubbäumen gesäumt. Die Villengegenden Grunewalds und Dahlems sind nicht weit. In der Mitte ein Platz, als Parkanlage angelegt mit Blumen und Springbrunnen. Ein Viertel der Anlage besteht aus einem aufwendig gestalteten Kinderspielplatz. Gegenüber dem Spielplatz ein Straßencafé mit einer der Wohnbevölkerung entsprechenden Altersmischung. Viele junge bessergestellte Familien, deren Kinder auf dem gegenüberliegenden Spielplatz herumtollen.

Zwei Jugendliche, 14 oder 15 Jahre alt, überqueren die Straße und nähern sich dem Café. Sie unterhalten sich provozierend laut, brüllen in sexualisierter Sprache. Einige jüngere Mütter schauen etwas indigniert. Die älteren Cafégäste blicken betont in eine andere Richtung. Als die Jugendlichen näher kommen, bleiben sie stehen und schauen sich suchend um. Sie finden schnell ein geeignetes Handlungsziel und beginnen, gegen einen Straßenmüllkasten zu treten, der an einen Pfosten montiert ist. Es bedarf einiger Zeit und mehrerer heftiger Tritte, begleitet von lautem Gejohle, dann löst sich die untere Klappe. Der Müll, Papier mit übel riechenden Essensresten, fällt heraus und verteilt sich über den Gehweg bis zu den Tischen des Straßencafés. Die Jugendlichen krümmen sich vor Lachen, verteilen einige Müllgegenstände mit fußballähnlichen Tritten und entfernen sich provokativ laut lachend und betont langsam schlendernd. Während die älteren Gäste teils empört blicken, teils weiterhin bemüht sind, die Situation zu übersehen, schauen die wenigen anwesenden Väter etwas hilflos und peinlich berührt. Die Mütter versuchen derweil, ihren Kindern, die mit großen, erstaunten Augen das Geschehen betrachtet haben und sich nun fragend an die Eltern wenden, eine zumindest einigermaßen einleuchtende Erklärung dieses Verhaltens zu geben.

Das Bemerkenswerte an dieser Situation, die ich vom Auto aus beobachtete, war weniger die Intention der pubertierenden Jugendlichen, einen Müllkasten abzutreten und die Erwachsenen mit dieser Handlung zu schockieren. Das Bemerkenswerte war die Hemmungslosigkeit, mit der die Jugendlichen ihre Absicht in die Tat umsetzten, ohne auch nur irgendeinen Widerstand zu erwarten. Und das offensichtlich zu Recht. Nicht einer der vielen anwesenden Erwachsenen machte Anstalten einzugreifen, obwohl allen die Peinlichkeit und Unerträglichkeit des Geschehens anzusehen war.

Woher kommt diese Passivität? Reicht der Hinweis auf die oft beklagte Gleichgültigkeit? Und ist es wirklich Gleichgültigkeit?

Ich behaupte, keinen der unfreiwilligen Zeugen ließ der Vorgang gleichgültig. Während die Älteren demonstrativ zeigten, dass sie sich nicht mit dieser Situation auseinandersetzen wollten, war den jüngeren Erwachsenen der ganze Zwiespalt in der Beurteilung der Situation anzumerken. Einerseits in ihrer Elternrolle zum regelnden Eingreifen gefordert, wollten sie doch keinesfalls autoritär erscheinen. Noch mehr fürchteten sie, bei einem Interventionsversuch ihre Hilflosigkeit demonstriert zu bekommen. Insofern ist es weniger die Gleichgültigkeit als vielmehr die Erfahrung der Hilf- und Machtlosigkeit, die Menschen zu einem Verhalten verleitet, das sich als soziales Desinteresse darstellt.

Wie war es früher? Die Verhaltensweisen der älteren Generation waren vornehmlich von autoritärem Gehabe und Gewaltdrohungen gegenüber Jüngeren bestimmt und erfuhren deshalb zu Recht eine gesellschaftliche Ächtung. Und heute? Moderne, konstruktive Konfliktregelungskompetenzen gehören nicht gerade zum alltäglichen Erfahrungsschatz des Normalbürgers. Auf welche Art kann man also im Konfliktfall zivilbürgerliches Engagement zeigen, ohne sich durch den Vorwurf reaktionärer Verhaltensweisen zu disqualifizieren? Bei den meist hilflosen Interventionen ziehen Bürger nicht nur oft den Kürzeren, sie können sich dabei auch verdammt die Finger verbrennen.

Wer schon einmal erlebt hat, mit welch aggressiv vorgebrachtem Selbstbewusstsein ein gemaßregeltes Kind oder Jugendlicher auf Vorhaltungen in der Öffentlichkeit reagiert, weiß, was ich meine. Der Hinweis darauf, dass der Erwachsene kein Recht habe, sich einzumischen, bis hin zur Drohung mit dem Rechtsanwalt, ist gängig. So hat sich seit Ende der Siebzigerjahre bei den Bürgern der Eindruck festgesetzt, es sei besser, sich aus einem Problem herauszuhalten. Wer sich einmische, riskiere, als konservativer autoritärer Ordnungsfanatiker und analer Charakter geächtet und verlacht zu werden, und sieht sich nicht selten mit verbalem oder physischem Widerstand konfrontiert, der ihm häufig selbst Probleme mit den Strafverfolgungsbehörden einträgt. Nicht nur ältere Menschen machen diese Erfahrung. Ein Beispiel: Der 19-jährige Sohn einer Kollegin wird Zeuge, wie jemand verprügelt wird, greift ein und will den Angegriffenen schützen. Dabei wird der Angreifer, ein wegen Körperverletzung polizeibekannter Schläger, verletzt. Der junge Mann, der aus Verantwortungsgefühl handelte, fühlte sich ein Jahr lang von der Justiz verfolgt wegen vermeintlich »überzogenen« Vorgehens. Schließlich erklärte er, sich nie wieder irgendwo einzumischen, egal was dort passierte. So kann man engagierten jungen Menschen Zivilcourage austreiben.

Die heute oft beklagte Gleichgültigkeit, das Wegsehen bei Grenzüberschreitungen jeglicher Art ist, wenngleich nicht allein, so doch auch mitbestimmt durch die libertären Umbrüche Ende der Sechzigerjahre. Bis dahin hatte die sogenannte »Blockwartmentalität« überlebt, ein Überbleibsel vordemokratischer Zeiten, bei der jeder jeden kontrollierte und Normverletzungen anzeigte. Nun waren diese Normen und Regeln aufgeweicht, zwiespältig und uneindeutig. Da auch die Rechtsprechung intervenierende Verhaltensweisen oft als unangemessen übertrieben sanktionierte, ließen vor allem ältere Menschen, die sich sicher nicht immer kommunikativ geschickt verhielten, in ihrem aktiven Engagement nach.

Jüngeren Erwachsenen war die Rolle des autoritär konservativen Regulierers unangenehm, wenn sie nicht sogar ein gewisses Verständnis für das oppositionelle Verhalten zeigten, sei es aus falsch verstandenem Gerechtigkeitsgefühl, sei es aus Erinnerung an eigenes antiautoritäres Verhalten und Verständnis für pubertären Überschwang.

Ich selbst lehnte einst eine Anzeige gegen einen jugendlichen Taschendieb ab, der mich bestohlen hatte. Von der Erwägung geleitet, in der Jugend mache man eben manchmal »Dummheiten«, verstand ich meine Handlungsweise damals als sehr gerecht und verständnisvoll. Ähnlich habe ich oft in Diskussionen mit Freunden und Bekannten die Ansicht vertreten gefunden, »dass man jugendlichen Tätern durch eine Anzeige und das daraufhin erfolgende Strafverfahren, den zukünftigen Lebensweg verbaue«. Zu der Erkenntnis, dass genau das Gegenteil zutrifft, bedurfte es erst einiger desillusionierender Erfahrungen mit straffällig gewordenen Schülern. Ein Gespräch mit einer pensionierten Kriminalkommissarin, die sich bei der Opferhilfe Weißer Ring engagierte, bestätigte dann aus ihrer Berufspraxis, dass es diese falsche Toleranz ist, die den jugendlichen Tätern ihre dissozialen Erfolge sichert und sie in ihrem regelüberschreitenden Verhalten bestärkt. Dennoch hängen viele aufgeklärt denkende Menschen diesem Mythos, ihnen mit einer Anzeige die Zukunft zu verbauen, weiterhin nach. Bei manchen Bürgern verbinden sich solche Vorbehalte mit der eigenen Kritik an der ungerechten Verteilung gesellschaftlichen Reichtums. So berichtete jemand in einer Diskussionsveranstaltung, wie sehr er es bedaure, die Festnahme eines jugendlichen Sprayers veranlasst zu haben, der die Fassade einer Großbank mit seinen »Tags« verzierte. Die möglichen Konsequenzen für diesen Jungen, die er durch seinen Anruf bei der Polizei verursacht hatte, bereiteten ihm ein schlechtes Gewissen. Mag sein, dass sich das Gerechtigkeitsempfinden gegen die unmittelbaren Folgen solcher Interventionen sträubt. Da wird ein »schwaches« Mitglied der Gesellschaft zur Verantwortung gezogen gegenüber einer »starken«, aber heftig kritisierten Institution. Politisch vielleicht diskutierbar. Als Maßstab für die Erziehung sind solche Differenzierungen jedoch denkbar ungünstig. Der Vorgang zeigt die Schwierigkeiten auf, die sich sozial engagierten Bürgern stellen, zwischen dem Verständnis für die Ursachen dissozialen Verhaltens und der Notwendigkeit des regelnden Eingreifens zu unterscheiden. Dass Letzteres immer mehr Menschen ein Anliegen ist, obwohl sie sicher kaum einer ordnungsfanatischen Gesellschaftsauffassung zuneigen, macht im März 2012 eine Glosse der Autorin Hatice Akyün im *Tagesspiegel* deutlich. Titel: *Ich werde spießig, und das ist gut so.*

»Ist es vielleicht doch so, dass mit mir alles in Ordnung ist und ich als Teil einer Gemeinschaft sogar dazu aufgefordert bin, mich einzumischen? Ich rege mich nämlich deshalb auf, weil öffentlicher Raum uns allen gehört. Und ich gebe zu, dass ich in ein Alter komme, in dem ich Wert auf meine Umgebung, meine

Beziehungen und das Verhalten meiner Mitmenschen lege. Als ich jung war, dachte ich, die Leute, die jeden Kleinkram zum Mittelpunkt ihrer Existenz machen, haben sonst nichts anderes. Nun ist es aber so, dass ich zur Bodenhaftung verdammt bin. Deshalb nehme ich auch das Fehlverhalten in meinem Umfeld wahr und zögere trotzdem einzuschreiten. Das muss ich dringend überwinden. Wenn wir wollen, dass es einigermaßen zwischen uns läuft, müssen wir uns daran halten, was wir als Kinder gelernt haben: Sozialverhalten.«

Ein verständliches Anliegen. Allerdings geht Hatice Akyün von der falschen Voraussetzung aus, dass Kinder dies tatsächlich gelernt haben. Da dürfte sie schwer enttäuscht werden, denn der Anteil derer, die dies nicht mehr lernen, wird immer größer und betrifft auch jene Bevölkerungsgruppen, die nach traditionellem Verständnis ein Mindestmaß an Sozialverhalten aufweisen müssten. So berichtet die *Süddeutsche Zeitung* im März 2016, dass in Köln und anderen Städten des Rheinlandes seit Jahren die Tendenz zugenommen habe, Abiturabschlussfeiern in übergriffiger Weise zu zelebrieren und diese Aktivitäten in die Öffentlichkeit zu tragen. Passanten und Autofahrer wurden belästigt und bedroht. Im März eskalierte dann die Situation. Nachdem schon einen Tag vorher 60 Jugendliche in einem Wohngebiet randaliert und auch Polizisten angegriffen hatten, die mit 70 Beamten vor Ort waren, kam es in der darauffolgenden Nacht zu weiteren Ausschreitungen. Die Folgen waren wenig feierlich. Sieben beschädigte Schulgebäude, demolierte Autos und zwei bei den Schülerschlägereien schwer verletzte Jugendliche, die mit Gesichtsfrakturen ins Krankenhaus eingeliefert werden mussten. Dass es so weit kommen konnte, liege auch am Verhalten der Ordnungskräfte, wie betroffene Eltern beklagten. Laut *Welt* vom 17. März 2016 habe die Polizei zugeschaut und erst eingegriffen, nachdem die beiden Jugendlichen schwer verletzt worden waren.

Ob nun ein zögerlicher Staat oder, wie die Kölner Oberbürgermeisterin vermutet, erziehungsvernachlässigende Wohlstandseltern die Schuld an solchen Entwicklungen tragen – beide Sichtweisen allein greifen zu kurz. In zu vielen Bereichen unserer Gesellschaft steht man dissozialen Entwicklungen hilflos gegenüber und nur wenige haben den Mut, wirklich etwas dagegen zu tun. Das gilt nicht nur aufgrund der Weigerung mancher Eltern, Verantwortung für die Erziehung ihrer Kinder zu übernehmen, und der Tendenz, diese Aufgabe an Institutionen zu delegieren, die damit zunehmend überfordert sind. In den Lehrplänen der Schulen unseres Landes ist viel über Toleranz und gegenseitige Anerkennung, über Vielfalt und gegenseitige Hilfe zu lesen. Doch wo finden wir diese Inhalte im Alltag unserer Gesellschaft wieder? Schaut man sich einige Bereiche des öffentlichen Lebens genauer an, glaubt man sich auf einen anderen Stern versetzt. Das gilt beispielsweise gerade dort, wo die Vermittlung von Fairness und Toleranz als wichtigste Grundlage vermutet wird, beim Sport. Wer würde der Meinung widersprechen, dass Jugendliche weniger zu Gewalttätigkeit neigen, wenn sie durch Betätigung und Erfolge im Sport von der Straße geholt werden, statt der Perspektivlosigkeit und Langeweile der Medien-Freizeit-Spaßgesellschaft zu verfallen?

Gerade Lehrer kennen das »Montagsproblem« zur Genüge, wenn ihre Schüler nach einem langweiligen, bewegungsarm vor den Medien verbrachten Wochenende unruhig und überdreht nicht in der Lage sind, sich auf den Unterricht zu konzentrieren. Auch die unter Kindern auffällig anwachsende ADHS-Problematik ist keinesfalls nur auf eine zunehmende Diagnosefreudigkeit zurückzuführen. Freuen wir uns also über von Adidas und Nike gestylte Kids, die durch den Sport ganz nebenbei auch noch zu sozialen Überfliegern werden. Aber Vorsicht. Wie kommt es, dass gerade diejenigen, die bestimmte Sportarten betreiben, nicht selten im Zusammenhang mit diesem Sport in gewalttätige Streitigkeiten verwickelt sind? Warum häufen sich die Berichte über Schlägereien in den unteren Ligen des Jugendfußballs, werden Linien- und Schiedsrichter bedroht und angegriffen, manchmal wie in den Niederlanden mit tödlichem Ausgang?

Der faire Wettkampf mit gegenseitiger Achtung und Anerkennung ist womöglich eine Illusion positiv sozialisierter bürgerlicher Mittelschichten. Dagegen sind Wettkämpfe für junge Menschen mit mangelhaft entwickeltem Sozialverhalten ideale Anlässe, um Konflikte entstehen zu lassen oder vorhandene zu schüren. Das gilt nicht nur für den Fußball, sondern grundsätzlich für jede Sportart. Andererseits ergeben sich gerade hier unzählige Lernanlässe für den sozialen Umgang miteinander, nicht zuletzt durch die Spielregeln, die das Verhalten ordnen und kanalisieren. Insofern haben die Optimisten recht, die dem sportlichen Wettkampf diese sozialisierende Wirkung zuschreiben. Nur muss der Grundkonsens vorhanden sein, sich an die Spielregeln halten zu wollen, sie durchzusetzen und ihre Durchsetzung zu akzeptieren.

Wie aber sieht es in der Wirklichkeit damit aus? Der Sportsoziologe Gunter A. Pilz, Professor an der Universität Hannover, stellt dem Umgang mit Fairness in den Vereinen keinen guten Leumund aus. Schon beim Jugendfußball lernten die Jugendlichen, dass es richtig sei, Regeln zu verletzen, wenn der Erfolg der eigenen Mannschaft dies erforderlich mache. Ich habe selbst von Fußball spielenden Schülern berichtet bekommen, dass sich bei vielen Spielern die Methode des Trash-Talk eingebürgert hat, wobei der gegnerische Spieler durch provozierende Zurufe unter der Gürtellinie so lange gereizt wird, bis er sich zu einer gewalttätigen Handlung hinreißen lässt. Die daraufhin erfolgte Bestrafung durch den Unparteiischen hat schon so manchen Gewinn für die Mannschaft der provozierenden Spieler eingebracht. Dass diese Vorgehensweise besonders von denen gepflegt wird, die nicht gerade zu den sozial kompetentesten Individuen gehören, ist naheliegend.

Nicht nur bei den Spielern selbst finden sich derartige zivilgesellschaftliche Defizite. Durchaus sind es auch Eltern, die ihre kleinen Fußballstars zu den sonntäglichen Vereinsspielen begleiten und die Situation mit entsprechenden Kommentaren und Zurufen vom Feldrand her anheizen. Gute Vorbilder, fürwahr. Problematischer noch ist die Fanszene zu beschreiben. »Fan«

sein heißt für manche ganz offensichtlich vor allem Feindschaft aufbauen, provozieren, gegeneinander kämpfen. Einer unserer Schüler, der sich selbst als »Fan« bezeichnete, berichtete typischerweise nie etwas vom Spielgeschehen, sondern immer nur von den Auseinandersetzungen zwischen den Fangruppen, an denen er aktiv beteiligt war. Der Präsident des Fußballvereins Hannover 96 bringt es auf den Punkt, wenn er feststellt, dass manche Fans durch den Fußball eine Plattform in der Öffentlichkeit gefunden haben und diese dann missbrauchen: »Sie überhöhen ihre Identität mit dem Verein und ihre Ansprüche. Und versuchen dabei, einen rechtsfreien Raum zu schaffen« (*Spiegel* 37/2012). Hinter der gesellschaftlich akzeptierten Zuordnung »Fan« können sich dann leicht Menschen verstecken, die vor allem eines wollen: ihre dissozialen Antriebe weitgehend ungehindert ausleben. Und dieses Bedürfnis beschränkt sich nicht nur auf die Stadien. Über 600 Gewaltdelikte zählte die Bundespolizei in der Saison 2010/2011 auf Fan-Reisen, es gab mehr als 400 Verletzte. 2014/2015 stieg die Zahl auf 669. Jedes Jahr hat laut NDR-Bericht vom 28. August 2015 die Bahn Reparaturkosten in Millionenhöhe wegen demolierter Züge und Folgekosten zum Beispiel durch Bahnausfälle. Verfolgt man die Vorschläge der Politik, mit denen versucht wird, diese Verhaltensweisen einzudämmen, so wird die ganze Hilflosigkeit deutlich. Die Verantwortung wird zwischen Politik und Vereinen hin- und hergeschoben.

So setzt sich langsam, aber sicher die Übertretung von Regeln als Teil eines »normalen« Verhaltens in der Gesellschaft durch. Wer versucht, sich dem entgegenzustellen, hat schlechte Karten. Schon ein kleiner, harmloser Hinweis auf eine Regelübertretung in der Öffentlichkeit kann gesundheitsschädliche Folgen haben. Nachrichten darüber finden sich fast täglich. Wer Jugendliche in den öffentlichen Verkehrsmitteln darauf hinweist, das Rauchen zu unterlassen oder die Schuhe von den Sitzbänken zu nehmen, geht ein erhebliches Risiko ein. Der Ruf nach staatlicher Hilfe in solchen Situationen erweist sich längst nicht mehr als hilfreich, und wenn sich doch einmal die offiziellen Ordnungshüter einschalten, dann kann es einem ergehen wie einer Kollegin von mir, die ziemlich übermüdet eines Morgens berichtete:

Eine Gruppe Jugendlicher hatte sich an einem warmen Sommerabend auf einem Kinderspielplatz versammelt und begann, mit lauter Musik und unter dem Konsum von reichlich Alkohol lautstark zu feiern. Da es sich nur um einen kleinen Platz im Mittelteil einer verkehrsberuhigten Wohnstraße handelte, waren die Anwohner natürlich unmittelbar von dem Lärm betroffen. Einige Zeit nach Mitternacht rief die Kollegin die Polizei, die kurz darauf erschien. Es gab eine knappe, jedoch lautstarke Verhandlung, dann begannen sich die Jugendlichen zu entfernen. Nachdem die Polizisten verschwunden waren, kamen sie zurück und setzten ihre geräuschvolle Mitternachtsparty fort. Ein erneuter Anruf bei der Polizei führte zu dem Versprechen der Beamten, sich weiter um den Fall zu kümmern. Dabei blieb es offenbar. Meine Kollegin kam jedenfalls bis in die Morgenstunden nicht zu ihrer Nachtruhe. Im Wiederholungsfall wird sie großzügig darauf verzichten, sich an die staatlichen Ordnungshüter zu wenden.

Solche Erfahrungen sind kein Einzelfall. Die wegen Flaschenwürfen auf vorbeifahrende Autos gerufene Polizei stieg in einem alternativen Kiez in der Berliner Innenstadt erst gar nicht aus dem Wagen. Ein Polizist erklärte im *Tagesspiegel* vom 24. November 2012, man hätte zwar eingreifen können, zumal man wisse, dass dort mit harten Drogen gedealt werde. »Aber a) habe man nicht die Ressourcen, hier Beweise zu sammeln, und b) sei das politisch im Bezirk auch nicht gewollt. Das bestätigten Ordnungsamtsmitarbeiter.«

Ähnlich verhielt es sich bei den Auseinandersetzungen um die Admiralbrücke. Spätestens seit 2008 galt die im Stadtteil Kreuzberg gelegene Brücke über den Landwehrkanal als international empfohlener Treffpunkt junger Leute. Feiern, Musik, Abhängen, Alkohol, Freunde treffen. Alles legitime Anliegen. Dumm nur, dass dieser Ort, mitten in einem Wohngebiet gelegen, sich nur bedingt für das Ausleben dieser Bedürfnisse eig-

nete. In den folgenden zwei Jahren wuchs der Anteil der nächtlichen Partyteilnehmer auf über 800 Menschen. Beschwerden
änderten nichts an der Situation, bewirkten aber, dass ein Me-
diationsteam eingesetzt wurde, um zwischen den Interessen der
Anwohner und denen der jungen Leute zu vermitteln. Wie das
funktionieren sollte bei ständig wechselnden Besuchern, mochte
manchem Beobachter nicht einleuchten. Immerhin wurde Akti-
onismus vorgespielt, und der Bezirk konnte weiterhin seine tolerante Haltung demonstrieren. Nach sieben Monaten weiteren
Lärms war auch dieser Versuch gescheitert. Er kostete den Steu-
erzahler rund 18 000 Euro. Seit April 2011 gilt nun eine ungeliebte
Variante. Freundliche Polizeibeamte sind ab 18.00 Uhr vor Ort
und sorgen ab 22.00 Uhr dafür, dass sich die Anwesenden andere
Partyplätze suchen. Dafür geben die ortskundigen Uniformierten sogar Tipps.

Eine Ausnahmesituation im toleranten Kreuzberg. Im August 2015 meldete die *taz*, dass sich die Klagen von Bewohnern
angesagter Partykieze im Bezirk häufen. 464-mal seien in einein-
halb Jahren Anzeigen wegen Lärmbelästigungen gestellt worden. Dies sei nur die Spitze des Eisbergs, erklärte ein Stadtrat.
Als besonders ärgerlich empfinden die Leute, dass Beschwerden
bei Polizei und Ordnungsamt im Sande verlaufen. Abhilfe schaffen soll jetzt die Einrichtung einer zentralen Beschwerdestelle.
Die Bürger wird das freuen. Dort haben sie die Möglichkeit, sich
über die Nutzlosigkeit ihrer Beschwerden zu beschweren.

Das alles ist keine Berliner Besonderheit. Den Artikel »Mehrheit der Düsseldorfer stört die Partymeile Altstadt« in der *Neuen
Ruhr Zeitung* kommentierte ein Bezirksvorsteher im Dezember
2014 so: »Ein bisschen Partylärm muss eine tolerante Stadtgesell-
schaft aushalten.« Vergleichbare Einstellungen gibt es in vielen
Städten der Republik.

In toleranter Haltung zeigt sich auch der Berliner Innenstadt-
bezirk Charlottenburg. Wie der *Tagesspiegel* am 18. April 2016 berichtete, habe sich dort, in unmittelbarer Nähe des Boulevards
Kurfürstendamm, ein wildes Camp aus Zelten und behelfsmäßi-

gen Überdachungen gebildet. Mehr als 30 Menschen aus Rumänien lebten dort, darunter auch Frauen und Kinder. Sie hätten kein Strom und keine sanitären Anlagen, als Toilette diene eine Wiese. Nach Aussage des zuständigen Stadtrats sei das Lager irgendwann im vergangenen Jahr entstanden, doch da das Gelände einer Privatperson gehöre, könne der Bezirk Angebote für medizinische Versorgung und Unterbringung nur beratend machen. »Wir waren da mit unseren Sozialarbeitern vor Ort, aber wie so vieles in Berlin beruht unser Angebot auf Freiwilligkeit.« Eine Schlüsselaussage für staatliches Vorgehen, das offensichtlich auch dann gilt, wenn nicht nur selbstverantwortliche Erwachsene, sondern auch Kinder betroffen sind.

Wohin behördliche Toleranz führen kann, zeigte die Auseinandersetzung um die Drogendealer im Berliner Görlitzer Park. Über 800 Strafverfahren wurden allein im Jahr 2014 wegen Straftaten im Park eingeleitet, meist ohne Ergebnis. Dass dort junge afrikanische Asylbewerber unter den Augen der Polizei aggressiv mit Drogen handeln, dieser Handel sich immer weiter in den Kiez ausdehnt und die Bevölkerung sich von den staatlichen Ordnungskräften im Stich gelassen fühlt, führte zu einer erschreckenden Eskalation. Ein Wirt, der sich wohl 70-mal ergebnislos an die Polizei gewandt hatte, wehrte sich mit einem Messer gegen die Bedrohungen und verletzte zwei jugendliche Drogendealer lebensgefährlich.

Eine weitere Domäne staatlicher Toleranz ist der Umgang mit jungen Verkehrsrowdys. Seit Jahren beschweren sich Anwohner bestimmter Straßenzüge der Berliner City West über sogenannte »Profilierungsfahrten« mit PS-starken Fahrzeugen. Manipulierte Auspuffanlagen sorgen dafür, dass keinem Bürger die Präsenz der testosterongepeitschten Jungmänner entgeht. Weder bei Tag noch bei Nacht. An Schlaf sei manchmal nicht zu denken, berichten Betroffene. Anzeigen bei der Polizei sollen ergebnislos verlaufen sein. Auch die Gründung einer Anwohnerinitiative und die wiederholte Benachrichtigung der Bezirksverordnetenversammlung habe daran nichts geändert.

Doch ist der Lärm, unter dem die gesamte Umgebung leidet, nur ein Teil des Problems. Immer wieder kommt es ohne Rücksicht auf andere Verkehrsteilnehmer zu spontanen oder verabredeten illegalen Rennen. Rote Ampeln erhöhen dabei offensichtlich den Kick des Verbotenen. Doch der Staat scheint erst zu reagieren, wenn es zu schweren, medienträchtigen Unfällen kommt. Anfang Februar 2016 rasten zwei Sportwagen mit deutlich überhöhter Geschwindigkeit unter Missachtung mehrerer roter Ampeln über einen innerstädtischen Berliner Boulevard und töteten dabei einen unbeteiligten Autofahrer. Die Verursacher des tödlichen Rennens, beide Anfang 20 und wegen mehrerer Straftaten polizeibekannt, konnten das Krankenhaus schon nach wenigen Tagen nach Hause verlassen. Laut *Spiegel online* vom 7. Februar 2016 stieg einer der beiden gleich wieder in einen Sportwagen – diesmal als Beifahrer.

Es handelt sich um ein deutschlandweit bekanntes Problem. Nach Informationen von *Focus.de* schätzt die Polizei allein in Köln die Szene auf rund 200 junge Männer. Dort starben bei illegalen Autorennen 2015 drei Personen, in Ludwigshafen eine Beifahrerin, in Leverkusen und Karlsruhe wurden Menschen schwer verletzt. Der Kölner Professor André Bresges, der die Raser-Szene untersuchte, sprach von »fehlendem Respekt für das Leben«. Die meisten Fahrer seien zwischen 17 und 29 und suchten vor allem Aufmerksamkeit, ein Grund auch, warum sich diese Rennen zunehmend auf Innenstädte mit vielen Zuschauern verlagern.

Was also hält den Staat ab, hier einzugreifen? Trotz aller Gefährdungen werden illegale Rennen als Ordnungswidrigkeit behandelt – solange nichts passiert. Erst dann ist eine Strafanzeige möglich. Die jungen Raser freuen sich derweil. Die Polizei nehmen sie sowieso nicht ernst.

Machtlosigkeit macht sich bei den staatlichen Institutionen bemerkbar, die eigentlich für die Durchsetzung der öffentlichen Ordnung zuständig sind und Verantwortung tragen. So ist die polizeiliche Arbeit durch eine Vielzahl von Gesetzen und Verordnungen eingeschränkt, die vor allem die Freiheit derer berücksichtigt, die die Regeln der öffentlichen Ordnung stören und denen die Freiheiten der anderen Bürger wenig bedeuten.

Einzelfälle sind es nicht, die solche oft absurd anmutenden Geschehnisse illustrieren, und unter Jugendlichen sprechen sie sich schnell herum, auch wenn nur wenige Taten den Weg in die Medien finden. Es muss wohl schon ein besonderes Informationsinteresse vermutet werden, so zum Beispiel, wenn des Bundesbürgers liebstes Objekt zu Schaden kommt: das Auto. So berichteten mehrere Berliner Tageszeitungen im März 2016 von einem 19-jährigen Randalierer, der auf mehrere Autos mit einem Tannenbaumstamm einschlug. Bei der Überprüfung der Personalien stellte sich heraus, dass er schon zwei Tage vorher überprüft, aber nicht festgenommen worden war, weil er 17 Autos sowie die Scheiben eines Einkaufszentrums mit einer Eisenstange demoliert hatte. Wiederum wurde er gehen gelassen und nutzte die Gelegenheit, um schon ein paar Stunden später erneut seine Kräfte an anderen Fahrzeugen auszuprobieren. Ob zufällig oder als gesteigerte Provokation – dieses Mal auch an einem Polizeifahrzeug. Wer nun glaubt, dass damit das Ende der Fahnenstange erreicht gewesen sei, irrt. Nach Rücksprache mit der Staatsanwaltschaft kam der junge Mann abermals frei. Nachfragen bei der Behörde werden in solchen Fällen meist mit dem Hinweis auf einen festen Wohnsitz und die gesicherte Erreichbarkeit des Betroffenen beantwortet. Juristisch nachvollziehbar, pädagogisch aber kontraproduktiv.

In privaten Gesprächen mit Polizeibeamten, die zu Präventionsveranstaltungen in den Schulen unterwegs sind, höre ich zunehmend die Frustration darüber, dass die juristischen Reaktionen allen Bemühungen zuwiderlaufen, einem Täter konsequent gegenüberzutreten.»Kaum festgenommen, ist er am nächsten Tag schon wieder draußen.« Kein Wunder also, wenn Polizisten bei Ordnungsstörungen geringeren Ausmaßes wenig Initiative zeigen, tätig zu werden. So beginnt ein verhängnisvoller Kreislauf.

Ähnlich sieht es bei den sich alljährlich wiederholenden Revierkämpfen in den Sommerbädern aus. Zum Beispiel im Columbiabad in Berlin-Neukölln. Eine Ethnie gegen die andere. Wenn circa 90 Prozent der jugendlichen Besucher einen arabischen oder türkischen Migrationshintergrund haben, dauert es nicht lange bis zur Massenschlägerei. An Pfingsten 2015 musste das Bad deswegen für drei Tage geschlossen werden. Auch an einem Sonntag im Juli desselben Jahres reagierte die Bäderleitung auf entsprechende Vorfälle mit der Schließung. Ungefähr 6000 Gäste mussten ihre Sachen packen. Die circa 60 jugendlichen Verursacher der Schlägerei konnten gleichwohl nicht festgestellt werden. Aber was hätte das auch genutzt? Von 85 Anzeigen, die die Bäderbetriebe im Jahr 2014 stellten, wurden alle von der Staatsanwaltschaft eingestellt. Es sei zu schwierig, den verschiedenen Beteiligten ihre individuelle Schuld nachzuweisen. Zeugen seien nicht zur Aussage bereit. Er würde auch nicht aussagen, erklärte ein Polizeibeamter. Der von den Beschuldigten beauftragte Rechtsanwalt habe ja Einblick in die Akten, und darin stünden die Adressen der Zeugen! Immerhin: Wenn die Justiz nicht reagiert, werden die Bäder selbst tätig. Sie erlassen dann Hausverbote. Im Sommer 2015 sollen rund 70 solcher Zugangsbeschränkungen ausgesprochen worden sein. Aber niemand braucht deswegen Angst zu haben, dass die betroffenen Jugendlichen das Schwimmen verlernen werden. Die Berliner Bäder werden im Jahr von knapp sechs Millionen Menschen besucht. Wie viele oder wenige Hausverbotsübertretungen dabei entdeckt werden, mag sich jeder Leser selbst beantworten.

Die Praxis des Nichteingreifens und Gewährenlassens hat Folgen. Es ist ein sich selbst verstärkender Prozess, wie die Anfang der Achtzigerjahre aus Amerika kommende Broken-Windows-Theorie der Sozialwissenschaftler James Wilson und George Kelling anschaulich beschreibt. Ein zerstörtes Fenster in einem Gebäude animiert zu weiteren Zerstörungen, wenn sich niemand um die Reparatur kümmert. Ein verwahrloster Zustand im öffentlichen Raum zieht weitere soziale Verwahrlosung nach sich. Ich möchte hier gar nicht den folgenden Streit darüber the-

matisieren, ob die daraufhin eingeleitete Null-Toleranz-Politik
der Stadt New York zum Sinken der Kriminalitätsrate beigetragen hat oder ob andere Parameter dafür verantwortlich waren.
Eines aber, schreibt Jörg Schindler in seinem Buch *Die Rüpel-Re-
publik* gilt seither in der Wissenschaft als unstrittig, dass nämlich
»Menschen sich mehrheitlich nur so lange an soziale Normen
und Regeln halten, wie es andere auch tun«.

Wenn also aufgrund des äußeren Eindrucks vermutet werden kann, dass die Regelübertretung zur Regel geworden ist und
nicht sanktioniert wird, ist die Neigung, sich ebenso zu verhalten, sehr verführerisch. Zumal, wenn dies mit Vorteilen verbunden ist, und sei es auch nur das lustbetonte Ausleben unmittelbarer Bedürfnisse. Warum sollte jemand darauf verzichten? Der
Ehrliche ist der Dumme, beklagt Ulrich Wickert in einem seiner
Bücher, und wer will schon zu den Dummen gehören? Vergessen wir also einfach die gesellschaftlichen Regeln, es passiert ja
doch nichts. Im Straßenverkehr, und nicht nur dort, können wir
es täglich beobachten. So eifert jeder den Negativbeispielen des
Verhaltens seiner Mitmenschen nach. Gibt es irgendeinen Grund
anzunehmen, dass es bei Kindern und Jugendlichen, die ihr Verhalten in besonderem Maße über Vorbilder und Beispiele lernen,
anders sein sollte?

4. DIE INFLATION DER CHANCEN

Wer mit Kindern oder Jugendlichen zu tun hat, erlebt das häufig:
Große Augen blicken treuherzig oder halten den Blick scham-
haft gesenkt. Ein Schüler hat gegen Schulregeln verstoßen und
das nicht zum ersten Mal. Er tritt verlegen von einem Bein auf
das andere. »Ich hatte es einfach furchtbar eilig. Da ist es dann
passiert. Tut mir leid. Ich pass jetzt besser auf. Ganz bestimmt.
Kommt nicht wieder vor. Geben Sie mir noch mal 'ne Chance.«

Viermal ist es jetzt schon vorgekommen, dass er andere Schüler zu Beginn der Pause die Treppe hinuntergestoßen hat, und er weiß, was das bedeutet. Eigentlich stünden jetzt einige Tage lang Pausenzeiten vor dem Lehrerzimmer an oder zumindest so lange zu warten, bis ein Lehrer die Klasse verlässt, um dann mit ihm zusammen die Treppe ganz langsam hinunterzugehen. Dann würde er allerdings nicht mehr am Pausenfußball teilnehmen können, weil er zu spät käme. Aber etwas Bewegung in der Pause zur Spannungsabfuhr wäre gerade für diesen Schüler sehr sinnvoll. Und so bekommt er dann Folgendes zu hören: »Na gut. Dieses eine Mal noch. Aber beim nächsten Mal bist du dran.«

Schon im schulischen Alltag erleben Kinder und Jugendliche, dass alles meist nicht so ernst gemeint ist. Vieles wird angekündigt. Oft im Ärger, wenn eine Situation eskaliert. Aber wird das, was angekündigt wurde, auch umgesetzt? Die Erfahrung der betroffenen Schüler spricht dagegen. Dass auf ein regelverletzendes Verhalten eine spürbare Konsequenz erfolgt, wird für viele junge Menschen heutzutage eine zunehmend seltenere Erfahrung.

Mittlerweile hat sich diese libertäre Haltung als übliche Reaktion auf dissoziales Verhalten von jungen Menschen durchgesetzt und prägt den täglichen Umgang. Natürlich gibt es für Nachsichtigkeit oft viele vernünftige Gründe, und auch wir haben solche begründeten Ausnahmen von Schul- oder Klassenregeln für unsere Schüler getroffen. Aber sie wurden mit allen Beteiligten diskutiert, erklärt und begründet und dann, meist für eine begrenzte Zeit, im Sinne einer »Bewährungsauflage« unter kontrollierten Bedingungen festgelegt. Doch wenn die Ausnahme zur Regel wird, ist die eigentliche Regel nichts mehr wert, und das bedingungslose Gewähren einer weiteren Chance wird zur Farce.

»Geben Sie mir noch eine Chance.« Diese Floskel gehört mittlerweile zum sprachlichen Standartrepertoire aller delinquenten Schüler. Die Bitte, oft als Forderung gestellt, impliziert den Anspruch auf Erfüllung. Kaum denkbar, dass sie abgelehnt wird. Jemandem keine Chance einzuräumen ist reaktionär, unsozial und fern aller sozialwissenschaftlichen Erkenntnisse. Das ahnen die betreffenden Schüler – auch wenn sie von sozialem Verhalten sonst keine Ahnung haben.

Jeder hat doch eine neue Chance verdient. Mit diesem Argument und sonst eher ungewohnter Kreativität beginnt die Zeit der Entschuldigungen und Versprechungen aller Art, es komme nie wieder vor, man könne sowieso nichts dafür, andere seien genauso beteiligt gewesen usw. Manch spätere Intensivtäter werden vor dem Jugendrichter auf die Erfahrung solcher schulischen Rhetorikübungen erfolgreich zurückgegriffen haben.

Die Gründe für den Erfolg dieses Verhaltens sind vielfältig. Als empathische Menschen, die Pädagogen sind oder zumindest sein sollten, mögen sie der Überredungskunst des Schülers erliegen. Vielleicht ist man sich im betreffenden Augenblick auch nicht sicher, ob eine Zurechtweisung oder Strafe nicht doch überzogen ist. Hat man in einem vergleichbaren Fall wirklich immer so reagiert oder war man vielleicht an anderer Stelle und gegenüber anderen Schülern nachsichtiger? Gerade zur Delinquenz neigende Kinder und Jugendliche sind Meister in der Fähigkeit, wirkliche oder auch nur scheinbare Ungerechtigkeiten zu erkennen, und sie werden nicht darauf verzichten, im Konfliktfall lautstark darauf hinzuweisen.

Dass es sinnvoll ist, jedem eine neue Chance zu geben, ist unstrittig. Wer macht keine Fehler? Doch meist schon kurz darauf stellt sich das Problem erneut. Gilt der Anspruch dann nicht mehr? Hat derjenige seine zweite Chance verwirkt? Und beim nächsten Fall? Wann ist Schluss? Und wenn, warum gerade jetzt? Nach so vielen Regelübertretungen? Wie viele Male waren es denn schon? Getragen von der Hoffnung auf Einsicht verleitet diese Unsicherheit letztlich zu end- und nutzlosen Bitten und Ermahnungen.

Der Fehler liegt nicht darin, Chancen zu geben, sondern die Chancenvergabe bedingungslos zu wiederholen. Vor einer neuen Chance sollte aber die Konsequenz für die Regelverletzung liegen und möglichst der Beweis, dass man die neue Chance auch ergreifen will und kann. Und hier ergibt sich wieder ein Problem.

Mehr noch als bei Erwachsenen ist im Umgang mit jungen Menschen zu berücksichtigen, dass die Fähigkeiten, Chancen zu ergreifen und umzusetzen, keineswegs gleich verteilt sind. Ob der Betroffene sich wirklich bewähren kann, ist von der Entwicklung seiner kommunikativen und sozialen Fähigkeiten abhängig. Wenn die psychische Reife dafür nicht gegeben ist, ist das Scheitern meist vorauszusehen.

Es ist mittlerweile pädagogischer Konsens, auf Fehlverhalten mit rationalen Erklärungen zu reagieren. Das ist richtig und vernünftig, muss man doch davon ausgehen, dass viele Verhaltensweisen und ihre Folgen nicht von allen Kindern oder Jugendlichen gekannt und reflektiert werden. Aber gerade bei denjenigen, die hier Defizite haben, bekommen solche Überzeugungsversuche ab einer bestimmten Wiederholungsrate den Charakter von nutzlosen Predigten, werden zu einem störenden Hintergrundrauschen, das alle Beteiligten frustriert.

Darüber hinaus neigen Erwachsene dazu, die rationale Ebene zu überschätzen. Auch wenn das Problemverhalten und eventuell sogar Verhaltensalternativen von den Betroffenen benannt werden können, sind sie noch lange nicht in ihrer Wirkungsdimension »begriffen«, geschweige denn internalisiert. Junge Menschen wissen durchaus, was Erwachsene hören wollen. Die im Anschluss an eine ›Predigt‹ häufig gestellte Frage »Siehst du das ein?« dient deshalb wohl eher der Selbstberuhigung. Ebenso auch der meist folgende Hinweis: »Dann verhalte dich das nächste Mal vernünftig!« Chancen müssen dem Alter und den Fähigkeiten entsprechen und die Handlungsvoraussetzungen dafür intensiv eingeübt werden. Chancen, die ohne diese Voraussetzungen gegeben werden, verdienen ihren Namen nicht. Schlimmer noch: Sie erweisen sich als eine unfaire Art, die betreffenden Kinder und Jugendlichen auflaufen zu lassen, weil fast sicher ist, dass sich das Problem wiederholen wird.

Dieses absurde Spiel wird leider in vielen pädagogischen

Einrichtungen, aber auch in vielen Familien endlos betrieben. Allerdings nicht ohne Lernerfolg – doch der sieht anders aus als gewünscht. Vermittelt wird, dass Regeln wertlos sind und Chancen vor allem bedeuten:»Mach weiter wie bisher, denn es passiert ja doch nichts.«

Verstärkt wird dieser Eindruck noch, wenn zum Beispiel bei Sachbeschädigungen die Eltern für den Schaden aufkommen oder dieser durch Versicherungsleistungen gedeckt wird, ohne dass die Sprösslinge damit belastet werden.»Na und, bin ja versichert«, ist auch so ein geflügeltes Wort unter manchen Schülern. Die notwendige Verhaltensalternative aber, die derjenige bräuchte und die gemeinsam zu erarbeiten wäre, bleibt ihm verwehrt. Ähnlich wirkungslos sind die häufig ausgesprochenen Formalstrafen wie Eintragungen ins Klassenbuch, Tadel, Verweise und Vermerke in der Schülerakte. Der Effekt ist vergleichbar mit der inflationären Chancenvergabe. Es wäre naiv zu glauben, verhaltensschwierige Schüler ließen sich davon besonders beeindrucken, zumal wenn diese Maßnahmen schon häufig praktiziert wurden, das Klassenbuch voller Vermerke und die Schülerakte dick ist. Sie wissen meist genau, dass da nicht mehr viel kommen kann. Und wenn doch, ist es nicht immer konstruktiv und kennzeichnet die Neigung unserer Gesellschaft, sich um Probleme herumzumogeln.

5. UNGELIEBTE TROPHÄE: DER WANDERPOKAL

Eigentlich ist es nicht vorstellbar: ein Architekt, der mit Engagement und Einsatz ein Haus baut und sich, in den oberen Stockwerken angekommen, voll Stolz auf das Ergebnis zu freuen beginnt, bis dann – ja dann jemand mit einer Abrissbirne kommt und immer in die unteren Stockwerke hineinhaut. Absurd, nicht wahr? Genauso aber empfinden es Lehrer, wenn sie einen »Wanderpokal« bekommen.

Wer wollte den Kollegien an den Schulen also verübeln, dass sie solch ungeliebten »Trophäen« äußerst ablehnend gegenüberstehen. Niemand freut sich, wenn er angekündigt wird, und sofern er nicht eindeutig einer Klasse zugewiesen ist, setzt sofort ein eifriger Handel ein. »Bei mir nicht!«»Ich hatte neulich schon einen.«»Den kann ich mir nicht leisten, ich habe schon so schwierige Schüler.« So klingen die Vorbehalte der Klassenlehrer. Der Versuch, überzeugende Entschuldigungsgründe zu finden, um einen »Wanderpokal« ablehnen zu können, setzt viel Kreativität frei. Aber letztlich muss er doch angenommen werden, sofern sich keine zwingenden Gründe entgegenstellen. Und jeder, ungeachtet seines pädagogischen Impetus, atmet auf, wenn die eigene Klasse verschont bleibt.

Es handelt sich um einen neuen Schüler oder gelegentlich auch eine Schülerin, die aus anderen Schulen zugewiesen wird, weil sie so viele Negativpunkte gesammelt hat, dass ein Verbleib an der alten Schule nicht mehr tragbar ist. Und das keineswegs nur, wie man vielleicht argwöhnen mag, weil die jeweilige Schule den Schwarzen Peter endlich loswerden will, sondern vor allem auch im Interesse der übrigen Schüler. »Wanderpokale« sind meist Jugendliche, die in erheblichem Maße gegen die Schulordnung verstoßen haben und zu deren Verhaltensprogramm schwere Fälle von Mobbing, Körperverletzungen, Umgang mit Waffen usw. gehören. Häufig sind es Intensivtäter, für die der Schulwechsel im Zusammenhang mit einer Straftat gerichtlich angeordnet wurde. Dabei kann der anvisierte Wechsel auf Dauer intendiert sein oder auch nur für eine gewisse Zeit, sozusagen als Warnung. Meist wird eine Probezeit vereinbart, in der beurteilt werden soll, ob eine Integration in den neuen Klassenverband überhaupt möglich ist. Die betroffenen Schulen haben also gewissermaßen ein Rückgaberecht. In der Realität wird davon allerdings selten Gebrauch gemacht, will die jeweilige Schule doch nicht als unkooperativ gelten. Man könnte ja selbst einmal in die Verlegenheit kommen, einen »Wanderpokal« verschicken zu müssen. Dann ist die Suche nach einem Platz einfacher, wenn es gegenseitige informelle Verpflichtungen gibt.

Bei dieser Einstellung einem neu hinzukommenden Schüler gegenüber ergeben sich natürlich kritische Fragen: Fördert diese Praxis nicht eine vorurteilsbezogene Sichtweise, ist man noch frei in seinen Handlungen und Bewertungen? Hat so ein Schüler unter solchen Bedingungen überhaupt noch eine reelle Chance?

Berechtigte Einwände, aber diese Einstellung ist vor allem die Folge von Erfahrungen, die Lehrer, Schüler und der »Wanderpokal« selbst mit dieser Praxis machen. Und die sind selten positiv. Aber muss man deshalb gleich die Metapher einer »Abrissbirne« bemühen? Ist solch ein Vergleich nicht unzulässig destruktiv und etikettierend? Das Bild wird etwas deutlicher, wenn wir uns anschauen, was solch eine Situation für die Klassengemeinschaft bedeutet.

Stellen Sie sich vor, Sie sind Klassenlehrer einer Gemeinschaft von Schülern, die einstmals aus verschiedenen Klassen und Schulen zusammenkamen. Sie haben lange daran gearbeitet, dass aus diesem zusammengewürfelten Haufen kleiner Egomanen eine Gemeinschaft wurde. Endlich gelingt es den einzelnen Mitgliedern mehr oder minder gut, die eigenen Interessen auch zugunsten der Gruppe hintanzustellen. Persönliche Konkurrenzen und Animositäten beschränken sich auf ein Mindestmaß und sprengen bei einem neuen Konfliktfall nicht gleich die Gruppe. Jeder hat in etwa seine Position gefunden, und alle Einflusssphären müssen nicht immer wieder neu ausgehandelt werden. Sie haben es sogar geschafft, eine beleidigende, herabsetzende und sexistische Sprache aus der Klasse herauszuhalten. Vielleicht sind auch behinderte Kinder unter Ihren Schülern, die mittlerweile von den anderen akzeptiert werden, ja denen die Mitschüler auch mal freiwillig ohne Aufforderung helfen. Schön, wenn Sie so etwas erreicht haben – und dann wird Ihnen ein »Wanderpokal« angekündigt.

Als Lehrer fragen Sie natürlich gleich nach: Woher kommt

er, was hat er getan? Wo liegen die Schwierigkeiten und Probleme? Welche Stärken hat er und wie sieht es mit seiner Lern- und Leistungsbereitschaft aus? Wichtig ist auch die Familiensituation und wie sich die Zusammenarbeit mit den Eltern gestaltet. Es gibt da einiges, was Sie wissen sollten, damit der neue Schüler erfolgreich in die Klasse integriert werden kann. Allerdings werden Sie bei diesen Fragen auf Probleme stoßen zu erfahren, welche Umstände zu dieser Art von Schulwechsel geführt haben. Sollte es nur schulinterne Gründe geben, so werden Sie die Auskunft sicher bekommen, sollten die Gründe aber im außerschulischen, strafrechtlichen Bereich liegen, sind Ihrem Informationsbedarf enge Grenzen gesetzt. Dafür sorgt der Datenschutz. Der schützt den »Wanderpokal«. Der Schutz der Mitschüler ist dabei weniger von Bedeutung.

Die Ankündigung, dass ein neuer Schüler in die Klasse kommt, löst dort sofort eine gewisse Unruhe aus. Das ist nur natürlich. Alles Neue beunruhigt in gewisser Weise. Und dann kommt der Tag, an dem der neue Schüler erscheint. Vielleicht haben Sie Glück, und alles ist ganz harmlos. Aber das dürfte ungewöhnlich sein. Zum »Wanderpokal« wird man nicht, weil alles ganz harmlos ist. Und hier kommt die Abrissbirne ins Spiel.

Sie werden in den folgenden Tagen eine neue Klasse vorfinden. Sie werden einen Verlust an Offenheit feststellen, vielleicht auch einen Verlust an Freundlichkeit, die gegenseitige Ansprache wird härter werden, es wird zunehmend an den falschen Stellen gelacht, vielleicht auch dann, wenn es um die behinderten Schüler geht, die schon so gut in die Klassengemeinschaft integriert waren. Plötzlich wird ihnen auch weniger geholfen. Längst überwunden geglaubte Verhaltensprobleme feiern fröhliche Urständ. Alte, ungünstige Cliquenbildungen werden wieder aktuell. Die Lern- und Leistungsbereitschaft lassen spürbar nach, ebenso der offene, nicht diskriminierende Umgang mit Fehlern und Schwächen, den Sie so mühevoll eingeführt haben. Sollte der neue Schüler muslimischen Glaubens sein, so werden Sie einen erstaunlichen Wandel bei den muslimischen Mädchen entdecken. Wie durch eine unsichtbare Hand wirken sie plötzlich geduckt und eingeschüchtert. Vielleicht werden auch einige Schüler bisher unbekannte Abneigungen gegen die Schule entwickeln und dem Unterricht öfter fernbleiben. Irgendwann kommen dann die Beschwerden. Von den eigenen Schülern, den Schülern anderer Klassen, den Fachlehrern, den Lehrern der anderen Klassen, vielleicht auch den Eltern. Über das, was in den Pausen geschieht, in den Fluren und Gängen beim Wechsel der Fachräume, auf dem Schulweg, in Bussen und Bahnen, manchmal auch in der Freizeit, im Jugendfreizeitheim, im Schwimmbad oder auf dem Fußballplatz. Nicht alle diese Probleme werden zusammen auftauchen, manche vielleicht auch gar nicht. Aber es werden genug sein, Ihnen das Gefühl zu vermitteln, alles, was bisher erreicht sei, löse sich langsam, aber beständig auf.

Dabei geht es gar nicht hauptsächlich um die Befindlichkeit der betroffenen Lehrer, auch wenn die Darstellung der Situation dies nahelegt. Es geht vor allem um die anderen Schüler. Um ihre Ängste, ihre Irritationen, ihre Einschränkungen, den Verlust ihrer Chancen, ganz einfach auch nur um die Zeit, die Sie als Lehrer jetzt nicht mehr haben, um sich ihnen zu widmen, weil die meiste Zeit nun durch den neuen Schüler beansprucht wird.

»Wanderpokale« sind, im Gegensatz zu Schülern, die durch Zuzug aus einer anderen Gegend kommen, durch bestimmte Besonderheiten gekennzeichnet, die das problemorientierte Verhalten unter Umständen negativ verstärkend begleiten können. So wechseln sie in den seltensten Fällen ihren Wohnort, sondern bleiben an ihrer angestammten Adresse wohnen. Dies kann wegen eines eventuell längeren Schulwegs ein Problem sein, weil es zum Zuspätkommen oder auch zum Schwänzen animiert. Problematischer erweist sich der meist weiterhin bestehende Kontakt zu der alten angestammten Peergroup, die nicht selten in gemeinsam begangene Straftaten verwickelt war. Die Hoffnung, den Jugendlichen durch einen Schulwechsel seinem alten, schlechten Einfluss zu entziehen, erweist sich somit oft als illusionär und kann sich sogar negativ für die Situation der aufnehmenden Schule auswirken, wenn das problematische soziale Umfeld mitgebracht wird.

Nach der vorherrschenden sozialintegrativen Auffassung sollen auch schwer verhaltensauffällige Schüler uneingeschränkt in den allgemeinen Schulunterricht eingebunden werden, um am positiven Kommunikationsmodell der sozial kompetenten Schüler ein angemessenes Verhalten zu lernen.

Doch abgesehen davon, dass positive Verhaltensmodelle für strafversetzte Schüler nicht immer so attraktiv sind, wie sich das wohlmeinende Theoretiker wünschen, bedeutet dies auch, dass sich alle anderen mit dem negativen Verhalten auseinandersetzen müssen, davon beeinflusst werden, gegebenenfalls darunter leiden. Das zeigt ein Beispiel aus der Realität des Schulalltags.

Nach Beginn des 7. Schuljahres bekamen wir den Schüler H. aus einem benachbarten Bezirk als »Wanderpokal« in die Klassengemeinschaft. Beabsichtigt war nicht nur ein kurzfristiger Aufenthalt in unserer Klasse, sondern möglichst der dauerhafte Verbleib. Die strafrechtlichen Gründe seiner Umsetzung waren uns unbekannt. H. hielt sich in der ersten Woche zurück. Das war nicht ungewöhnlich. Die Test- und Beobachtungsphase dieser Schüler ist oft durch überangepasstes Verhalten bestimmt. Angesichts ihrer sozialen Defizite ist dies mehr als erstaunlich. Sie scheinen ihre ganze Energie darauf zu verwenden, nicht aufzufallen. Bei älteren Schülern kann diese Phase durchaus mehrere Tage, ja sogar Wochen andauern. H. blieb in der Klasse. Er war kein schlechter Schüler, hatte Reserven. Als er etwas Vertrauen gefasst hatte, auch zu seiner eigenen Leistungsfähigkeit, ließ er sich zum Lernen überreden. Er büffelte drei Tage, dann hatte er die beste Arbeit in Mathematik geschrieben. Leider war dies ein solitäres Ereignis. Ihm fehlte der lange Atem, denn er suchte Anerkennung. Sie durch gute Schulleistungen zu bekommen mochte für einen kurzen Moment befriedigend sein. Auf die Dauer aber war dies anstrengend. Seiner pubertären Machoidentität war diese Art von Anerkennung eher abträglich. Er bekam sie stattdessen, indem er die Position als Leithirsch der

Klasse einnahm. Nicht nur prahlte er schon bald damit, einen medienbekannten Intensivtäter zu seinen engen Kumpeln zu zählen, auch die Streitigkeiten mit anderen männlichen Schülern nahmen zu.

Aus dem Libanon stammend, hatte H. ein sehr bewusstes Verhältnis zu seiner Religion. Er war schiitischer Glaubensrichtung und betonte dies gegenüber den anderen muslimischen Schülern. Ein nicht unerheblicher Reibungspunkt innerhalb der muslimischen Schülerschaft. Deutliche Auswirkungen hatte seine Anwesenheit vor allem auf die muslimischen Mädchen in der Klasse. Sie beschwerten sich zwar über sein machohaftes Gehabe, verhielten sich aber gleichzeitig stiller und gedämpfter, ja fast unterwürfig. Das war ihnen nicht unbekannt, es erinnerte einige der Schülerinnen an den Umgang mit ihren Brüdern.

Wir Lehrer hatten alle Hände voll zu tun, gegenzusteuern, und brauchten alle Geduld, doch die Ausdauer schien sich zu lohnen. H. war zwar als schwierig bei den Kollegen eingestuft, trotzdem hatten die meisten positive Veränderungen an ihm wahrgenommen. Er wurde ansprechbarer und zugänglicher für Argumente, ließ sich meist auf Regeln ein. Dennoch blieb da dieser kleine Rest des Verhaltens, das immer grenzwertig war, immer den Eindruck vermittelte, ein kleiner Funke genüge, um eine konfliktträchtige Situation eskalieren zu lassen. Seine Anwesenheit war lange Zeit ein Wechselbad der Hoffnungen und Enttäuschungen. Sie endete mit Letzterem.

Nach einer inszenierten Schlägerei, bei der das vorher ausgesuchte Opfer gefilmt worden war (»happy-slapping«), wurde H. für einige Wochen in eine andere Schule strafversetzt. Er sollte, wie schon einmal, eine Zeit lang dem Einfluss seiner Schulclique entzogen werden und in einer fremden Umgebung durch positives Verhalten seine Bereitschaft zur Besserung beweisen. Diese erneute Strafversetzung brachte ihn sehr weit fort. In einen anderen Stadtbezirk. Für ihn, wenn auch nur vorübergehend, wieder einmal das Erlebnis eines »Wanderpokals«.

Für die übrige Klasse hatte dies durchaus positive Konsequenzen. Schon nach wenigen Tagen zeigte sich eine Wandlung im Verhalten der Schüler. Es trat eine deutliche atmosphärische Entspannung ein. Natürlich versuchten einige dominantere Jungen, die vakante Position des Leithirschs zu besetzen, aber es geschah mit weit weniger negativer Energie. Alle Schüler, insbesondere die Mädchen, agierten gelöster und fröhlicher. Ein Eindruck, den alle in dieser Klasse unterrichtenden Kollegen bestätigten. Die atmosphärische Wirkung war also bei Schülern und Lehrern identisch. Das hatte Folgen für den Umgang in der Klasse miteinander ebenso wie für das Lernverhalten. Ein unsichtbarer Druck war fort.

Als nach einigen Wochen bekannt wurde, H.s Rückkehr stünde in Kürze bevor, reagierten die meisten Schüler ablehnend. Es zeigte sich, dass die Stellung des Leithirschs keineswegs mit einer großen Beliebtheit korrespondierte. Man hatte sich dem Machoverhalten unterworfen und war froh, damit nicht mehr konfrontiert zu sein. Und nun sollte der Stress wiederkehren.»Dann sei ja die gute Stimmung wieder vorbei«, lautete der übereinstimmende Tenor.

H.s Rückkehr aus der Verbannung leitete unsere Niederlage ein. Das Regelkostüm, an dem wir mühselig und stetig gestrickt hatten, war in den Wochen der Strafversetzung löchrig geworden. Er hatte anderes kennengelernt. Die Kontinuität war durchbrochen. Nach einem Wechsel in die berufsvorbereitende Klasse, wo sich die Schwierigkeiten häuften, verließ H. die Schule ohne Abschluss.

Man konnte der Schule, die H. als vorübergehend strafversetzten »Wanderpokal« aufnahm, keinen Vorwurf machen. Vielleicht wurden dort andere Prioritäten gesetzt, standen andere Regeln und Erziehungsziele im Vordergrund. Sehr wahrscheinlicher waren die Kollegen mit ihm ebenso überfordert und hatten sich für die eigenen Schüler entschieden, statt alle Zeit und Energie in einen fremden Problemfall zu investieren, der ohnehin bald wieder gehen würde. Von H. jedenfalls war mit der Anpassung an zwei verschiedene Regelsysteme und verschiedene

Bezugspersonen zu viel gefordert worden. Er zog sich dorthin zurück, wo er sich am sichersten fühlte: in die Totalopposition. An Beispielen wie diesen wird die Fragwürdigkeit solcher Strafversetzungen deutlich. Während die oft ungünstige Kontinuität zur alten Peergroup im Alltag erhalten bleibt, kann sich ein konstruktiver pädagogischer Einfluss wegen vielfältiger Schwierigkeiten gar nicht entfalten. Der Schwarze Peter wird von Schule zu Schule geschoben, und überall sieht man sich mit kaum lösbaren Problemen konfrontiert. Nötig wäre hier eine intensive Zusatzbetreuung, die vor allem eine persönliche Kontinuität sichert. Es erfordert viel emotionale Investition über einen langen Zeitraum hinweg, um eine Atmosphäre zu schaffen, die eine annähernd ausgeglichene Interaktion auch zwischen den Schülern ermöglicht. Das aber ist die Voraussetzung für einen konstruktiven Lernprozess. Wird dieses Gleichgewicht gestört, geht mit dem Verlust der Sicherheit schnell auch die Basis für den Lernprozess verloren. Wenn Lehrer hierbei keine Unterstützung erhalten, sind sie gezwungen, ihr Augenmerk permanent auf die problematischen Schüler zu richten, sei es für Disziplinierungsmaßnahmen oder eine verstärkte Zuwendung überhaupt.

Wer argumentiert, durch professionelles Verhalten und geeignete Fortbildungen seien solche Situationen aufzufangen, verkennt die Wirklichkeit. Es bedeutet in jedem Fall, dass die stillen, oft lernbereiten Schüler, die ebenfalls eine intensive Zuwendung bräuchten, sich aber nicht lautstark genug in den Vordergrund stellen, benachteiligt werden. Da ihnen diese Aufmerksamkeit fehlt, können sie sehr leicht zu Opfern dissozialen Verhaltens werden.

So ist der Vorgang für alle Beteiligten eine Überforderung, zumal bürokratische, juristische und ideologische Handlungshindernisse effektive und wirksame pädagogische Interventionen begrenzen oder ganz verhindern. Das hat nicht nur zur Folge, dass Pädagogen zunehmend verunsichert und in ihrer Interventionsbereitschaft eingeschränkt werden, sondern dass

die Erfahrung der pädagogischen Hilflosigkeit viele verhaltensschwierige Schüler in ihrer fantasierten Omnipotenz bestärkt.

6. DON QUICHOTTE LÄSST GRÜSSEN

Der Junge machte eine abfällige Handbewegung und bemerkte
in einem Ton mitleidiger Herablassung: »Was wissen Sie denn
schon!« Und das Grinsen der umstehenden Schüler zeigte deutlich, dass alle anderen mehr wussten als ich.

Ein Vorfall in der Schule war Anlass gewesen, ein Klassen-
gespräch zu führen. Strafrechtlich relevant, keine der üblichen
Kleinigkeiten, war dieser Vorfall Tagesgespräch bei den älteren
Schülern. Es würde zur Anzeige kommen, und das hätte Folgen.
Wie diese aussähen, darüber schienen die Meinungen allerdings
auseinanderzugehen. Eine ideale Situation also, die Folgen einer
Tat zu diskutieren und über die Konsequenzen zu informieren.
Als Lehrer fahren Sie alles auf, was Sie über Jugendrecht und
Strafrecht, über Recht und Unrecht wissen, was die Literatur, die
Medien und Ihre Lebenserfahrung über Gut und Böse so herge-
ben. Sie merken, dass dieses Gespräch über Verhalten und dessen
Folgen viele in der Klasse beeindruckt. Und dann kommt dieser
Grünschnabel, ganze 15 Jahre alt, und macht mit seiner altklugen
Bemerkung Ihre erfolgreiche Überzeugungsarbeit zunichte.

Das Schlimme ist: Er hat ja recht. Denn das, was wir Lehrer
wissen, ist abgehobene Theorie und wenig hilfreich für unsere
pädagogischen Absichten. Demgegenüber verfügen die beteiligten Schüler über Kenntnisse der konkreten Vorgänge und sind
Ihnen damit deutlich überlegen. Schuld daran ist der Datenschutz, eine Institution, die geschaffen wurde, um die Freiheits-
rechte des Individuums gegen unzulässige Eingriffe zu verteidigen.

Leider erweist sich Letzteres als sehr ambivalent, denn gerade im Rahmen der Strafverfolgung ist gelegentlich der Täter der größere Nutznießer von Datenschutzbestimmungen. Was jedoch im Umgang mit Erwachsenen in einem freiheitlichen Rechtsstaat akzeptiert werden muss, erweist sich im pädagogischen Bereich als Erziehungshindernis. Fast jeder Pädagoge mit entsprechender Klientel kann davon berichten. Möchte er für seine erzieherische Arbeit Genaueres über das straffällige Verhalten eines Schülers in Erfahrung bringen, steht er häufig vor verschlossenen Türen und Akten.

Gebetsmühlenartig wird seit Jahren in jugendpolitischen Verbesserungsvorschlägen angeregt, die Zusammenarbeit zwischen den beteiligten Institutionen zu verbessern. Wieder einmal im März 2015 forderten die Deutsche Polizeigewerkschaft und der Verband Bildung und Erziehung eine engere Zusammenarbeit von Polizei und Schulen gegen Jugendgewalt, da eine Informationsblockade nur dem Täter helfe. Die Umsetzung scheitert dabei weniger an organisatorischen Schwierigkeiten. Meist sind es die Bestimmungen des Datenschutzes, die einer erfolgreichen Kooperation entgegenstehen. Und das, obwohl in diesem Bereich ausnahmsweise einmal alle Fachleute über die Notwendigkeit eines intensiven Datenaustauschs hinsichtlich erfolgreicher Prävention und Intervention einig sind. Es grenzt an ein absurdes Theater, wenn der Jugendstadtrat von Berlin-Neukölln im Sommer 2015 feststellt, dass es für die Jugendlichen zu einfach sei, die Beteiligten gegeneinander auszuspielen, und er deshalb wolle, dass »Vertreter von Staatsanwaltschaft, Polizei, Jugendamt, Jugendgerichtshilfe und Schule ... regelmäßig an einem Tisch zusammenkommen, um sich ›abstrakt‹ über Problemfälle zu unterhalten«. Denn, so zitiert die taz am 7. Mai 2015, »Fallkonferenzen dürfen wir nicht machen«. Neun Jahre nach dem Brandbrief an der Rütli-Schule, fünf Jahre nach den Verbesserungsvorschlägen der Jugendrichterin Kirsten Heisig.

Was der Stadtrat nun beabsichtigt, konkretisierte er in einem Interview in der Abendschau des *rbb* am 30. März 2016. Die hohe Zahl der jugendlichen Intensivtäter in Berlin mache es erforderlich, dass das »Neuköllner Modell« von Kirsten Heisig, das eine frühzeitige Zusammenarbeit der Institutionen vorsehe, aber inzwischen leider »versandet« sei, wiederbelebt werden müsse. Dem Problem, dass die strengen Datenschutzbestimmungen diese Zusammenarbeit verhinderten, wolle man mit einer Einwilligungserklärung der Eltern zur Weitergabe der personenbezogenen Daten ihrer Kinder begegnen.

Es ist nun an sich keine schlechte Idee, die jeweiligen Eltern in eine verantwortliche Mitarbeit einzubinden, doch ergibt sich als weitere Schwierigkeit, dass die Mehrzahl der jugendlichen Intensivtäter aus arabischen Großfamilien stammen, die für alles Mögliche, nur nicht für eine enge Kooperation mit Berliner Ämtern bekannt sind. Laut der Leiterin der zuständigen Polizeiinspektion handele es sich teilweise um ganze »Intensivtäterfamilien«, aus denen mehrere Geschwisterkinder polizeibekannt seien. Um diese Familien und Clans zu erreichen, sei ein intensiver Betreuungsaufwand nötig, und vor allem gelte es, so der Stadtrat, besondere Mitarbeiter zu finden, die den Clanchefs auf Augenhöhe gegenübertreten könnten. Auf die etwas erstaunte Frage des rbb-Moderators, wer denn mit kriminellen Clans auf »Augenhöhe« verhandeln könne, griff er zum Prinzip Hoffnung: Diese Leute gebe es durchaus in der entsprechenden Community, und er versuche, sie als Mitarbeiter zu gewinnen. Der normale Sozialarbeiter sei dazu jedenfalls nicht in der Lage.

Natürlich wird es verzweifelte Eltern geben, die dem Abgleiten ihrer Kinder in die Kriminalität hilflos zuschauen und eine Zusammenarbeit mit den zuständigen Institutionen sehnlichst herbeiwünschen. Sie werden die angebotenen Möglichkeiten sicher erleichtert annehmen – unabhängig von ihrer ethnischen Herkunft. Aber zu erwarten, dass kriminelle Clans, durch Argumente geläutert, plötzlich den Weg der Tugend beschreiten werden, klingt schon sehr nach sozialpolitischer Märchenstunde. Der wirkliche Hinderungsgrund für effektive sozialpädagogische Einflussnahme bleibt jedenfalls unberührt bestehen: Die Bestimmungen des Datenschutzes.

Der ehemalige Bezirksbürgermeister Heinz Buschkowsky lässt in seinem Buch *Neukölln ist überall* einen Jugendrichter zu Wort kommen. »Ich habe ... jahrelang an einem Konzept zur Jugendkriminalität mitgearbeitet. Irgendwann, als wir glaubten, etwas Gutes vollbracht zu haben, kam der Datenschutz, und wir schmissen alles in den Papierkorb ... Das ist doch völlig krank. Niemand darf etwas voneinander erfahren, alles bleibt im Gestrüpp des Datenschutzes hängen.« Unzählige Male habe ich es selbst erleben müssen, dass – nicht nur im Krisenfall – umfangreiche Informationen hilfreich gewesen wären, sie aber aus datenschutzrechtlichen Gründen nicht zu erhalten waren. Ebenso häufig musste ich erleben, wie der Aufklärungseifer engagierter Kollegen einen herben Rückschlag erlitt, wenn ihnen die Don-Quichotterie ihrer Bemühungen bewusst wurde.

Dabei verbindet sich der Datenschutz mit der Etikettierungsangst mancher Kollegen, die befürchten, der betreffende Schüler könnte von vornherein in ein schlechtes Licht geraten. Streit unter Kollegen kann sich schon an der Frage entzünden, ob alle Probleme eines auffälligen Schülers dem gesamten Kollegium bekannt gemacht werden sollten. Wird dies verweigert, kann das für uninformierte Lehrer unangenehme Folgen haben. Eine Kollegin bekam dies schmerzhaft zu spüren, weil ihr die Informationen zum speziellen Umgang mit einem gewalttätigen Schüler vorenthalten wurden. Auch werden Pädagogen schnell ausgetrickst, wenn sie nicht über alle anstehenden Maßnahmen unterrichtet werden. Ein Hausverbot macht sich zum Beispiel schlecht, wenn der Betreffende unbehelligt durchs Gebäude stromert, weil nur Schulleitung und Klassenlehrer darüber Bescheid wissen.

Ebenfalls enttäuschend empfand ich Situationen, in denen sich die Datenschutzbestimmungen mit Vorurteilen gegenüber der jeweils anderen Berufsgruppe vermengten. So hatte sich eine engagierte Referendarin in meiner Klasse intensiv mit den Problemen eines strafrechtlich auffälligen Schülers beschäftigt und versuchte, ein individuelles Hilfskonzept zu erarbeiten. Ihre Ursachenrecherche führte sie auch zur Jugendgerichtshilfe, wo der Mitarbeiter sich sehr verschlossen zeigte und ihr zu verstehen gab, dass bei ihm keine Informationen zu bekommen seien. Er misstraue grundsätzlich den Lehrern und der Schule. Das angestrebte individuelle Hilfskonzept blieb zwangsläufig Stückwerk. Die junge Kollegin hatte ihre ersten desillusionierenden Erfahrungen gemacht.

Kehren wir zu unserem Eingangsbeispiel zurück. Politik und Öffentlichkeit fordern anlässlich jugendlicher Delinquenz, die Schule müsse Recht und Unrecht, Verhalten und Folgen vermehrt zum Thema machen. Doch Lehrer, die mit dem Hinweis auf Folgen und Konsequenzen eines strafrechtlichen Vergehens ihre Schüler von eventuellen Nachahmungstaten abhalten wollen und keine genaueren Informationen über die Zusammenhänge und Hintergründe tatsächlicher Geschehnisse bekommen, wirken wenig überzeugend. Wesentliches, was für sie interessant wäre, um das Problem mit den Schülern aufzuarbeiten, bleibt ihnen verschlossen. Was ist geschehen, wie oft gab es Vorfälle und welcher Art, wann fing es an, wer war daran beteiligt, was gab es für Folgen, und welche weiteren Konsequenzen sind zu erwarten? Da ist der Datenschutz vor und nimmt den Lehrern eine der bedeutendsten Handlungsvoraussetzungen für erfolgreiche Prävention und Intervention: den Informationsvorsprung. Er bleibt ihnen verwehrt und stärkt das Omnipotenzbewusstsein der betroffenen Schüler gegenüber jedweden erzieherischen Bemühungen. Als Pädagoge bleibt nur die Hoffnung auf eventuelle Indiskretionen von Behördenmitarbeitern. So wird man mit guten Absichten in die Illegalität gedrängt.

Eine Information bekommen Sie dennoch: dass das anhängige Verfahren ohne weitere Begründung eingestellt wurde. Nachfrage zwecklos.

Die zunehmende Gewichtung juristischer Kategorien gegenüber pädagogischen Belangen hat seit einigen Jahren einen weiteren interventionshindernden Umstand an Bedeutung gewinnen lassen: die Angst vor einer juristischen Auseinandersetzung.

Im Zuge der Stärkung der Elternrechte ist die Neigung bei den Eltern gewachsen, ihre Sprösslinge gegen reale oder auch vermeintliche Ungerechtigkeiten seitens der Lehrer und der Schule zu verteidigen. *Stern.de* zitiert am 19. Januar 2015 eine Anwältin, die häufig Eltern bei Klagen gegen die Schule vertritt. Nach ihrer Aussage geht es bei den Beschwerden in etwa zwei Drittel der Fälle um Strafen oder Schulverweise. Erfahrungsgemäß sind dies eher Eltern, die von einem grundsätzlichen Misstrauen gegenüber der Schule bestimmt sind, als jene, die vertrauensvoll mit ihr zusammenarbeiten. Eltern verhaltensschwieriger Schüler, die sich über Lehrerentscheidungen beschweren, neigen vermehrt dazu, sich gleich an die Justiz zu wenden, statt das Problem mit der Schule auszutragen. Die daraufhin eingeleiteten Untersuchungen, mögen sie auch juristisch unangreifbar und rechtens sein, haben für einen Pädagogen einschneidende Folgen. Sei es, dass er als Klassenlehrer seine Klasse abgeben muss, versetzt wird oder aber mit dem Vorwurf fragwürdigen erzieherischen Verhaltens für die Dauer der Untersuchung leben muss. Das wird besonders dann aktuell, wenn die Öffentlichkeit über mediale Berichterstattungen in die Auseinandersetzung einbezogen wird und die Schulleitung aus Angst vor einem Imageschaden dem Kollegen die Solidarität verweigert. Schlimmer noch ist die Wirkung bei dem betroffenen Schüler, wenn er sich im Gefolge der Auseinandersetzungen in Machtillusionen hineinfantasieren kann.

Mit der Realität solcher Gegenreaktionen waren meine Kollegen mehrfach konfrontiert. Schon das beruhigende »Hand auf die Schulter legen« kann in einer aufgeheizten Situation als Angriff gewertet werden und eine Anzeige wegen Körperverletzung zur Folge haben. Aber auch wenn sich ein erzieherischer Eingriff als gerechtfertigt erweist, muss ein Pädagoge mit Folgen rechnen.

Der Berliner *Tagesspiegel* berichtete am 7. Januar 2009 von einem Gerichtsverfahren gegen einen älteren Sportlehrer, der einen tobenden Viertklässler zur Räson bringen wollte: »Da ging er auf mich los, schlug und trat auf mich ein«, sagte der Lehrer. Er habe den Angriff mit erhobenen Armen abgewehrt, den Jungen dann an den Armen gepackt und geschüttelt, aber nicht geschlagen. Der Lehrer hatte kurz nach dem Vorfall die Mutter des Schülers angerufen, sich entschuldigt und erklärt:»Ich habe Ihren Sohn grob angefasst.« An den Armen des Jungen entstanden blaue Flecken … »Ich sah, wie er um sich trat«, sagte ein Mädchen über ihren Mitschüler. Dieser dagegen behauptete:»Ich stand ganz still.« Das Gericht folgte der Version des Lehrers. So weit, so gut. Doch das war nicht alles. Die Richterin führte aus:»Ein Lehrer muss sich nicht schlagen und treten lassen, aber er darf gegen den Schüler nur das Maß an Kraft aufwenden, das ihn ruhig hält.« Das Verfahren wurde gegen Zahlung von 750 Euro eingestellt.

Man kann Juristen zugutehalten, dass sie innerschulische Zustände nicht wirklich beurteilen können. Sie werden auch nicht zwangsläufig wissen, wie es ist, einen tobenden Zehnjährigen zu bändigen. Auch wenn es in allen entsprechenden Fortbildungen heißt:»Anfassen vermeiden«, wird im konkreten Fall meist nichts anderes übrig bleiben, als zuzupacken: zum Eigenschutz und um Schlimmeres für andere Schüler zu verhüten. Genau mit solcher, aus professioneller Sicht selbstverständlicher und alternativloser Vorgehensweise begeben sich Pädagogen jedoch nach heutiger Rechtsauffassung auf dünnes Eis. Die Frage, wie sich wohl Lehrer oder Erzieher, die solches erlebt oder bei Kollegen miterlebt haben, in Zukunft in einer ähnlichen Situation verhalten werden, mag sich jeder selbst beantworten.

Es ist gut und richtig, dass schulische Maßnahmen und das Verhalten von Pädagogen überprüfbar sind und kein junger Mensch mehr staatlich geduldete Willkür erleiden muss. Doch mit der zunehmend zu beobachtenden Praxis seitens der Eltern, Pädagogen bei als missliebig empfundenen erzieherischen Maßnahmen vor den Kadi zu zerren, erweist sich die Gesellschaft keinen guten Dienst.

Auch ohne juristische Eingriffe gestaltet sich die Zusammenarbeit mit dem Elternhaus verhaltensschwieriger Kinder oft problematisch, wenn eine ablehnende Haltung gegenüber den Institutionen vorhanden ist.

Der Junge hieß Kevin, war mit seinen 13 Jahren ungefähr drei Jahre älter als der gleichnamige Leinwandheld, und es erwies sich keineswegs als Vorteil für ihn, dass er nicht allein zu Haus war. Zu Beginn des Unterrichts musste Kevin für gewöhnlich aufgefordert werden, die Füße vom Tisch zu nehmen, was kein leichtes Unterfangen war, denn Kevin war fest davon überzeugt, dass wir zu dieser Forderung kein Recht hätten. Dieses sehr spezielle Rechtsverständnis verdankte er seiner Mutter, die mit ihrer Meinung über staatliche Institutionen nicht hinter dem Berg hielt. Das Leitmotiv ihrer Erziehung hieß:»Du brauchst dir gar nichts sagen zu lassen.« Wer wollte Kevin verübeln, dass er sich in dieser Hinsicht außerordentlich folgsam zeigte. In seinen Augen war Schule eine unzulässige»Zwangsveranstaltung«, bei der ihm oft gesagt wurde, was er zu machen habe. So entstanden zwangsläufig Zielkonflikte zwischen seinen Bedürfnissen und den Zielen des Unterrichts.

Es war aber nicht die mentale Stärkung seines Unabhängigkeitsbewusstseins allein, die Kevin mit auf den Schulweg bekam. Er wurde auch sonst gut versorgt. Vor allem mit Zigaretten, die er, wie wir erfuhren, gemeinsam mit seiner Mutter schon zum Frühstück konsumierte. Dass Kevin die Pausen häufig in den umliegenden Hauseingängen verbrachte, mochte die Schulhofaufsicht mit Erleichterung zur Kenntnis nehmen, da sich durch diesen Umstand die Konflikthäufigkeit reduzierte, war aber dummerweise mit der Schulordnung nicht kompatibel. Darauf angesprochen reagierte die Mutter in einem Gespräch voller Unverständnis:»Ja, wo soll er denn sonst rauchen, wenn es in der Schule verboten ist?«

Zum Glück, das sei zugegeben, ist es nicht allzu häufig, dass die ablehnende Haltung des Elternhauses gegenüber der Schule in dieser Weise offen demonstriert wird. Meist äußert sich diese Einstellung im Desinteresse an schulischen Belangen, wie dem

pünktlichen und regelmäßigen Schulbesuch, an der mangelhaf-
ten Bereitstellung des Unterrichtsmaterials, der Gleichgültigkeit
hinsichtlich der Schulleistungen (was keineswegs einer Gleichgültigkeit gegenüber den Zensuren entsprechen muss) sowie in
der Abwesenheit bei Elternabenden. Die dadurch ausgedrückte
Abwertung von Schule und Lernen überträgt sich auf die Kinder
und trägt viel dazu bei, dass sie sich im Unterricht ablehnend
und widerständig zeigen.

Noch problematischer ist ein Elternhaus, von dem zu vermuten ist, dass Gewalt zum Erziehungsrepertoire gehört. Nicht
immer ist dies einfach festzustellen, zumal gerade ältere Kinder
solche Gegebenheiten aus Scham oder anderen Beweggründen
verschweigen. Dass solcherart geschlagene Kinder und Jugendliche das Modell der gewalttätigen Durchsetzung von Meinungen und Interessen übernehmen und in der Auseinandersetzung
mit ihrem Umfeld nutzen, ist naheliegend. Auch gehört nicht
viel Fantasie dazu, sich vorzustellen, wie diese Eltern auftreten,
wenn sie auftreten. Entsprechend ist die heute überall favorisierte und geförderte Stärkung des Elternrechts ein zweischneidiges
Schwert. Schön, wenn es wirklich nur die interessierten und mo-
tivierten Eltern wären, die unterstützend und fördernd an der
Entwicklung ihres Kindes teilnehmen.

Aber auch engagierte Eltern können, beabsichtigt oder un-
beabsichtigt, mit ihren Ansichten die Kompetenz des Lehrers
unangemessen beschneiden. Anlässlich einer Fortbildungsveranstaltung zum Internet- und Handymobbing forderte ein El-
ternvertreter in der abschließenden Plenumsdiskussion, dass
gleiches Recht für alle zu gelten habe. Wenn für die Schüler ein
Handyverbot gelte, so müsse dieses Verbot auch die Lehrkräfte
betreffen. Nun, ich habe selten davon gehört, dass sich Lehrer
während der Unterrichtszeit privat verabreden, sondern sie nutzen ein Handy eher in Not- und Problemlagen. In so manchen
Krisensituationen, bei Unfällen in der Klasse, Gewalttätigkeiten
der Schüler oder beim Sportunterricht, war ich froh, ein Handy parat zu haben. Ganz abgesehen von den Kollegen mancher

Brennpunktschulen, die sich nur noch mit Handy in die Klassen trauen. Es ist bezeichnend für die vorherrschende Meinungspriorität, dass keiner der anwesenden jugendpädagogischen »Fachleute« der Ansicht dieses Elternvertreters widersprach.

Dass Querschläger in allen sozialen Schichten zu finden sind, zeigte mir ein Beispiel, welches ich aus einer Gesamtschule erfuhr. Ein Junge der Sekundarstufe hatte eine Schreckschusspistole mitgebracht und Mitschüler damit bedroht. Das Ganze flog auf, und in der darauffolgenden Konferenz wurde aus pädagogischen Gründen beschlossen, dem Täter die Teilnahme an der anstehenden Klassenfahrt zu verwehren. Der Beschluss entsprach der Einschätzung aller beteiligten Lehrer zu diesem Schüler und dem speziellen Vorkommnis. Das hätte eigentlich genügen müssen, denn die betreffenden Kollegen trugen die Verantwortung auf der Klassenfahrt. Es genügte nicht. Der Junge ging mit auf Reisen. Den Grund dafür habe ich nicht erfahren, doch liegt die Vermutung nahe, dass die Schule einen langwierigen Rechtsstreit vermeiden wollte, denn der Vater des Jungen war Rechtsanwalt.

Gerade Schüler, die kaum eine Regel beachten geschweige denn einhalten, fühlen sich durch solche Vorgänge in ihrem oppositionellen Verhalten bestärkt und neigen zu der vermessenen Vorstellung, die Rechtmäßigkeit des Verhaltens von Lehrern und Erziehern in ihrem Sinne kontrollieren zu können. Die Aussage: »Das dürfen Sie gar nicht«, oder: »Wenn Sie das tun, zeige ich Sie an«, hört man von delinquenten Kindern und Jugendlichen häufig.

Die Tendenz, pädagogische Eingriffsrechte zu beschneiden, kann zu Reaktionen führen, die weder im Interesse der Schüler noch in anderer Weise hilfreich sind. Wer sich jemals aggressiven Kindern oder Jugendlichen gegenübersah, wird die hilflose Empörung verstehen, die manche Erwachsenen in dieser Situation ergreift. Wenn sich Pädagogen in Konflikt- und Krisensituationen ihrer beschränkten Handlungsmöglichkeiten bewusst werden, ist die Belastungsgrenze schnell erreicht. Mit den ursprünglichen hochgesteckten Zielen ist es dann in der Praxis nicht weit her, und so greifen sie oft zu einfachen naheliegenden, nicht selten als Kind selbst erlebten Methoden aus der Mottenkiste der Schwarzen Pädagogik. Damit sind nicht einmal Schläge oder andere Formen direkter körperlicher Gewalt gemeint, die aufgrund der sozialen Kontrolle in Institutionen kaum auftreten werden. Es sind eher verbale Attacken, ätzende Ironie, Lächerlichmachen vor Mitschülern, Ausnutzen von Schwächen und Behinderungen bis hin zum althergebrachten Disziplinierungsmittel der Zensurengebung. Dergleichen Ungerechtigkeiten auf der psychischen Ebene wirken bei den betroffenen Schülern tiefgreifend nach und zerstören auf beiden Seiten die Grundlagen für eine vertrauensvolle Kommunikation.

7. EINE UNENDLICHE GESCHICHTE

Die Zurückhaltung des Staates, pädagogisch begründete Regelungen durchzusetzen, zeigt sich auch in einem anderen Problembereich, der die Bildungspolitik seit Jahren in einem hoffnungslosen *Circulus vitiosus* beschäftigt und der Ausgangspunkt für viele misslungene Lebenskarrieren ist: die sogenannte Schuldistanz, für uns alle besser bekannt als »Schwänzen«.

Zu Beginn der Achtzigerjahre bekam ich einen Schüler in die 8. Klasse, der zum notorischen Dauerschwänzen neigte. Was tun? Ich versuchte es zuerst mit Hausbesuchen, doch da die Gespräche mit der Mutter nichts fruchteten, wandte ich mich schließlich an das Jugendamt. Es dauerte nicht lange, dann war der Junge wieder in der Schule. Mithilfe freundlicher Polizeibeamter.

Damit war der erste Schritt getan, eine verhängnisvolle Gewohnheit zu unterbrechen. Es war die Voraussetzung dafür, dass ich mich mit ihm über sein Verhalten auseinandersetzen konnte. Jetzt galt es, den Jungen in besonderer Weise in die Klassengemeinschaft einzubinden, um Vertrauen herzustellen und eine Atmosphäre zu schaffen, die die Gefahr von Misserfolgserlebnissen reduzierte. Das wiederum setzte ein Klassenklima voraus, das dieses Vorgehen auch zuließ. Bedingungen also, die aufeinander wirkten und es ermöglichten, an einer Beziehung zu arbeiten, die verhindern sollte, dass der Junge in die alte Schwänzermentalität zurückfiel. Bei der Voraussetzung allerdings, dass der Schüler erst einmal in der Schule erschien, war ich auf die Amtshilfe anderer Institutionen angewiesen.

Doch diese erfolgreiche Vorgehensweise war offensichtlich ein Auslaufmodell, denn schon einige Jahre später biss ich bei dem Versuch, ähnliche Fälle auf die gleiche Weise anzugehen, auf Granit.»Sehen Sie«, erklärte mir der Mitarbeiter des Jugendamts,»ich habe hier eine Anzahl von Vorgängen liegen, die ich alleine nicht bewältigen kann. Früher gab es die Amtshilfe durch die Polizei. Aber das war einmal. Heute passiert gar nichts.«

Was sollte er nun machen, der arme Mann? Es war die beginnende Zeit der Handys, und die Telefonnummern wechselten schneller, als man mitschreiben konnte. Blieb also nur der Hausbesuch, zu dem er sich aus diesen Gründen meist nicht anmelden konnte und der häufig unter dem Zeichen des Misslingens stand. Ich hatte es selbst zu oft erfahren müssen, was es heißt, mit Versprechungen abgespeist zu werden, oft auch mangels türkischer, serbokroatischer oder arabischer Sprachkenntnisse die Dringlichkeit des Problems nicht ausreichend vermitteln zu können oder ganz einfach eine verschlossene Tür vorzufinden.

Laut Angaben des Deutschen Lehrerverbandes schwänzen rund 200 000 Schüler in Deutschland täglich den Unterricht. In einer Sendung des Deutschlandfunks vom Februar des Jahres 2015 ist sogar von 300 000 die Rede. Die unsichere Zahl kennzeichnet den unsicheren Umgang mit dem Problem. Allein in Berlin gibt es durchschnittlich 3500 Dauerschwänzer. Und das seit Jahren. Dabei ist es nicht nur das sinkende Lernniveau dieser jungen Menschen, das mit der normalen Entwicklung nicht Schritt halten kann und so den Misserfolg im weiteren Lebenslauf vorprogrammiert. Es sind die sozialen Gefährdungen, die mit dem Schwänzen verbunden sind.

Alle Untersuchungen zeigen einen engen Zusammenhang zwischen der Neigung, die Schule zu schwänzen, und der Kriminalitätsentwicklung in jungen Jahren. Das betrifft keineswegs alle Schwänzer, es bedeutet nicht, dass jeder Schwänzer zwangsläufig kriminell wird. Aber jene, die der Schule fernbleiben, weil sie von ihren Klassenkameraden gemobbt werden, sich vor autoritären Lehrern oder auch vor schlechten Zensuren fürchten, kennzeichnen nicht das, was hier als »Schwänzerproblem« bezeichnet wird. Sofern sie grundsätzlich am Schulbesuch interessiert sind, liegt es vor allem an innerschulischen Bedingungen und Kommunikationsstrukturen, einen angstfreien Schulbesuch zu ermöglichen. Die Schule ist hier in der Pflicht. Es geht vielmehr um jene, die aus ganz anderen Motiven schwänzen und mit ihrem Verhalten zu der kriminologischen Erkenntnis beitragen, dass fast jeder jugendliche Intensivtäter ein Schulschwänzer war. Hierbei ist die Schule heillos überfordert.

Der beliebteste Vorschlag, dem entgegenzuwirken, ist vonseiten der Politik, die Schule so attraktiv zu gestalten, dass die betreffenden Kinder und Jugendlichen gar keine Lust verspüren, ihr fernzubleiben. Wie schön, wie lieb und wie grenzenlos naiv. Zwar können viele Pädagogen mit ihren Entertainmentfähigkeiten durchaus mit manchen mittelmäßigen Fernsehunterhaltern konkurrieren, ersetzen können sie das anstrengungslos verfügbare mediale Ablenkungsangebot jedoch nicht.

Wer wollte etwas dagegenhaben, Schule attraktiver zu gestalten? Wobei wir hier beiseitelassen wollen, was dazu alles nötig wäre und wie das im chronisch unterfinanzierten Bildungssektor umgesetzt werden könnte. Aber die Aneignung von Kenntnissen und Wissen deckt sich nicht immer mit den persönlichen Vorlieben von Kindern und Jugendlichen und erfordert, wie jeder weiß, oft auch Mühsal, Fleiß und Durchhaltevermögen sowie die Bereitschaft, sich auf die Regeln eines konstruktiven Gruppenprozesses einzulassen. Dieser verhängnisvolle Umstand ist gelegentlich verbunden mit Frust und Misserfolgserlebnissen, auch wenn Letztere aus pädagogischen Gründen möglichst vermieden werden sollten.

Schule ist also eine »Zwangsveranstaltung«, in der manches fremdbestimmt ist. Darüber kann die spielerischste Didaktik nicht hinwegtäuschen. Unter dem in unserer Spaßgesellschaft heute häufig vorherrschenden Mangel an Anstrengungsbereitschaft und Selbstdisziplin werden schulische Anforderungen, so nett sie auch verpackt sein mögen, gelegentlich Frustrationen hervorrufen. Die einfachste Reaktion darauf ist Flucht. Die Schüler bleiben dem Unterricht fern, da er Anforderungen an sie stellt, die mit einem hohen Maß von Unlustgefühlen verbunden sind und sie meist nie gelernt haben, ihre unmittelbaren Bedürfnisse zurückzustellen. So entsteht ein Problem, welches sie selbst nicht überblicken können. Versäumen sie häufiger den Unterricht, werden diese jungen Menschen sehr schnell abgehängt. Das betrifft die Leistung ebenso wie die soziale Einbindung in die Klasse. Sie geraten in den Teufelskreis einer Abwärtsspirale, der ihnen einen Ausstieg aus dieser Situation immer schwieriger macht, je länger der Zustand andauert.

Umso erstaunlicher, wie unsicher sich die Politik seit Jahren hinsichtlich konsequenter Vorgehensweisen zeigt. Da die Verantwortung dafür nicht einheitlich geregelt ist, gibt es einen entsprechend bunten Strauß von Maßnahmen. Sie zeichnen sich vor allem dadurch aus, dass alle damit befassten institutionellen Verantwortungsträger intensiv beschäftigt sind. Da werden endlos Anrufe getätigt, Gespräche initiiert, wird zu Hausbesuchen die halbe Stadt durchquert, werden Konferenzen einberufen, Schulversäumnisanzeigen geschrieben, Berichte verfasst, Ämter kontaktiert, Familienhelfer berufen und, man möchte es kaum glauben, eventuell wird sogar über Bußgelder diskutiert. Alles ist in Bewegung – am wenigsten allerdings der schwänzende Schüler und sein familiäres Umfeld.

Seit im Jahr 2002 eine erste bundesweite Studie zu diesem Problem vom Deutschen Jugendinstitut München durchgeführt wurde, beschäftigt sich die Politik intensiver damit. Ausgelöst unter anderem durch die Vorkommnisse an der Rütli-Schule 2006 entwickelte sich eine rege öffentliche Diskussion. Absurde Strukturen wurden offenbar. Landeten Schulversäumnisanzeigen tatsächlich einmal bei Gericht, so waren bis 2007 die Verkehrsrichter dafür zuständig. Als Ordnungswidrigkeit behandelt, wurden die meisten Verfahren eingestellt. Zwar wurden seit Anfang 2008 die Verfahren den Jugendrichtern zugewiesen, doch die Ineffizienz blieb. Die verstorbene Jugendrichterin Kirsten Heisig beschrieb in ihrem Buch *Das Ende der Geduld* das Problem der Verfahrensdauer. So hatte sie zum Beispiel in der zweiten Jahreshälfte 2009 einen Vorgang auf dem Tisch, bei dem der Schüler seit Dezember 2007 gefehlt hatte. Aufgrund des bürokratischen Aufwands und der gleichzeitigen Ineffizienz unterließen es viele Lehrer, überhaupt noch Versäumnisanzeigen zu schreiben. Es war Kirsten Heisig, die sich gegen diese Ineffizienz auflehnte, auch wenn sie damit den Unmut der damaligen Justizsenatorin Gisela von der Aue auf sich lenkte. Die Auseinandersetzungen jener Jahre vermitteln dabei einen erhellenden Einblick in die Haltung der verantwortlichen Politiker.

Typische politische Reaktionen zeigte die Kontroverse auf dem Berliner Landesparteitag der SPD im Herbst 2008. In einem Antrag des Neuköllner Kreisverbandes waren praxisorientierte präventive, intervenierende und repressive Vorschläge als Handlungsverbund gegen das zunehmende Schwänzerproblem aufgelistet. Grundlage der Überlegungen war die Erkenntnis, dass Schwänzen ein »besonders deutliches Warnzeichen für drohende Desintegration« sei und die kriminelle Karriere aller jungen Serientäter Berlins als Schulverweigerer begonnen habe. Deshalb wurde konsequenteres Vorgehen des Staates gefordert. Schon nach fünf unentschuldigten Fehltagen im Halbjahr solle eine Schulversäumnisanzeige an die Eltern versandt werden, über die jeweils das Jugendamt unterrichtet werden müsse. Nach zwei Anzeigen könne »gegebenenfalls das Familiengericht wegen Kindeswohlgefährdung« angerufen werden mit der Konsequenz bis hin zum Sorgerechtsentzug. Darüber hinaus wurde angeregt, jugendliche Straftäter im Zusammenhang mit Schulverweigerung zu überprüfen.

Zwar zurückhaltend formuliert, doch immerhin ein Anfang sinnvoller Maßnahmen, der Konsequenzen nicht ausschloss. Nicht so für die Mitglieder des Berliner Parteitags. Wohl wissend wie seine Parteigenossen denken, hatte sich schon der zuständige SPD-Kreischef genötigt gesehen zu betonen, dass der »repressive Teil« des Antrags nur im Zusammenhang mit Prävention und besseren Schulen gesehen werden dürfe. Auch seien weitergehende repressive Maßnahmen nur zu diskutieren und nicht in das Landesprogramm aufzunehmen. Nur so sah er die Parteitagsmehrheit für den Antrag gesichert.

Diese Diskussion über Schulschwänzer fand keineswegs auf jungfräulicher Erfahrungsgrundlage statt. Den Neuköllner Bezirkspolitikern waren die besondere Problematik und die Verbindung zwischen Schwänzen und Serientäterkarrieren gut bekannt. Sie hatten aufgrund der Verhältnisse in ihrem Brennpunktbezirk einige Erfahrungen sowohl mit tragfähigen als auch mit wirkungslosen Maßnahmen gesammelt. Was lag näher, als diese Erfahrungen zu nutzen und bei dieser Kenntnis der Sachlage konsequent und möglichst effektiv auf allen Eingriffsebenen zu handeln? Stattdessen vorauseilende Entschuldigungen und Erklärungen und die fast neurotisch anmutende Angst, irgendein Beschluss könne den Anschein von Verpflichtung beinhalten. Tatsächlich lehnte die linke SPD-Mehrheit beim darauffolgenden Landesparteitag den Maßnahmenkatalog als zu repressiv ab. Was hier vorgeschlagen wurde, war den Genossen offensichtlich nicht zuzumuten.

Wie herrlich naiv sich die Realität in den Köpfen mancher Sozialträumer darstellt, wurde offenbar in dem Gegenvorschlag, Schule interessanter zu gestalten und zum Beispiel ähnliche Projekte wie »Rhythm is it« für die Schüler anzubieten, statt sie mit restriktiven und repressiven Maßnahmen disziplinieren zu wollen. Dieses verfilmte Musikprojekt einer großen Gruppe Jugendlicher unter der Leitung des Dirigenten Simon Rattle und des Choreografen Royston Maldoon zeigt in beeindruckender Weise, was junge Leute zu leisten imstande sind. Was den Freiwilligkeitsaposteln dabei allerdings entging: Der Choreograf verlangte hartnäckige Disziplin. Kein Herumzappeln, kein Gekicher, kein Quasseln, kein Streit und vor allem Ruhe und Konzentration. Ungewohnte Anforderungen an die Schüler, die die begleitenden Pädagogen mit Besorgnis über mögliche Überforderungen und Frustrationen erfüllten. Solche Forderungen sollten Schulverweigerer motivieren?

Wenn die pädagogischen Probleme, die ein solches Projekt begleiten, ausgeblendet werden, mag der Erfolg des Ergebnisses den Blick auf die Realität verstellen und ideologisierte Fantasien über freiwillige Teilnahme und motivierte Mitarbeit hervorrufen. Doch auch dieses Projekt, ausgestattet mit vielerlei Unterstützung, hatte mit den entsprechenden Schwierigkeiten zu kämpfen. Ein Blick in den pädagogischen Alltag, in dem nur selten der Leiter eines philharmonischen Weltorchesters mit der entsprechenden medialen Begleitung mitspielt, brächte derartige Träume sicher schnell auf den Boden der Tatsachen. Das nicht nur, weil sich schulische Inhalte zwangsläufig nicht auf musische oder sportliche Bereiche beschränken können, so wichtig sie für die Persönlichkeitsentwicklung auch sein mögen. Mit guten Leistungen in Hip-Hop und Fußball überzeugt man nicht unbedingt bei der Bewerbung um eine Lehrstelle. Aber auch bei interessanten Lernangeboten ist die Bereitschaft, kontinuierlich mitzuarbeiten, nicht wirklich gesichert. Das galt in früheren Jahren, und es gilt immer noch. Exemplarisch dazu ein Bericht des *Tagesspiegels* über ein Freizeittheaterprojekt mit 11- bis 15-jährigen Jugendlichen eines Brennpunktbezirks im Januar 2013:

»Weder durch Streetworker in Jugendclubs noch durch einen Aufruf zum Casting mit 2500 Flyern war auch nur ein einziger Teilnehmer zu gewinnen. Erst über eine Jugendhilfe-Einrichtung, die betreute Wohngruppen und Heime betreibt, fanden sich einige Jugendliche, was dann, abgesehen von den üblichen

Verhaltensproblemen, doch kein kontinuierliches Arbeiten ermöglichte, weil immer wieder welche ausstiegen und andere neu hinzukamen.

«Eine Erfahrung, die jeder Pädagoge macht, der Freizeitprojekte mit Jugendlichen realisieren will, die nicht nur lustvoll spaßorientiert sind, sondern phasenweise anstrengend und mit gelegentlichen Misserfolgserlebnissen verbunden einen langen Atem erfordern.

So viel zur Realität solcher Vorschläge hinsichtlich eines veränderten Unterrichtsangebots, um dem Schwänzerproblem beizukommen. Doch damit nicht genug. Neben diesen wolkenreichen Vorstellungen von motivierenden Schulangeboten stellte die damalige Parteitagsmehrheit – ganz im Sinne der Schulverweigerer – gleich die Schulpflicht selbst infrage, da sie nur dann effektiv sei, wenn die »dort erworbenen Fähigkeiten und Fertigkeiten zum gesellschaftlichen Aufstieg taugen«. Das gelte auch und gerade für die Kinder von Migranten. Die Weltvorstellung der Traumtänzer gipfelte in Äußerungen der Art, dass nicht nur Bildung, sondern auch Vertrauen nötig sei, bis hin zur Aussage, man könne die Liebe von Menschen nicht durch Schläge gewinnen. Nun möchte ich den lieben Genossen nicht unterstellen, dass sie mit den notwendigen Fähigkeiten und Fertigkeiten vielleicht jene als Drogendealer, Autoknacker, Jugendbandenmitglied oder sonst welche Qualifikationen meinten, die in der Schule leider nicht vermittelt werden, für den Aufstieg in der Großfamilienhierarchie aber durchaus förderlich sein können. Um sich nicht gänzlich im Wolkenkuckucksheim zu verschließen, wurde wenigstens beschlossen, dass notorische Schulschwänzer durch Sozialarbeiter und Pädagogen besser betreut werden, alle Grundschulen mit Schulstationen ausgestattet, mehr Lehrer mit Migrationshintergrund eingestellt und die Klassenfrequenzen gesenkt werden sollten. Darüber hinaus sollte der flächendeckende Ausbau von Ganztagsschulen forciert und eine Vorschulpflicht ab dem dritten Lebensjahr eingeführt werden.

Damit kein falscher Eindruck entsteht: Alle diese Forderun-

gen sind richtig und vernünftig, die gesamte Lehrerschaft ebenso wie engagierte Eltern sehnen solche Angebote seit Jahren
herbei. Aber derartige Ideen gibt es schon lange. Sie sind von
der jeweiligen Haushaltslage, der Finanzierungsbereitschaft und
anderen Bedingungen abhängig. Nur, was tragen sie dazu bei,
akute Probleme zu lösen?

Bei allen Vorschlägen zeigte sich eine ideologische Tendenz:
Der schwänzende Schüler (und sein familiäres Umfeld) wird von
jeglicher Mitverantwortung für sein Verhalten freigesprochen.
Gründe für das Schulschwänzen sind vielmehr die schlechte
Schule, der miserable Unterricht, die mangelhafte Ausstattung,
die lebensfernen Lehrinhalte oder der verständnislose Lehrer.
Die Verantwortlichkeit für den Erfolg irgendwelcher Maßnahmen wird ganz auf die gesellschaftlichen Institutionen übertragen und lässt die Eigenverantwortlichkeit der betroffenen Zielgruppe außen vor. Denen sollen hingegen attraktive Angebote
gemacht werden, um ihnen die freiwillige Entscheidung anzu-
tragen, doch bitte am Schulunterricht teilzunehmen. Dass der
Parteitag darüber hinaus beschloss, es solle im Unterricht über
Sekundärtugenden wie Pünktlichkeit, Ordnung, Fleiß, Pflichtbe-
wusstsein und Gewissenhaftigkeit gesprochen werden, können
die betroffenen und seit Jahren engagiert bemühten Pädagogen
wohl nur als totalen Realitätsverlust verstanden haben.

Im Gegensatz dazu standen die Forderungen der Neuköllner
Sozialdemokraten, die auf organisatorische, weitgehend kosten-
neutrale und unter dem Druck der Notwendigkeit auch kurzfristig realisierbare Maßnahmen zielten. Vor allem aber stellten
sie die gegenseitige Information der zuständigen Institutionen
in den Vordergrund, als Voraussetzung für wirkungsvolle Interventionen. In der Zusammenarbeit der verschiedenen Institutionen und ihrer Mitarbeiter sahen die Neuköllner Genossen zu
Recht die größte Chance für erfolgreiche Maßnahmen.

Jahrelang war diese Kooperation durch politisch-ideologische
Vorbehalte der verschiedenen Akteure gegeneinander bestimmt
gewesen. Im Gefolge der gesellschaftlichen Umbrüche seit 1968

gab es bei vielen jüngeren Pädagogen anfangs großes Misstrauen gegenüber den staatlichen Institutionen, besonders der Polizei.

Allerdings setzten dort ab den Neunzigerjahren und noch früher bei den Jugendämtern Liberalisierungstendenzen ein, die die autoritäre staatshörige Praxis aus den Fünfzigern und Sechzigern ablösten und den Weg freimachten für eine vertrauensvollere Kommunikation. Der inzwischen von allen Beteiligten geforderte Informationsaustausch zwischen den zuständigen Institutionen wird allerdings, wie schon beschrieben, weitgehend durch die Zunahme datenschutzrechtlicher Bedenken eingeschränkt.

Vier Jahre später, im Herbst 2012 und bei gleich bleibender Schwänzerhäufigkeit, war das Einschalten des Jugendamtes oder des schulpsychologischen Dienstes immer noch eine Kann-Bestimmung, und die Bezirke gingen weiterhin unterschiedlich vor. Vor allem wurde versucht, die Eltern schneller zu informieren. Seit 2012 sollen sie schon am ersten Fehltag benachrichtigt werden, und nach mehr als zehn Fehltagen wird eine Versäumnisanzeige gestellt. Des Weiteren sind Bußgelder, polizeiliche Zuführungen und Erzwingungshaft vorgesehen. Doch bleibt das meiste wohl bloße Theorie. Bußgelder werden verhängt, aber nicht eingetrieben – wie auch, wenn die Betroffenen kein Geld haben. Polizeiliche Zuführungen lehnt man ab, weil der Polizeiwagen vor der Schule dem betroffenen Schüler einen »großen Auftritt« gewähre. Ließe sich so etwas nicht auch anders organisieren? Und ein Gerichtsverfahren? Im Februar 2013 wurde vor einem Berliner Amtsgericht gegen die Mutter eines 16-Jährigen verhandelt, der von 2003 bis 2012 fast tausendmal geschwänzt haben soll. Trotz 14 Bußgeldbescheiden, erst in Rheinland-Pfalz, dann in Berlin, habe die Mutter das Schwänzen ihres Sohnes weiterhin geduldet. Erst nach der Androhung von Erzwingungshaft kam es zu diesem Verfahren. Wenn man allerdings fast zehn Jahre Geduld zeigt, braucht sich niemand zu wundern, dass so einem Schüler neben den sozialen Defiziten sogar Grundkenntnisse im Rechnen und Schreiben fehlen.

Und heute? Sicherlich wird niemand ernstlich überrascht

sein, dass sich die Anzahl der Schulschwänzer in Berlin erhöht
hat. Die Bezirke wursteln weiter unterschiedlich vor sich hin. In
einigen haben sich die Zahlen der Schulversäumnisanzeigen erhöht, in manchen sogar die Bußgeldverfahren. Andere nutzen
diese Möglichkeiten gar nicht. Beklagt werden nach wie vor
der bürokratische Aufwand und die Zeitdauer der Verfahren.
Außerdem, man glaubt es kaum, wird in einem Programm der
Regierungsparteien gefordert, dass die beteiligten Akteure und
Behörden enger zusammenarbeiten und die Statistik verbessert
wird. Das könnte durchaus sinnvoll sein, denn, so verriet der
engagierte SPD-Mann Sascha Langenbrinck, die veröffentlichten
Zahlen gäben nur einen Teil des Problems wider, gälten sie doch
nur für die Klassen 7 bis 10.

Dass nicht einheitlich vorgegangen wird, ist ein gesamtdeut-
sches Phänomen. Jedes Bundesland hat seine eigenen Regeln.
Während in Bayern häufig die sogenannte »polizeiliche Zufüh-
rung« praktiziert wird, verhängt Niedersachsen für die ganz
Unbelehrbaren den Jugendarrest. Nach einem Bericht des *We-
serkuriers* vom Mai 2015 war etwa ein Viertel der Insassen 2014
Schulschwänzer, während die Übrigen wegen krimineller Vergehen einsaßen. Die grüne Justizministerin von Niedersachsen
kritisierte diese Vorgehensweise zu recht, da sie einen negativen
Einfluss befürchtet. Auch gibt es bei den längstens für eine Woche verhängten Arreststrafen für Schulverweigerer keine begleitenden pädagogischen Maßnahmen. Eine beabsichtigte Reform
solle, so die Ministerin, mehr »Nachbetreuung« ermöglichen.
Ein kluger Gedanke. Der Anflug von Realismus hindert sie allerdings nicht, die schon bekannte idealistische Grundforderung
zu formulieren, wonach Schule so gestaltet werden müsse, dass
Jugendliche nicht mehr schwänzen wollten. So pendeln in unserem Land die Reaktionen zwischen Idealen, bürokratischer
Ineffektivität und Bestrafung hin und her. Stefan Schwall vom
Wuppertaler Apeiros-Institut kritisierte in einer Sendung des
Deutschlandfunks vom 9. Februar 2015 darüber hinaus auch die
großen, teuren Programme des Bundes. Nach der Verteilung an

die verschiedenen Träger kämen meist nur Beratungsansätze dabei heraus, und die brächten nichts.

Dass man bei allen unterschiedlichen Maßnahmen vorrangig immer wieder auf Information und Beratung der Eltern setzt, ist symptomatisch und entspricht der Angst vor konsequenten Eingriffen, vor allem in das Elternrecht. Der Erfolg der Gespräche beschränkt sich meistens darauf, sagen zu können:»Gut, dass wir wenigstens darüber gesprochen haben.«Befragt man die betroffenen Schüler zum Problem des Schwänzens, bekommt man Antworten, die die Probleme klar benennen. Begonnen habe es vielfach zum Ende der Grundschulzeit mit durchaus schlechtem Gewissen und der Angst vor den Folgen. Wenn daraufhin allerdings»nichts passiere«, trage das zu der Ansicht bei,»dass das alles nicht so schlimm sei«, und das Schwänzen werde schnell zur Gewohnheit.

Das Thema»Schuldistanz«, so die amtliche, nicht diskriminierende Bezeichnung, bleibt als immerwährendes absurdes Theater auf der Tagesordnung. Dafür sorgten in den letzten Jahren zum Beispiel die Piraten. Auf ihrem Berliner Parteitag im September 2012 schlugen sie als Mittel gegen die lästige Schulbesuchspflicht die Zusammenkunft der schulabstinenten Schüler in selbstorganisierten Gruppen vor, deren Lernerfolg regelmäßig vom Staat überprüft werden könnte. Der Antrag mit dem wirklich überzeugenden Titel»Bildungsrecht und Bildungspflicht statt Schulbesuchspflicht« wurde angenommen. Um ihre Realitätsferne zu bestätigen, legten sie im Februar 2014 noch einmal nach und forderten 15 individuell frei verfügbare Tage, an denen alle Schüler ohne Begründung zu Hause bleiben könnten. Es gehe darum, sagte der Sprecher der Piratenpartei, Schule durch mehr Selbstbestimmung attraktiver zu machen.

Doch es sind nicht nur solche politischen Einfältigkeiten an der Grenze zur Comedy oder formaljuristische Bestimmungen, die konkrete pädagogische Bemühungen ausbremsen. Wie ich selbst erfahren musste, spielen die Behörden auch eine aktive Rolle.

8. WENN BEHÖRDEN »TOLERANZ« ZEIGEN

Olga war eine tolle Schülerin. Sie war Ende der Neunzigerjahre in unsere Klasse gekommen und hatte schnell Anschluss gefunden. Das war nicht unbedingt selbstverständlich. Olga brachte sehr ungünstige Voraussetzungen für eine reibungslose Integration in die Klasse mit. Sie kam aus einer Roma-Familie und war nur kurz in Deutschland zur Schule gegangen. Danach hatte sich die Familie im Ausland aufgehalten, war dann nach Deutschland zurückgekehrt, und irgendwie war es gelungen, Olga von der Schule fernzuhalten. Von der Familie wussten wir nur wenig. Die Mutter hatte den Vater verlassen. Das Gerücht ging, er sei gewalttätig gegen seine Frau und seine Tochter gewesen. Die letzte Zeit hatten beide im Frauenhaus verbracht. Olgas Zuhause war die Heimatlosigkeit, auch wenn sie jetzt mit ihrer Mutter eine eigene Wohnung bezogen hatte.

Altersmäßig gehörte sie in die 7. Klasse. Doch stellten sich dem einige Schwierigkeiten entgegen. Olga sprach kaum Deutsch. Entsprechend schwierig verliefen die ersten Tage. Die Verständigung war sehr eingeschränkt. Wir versuchten es mit Handzeichen und Körpersprache, und entgegen unseren ach so professionellen Bedenken lernte Olga schnell und bereitwillig. Auch der Kontakt zu den anderen Schülerinnen bahnte sich erst nur sehr vorsichtig an. Aber Olga war aufgeschlossen. Vor allem lachte sie viel und strahlte Optimismus aus. Das merkten sogar jene unter den Mitschülerinnen, die sich gerne abgrenzten und schon in jungen Jahren geübt darin waren, vor allem die Fehler und Unterschiede beim jeweils anderen zu betonen. Da ging es meist um Marke und Preis der neuen Klamotten, um Haarfarbe, Frisur, Schuhe, Taschen und andere Accessoires. Wer hier nicht mithalten konnte, war sehr schnell out. Handys waren noch nicht in die Welt der Kids vorgedrungen, so blieb diesen Kindern ein entscheidendes Konkurrenzmerkmal erspart.

Olga war solches Verhalten fremd. In bewundernswerter Unbekümmertheit machte sie deutlich, dass ihr dies alles wenig bedeutete. Trotz aller Vorbehalte übte sie vielleicht gerade deshalb einen positiven Einfluss auf die übrige Klasse aus. An Kleinigkeiten zeigte sich, dass sie immer mehr Anschluss fand. Die nachmittäglichen Treffen wurden häufiger. Es kam zu Einladungen und Gegeneinladungen. Sie wurde zur Klassensprecherin gewählt. Ihr Lerneifer steigerte sich immer mehr. Sie bat darum, dass wir den Klassenraum nach Schulschluss offen ließen, damit sie dort mit einer Mitschülerin zusammen lernen könnte, da sie zu Hause keine Ruhe fände. Ja, Olga war eine tolle Schülerin. Alle waren sehr angetan von der Entwicklung. Bis zu jenem Tag, als es morgens zur ersten Stunde klingelte und Olgas Stuhl leer blieb. Das war ungewöhnlich. Wir schauten uns an, leicht verwundert, fragten nach. Nein, auch von den anderen Schülerinnen wusste niemand etwas. Sogar die beste Freundin schüttelte den Kopf. Nein, sie hatte nichts von Olga gehört. Es gab keinen Grund, besorgt zu sein. Schüler waren oft krank. Und es gab für einige Eltern die mannigfaltigsten Gründe, ihre Kinder zu Hause zu behalten. Auch am folgenden Tag blieb Olgas Stuhl leer. Ebenso am darauffolgenden und an den weiteren Tagen. Eine Nachricht gab es nicht. Wir riefen an.

Olga hätte Herzprobleme, erklärte uns die Mutter. Sie sei in ärztlicher Behandlung und würde bald wiederkommen. Die Tage vergingen. Olga kam nicht. Bei mehreren Anrufen wand sich die Mutter und wich einer verbindlichen Antwort aus. Dann kamen die Aussagen der Mitschülerinnen. Olga sei gar nicht krank. Da gehe es vielmehr um Männer und um einen Brautpreis. Alles war sehr mysteriös. Wir setzten der Mutter ein Ultimatum. Wenn Olga nicht in der Schule erscheine, würden wir das Jugendamt benachrichtigen. Olga kam nicht, und wir benachrichtigten das Jugendamt.

Nun erschien die Mutter und erklärte, Olga werde bald heiraten und komme nicht mehr zur Schule. Sie könne da gar nichts machen. Olga wolle das so. Meinen Wunsch, persönlich mit Olga zu sprechen, lehnte die Mutter ab. Olga sei dazu nicht bereit. Das Jugendamt zeigte sich hilflos. Ich wandte mich an das Büro der damaligen Ausländerbeauftragten Frau John. Ein Gespräch mit der zuständigen Dame von der Rechtsabteilung verlief sehr vielversprechend. Ein Termin wurde vereinbart, zu dem die Mutter und Olga eingeladen wurde. Ich war voller Hoffnung. Endlich könnte ich mit Olga selbst sprechen. Es würde sich alles klären.

Es wurde für mich ein Lehrstück über die Grenzen der interkulturellen Verständigung. Olga war wie verwandelt. Sie sagte nichts, nickte nur stumm oder schüttelte den Kopf. Die Mutter erklärte geflissentlich, keinen Einfluss auf ihre Tochter zu haben, und wies jede Verantwortung weit von sich. Olga habe sich in den Kopf gesetzt zu heiraten. Das sei ihr nicht auszureden. Sie habe alles versucht.

Das Gespräch drehte sich im Kreis. Wir erfuhren, dass der zukünftige »Ehemann« 15 Jahre alt und noch schulpflichtig sei. Da er Olga den weiteren Schulbesuch verbiete, sei sie nicht mehr in der Schule erschienen. Die Dame von der Rechtsabteilung wies auf die Unrechtmäßigkeit des Vorhabens hin und machte die rechtlichen Folgen deutlich. Die Mutter beteuerte weiterhin ihre Unschuld an den Vorgängen. Olga blieb stumm. Sie schaute mich nicht an, als sie mit ihrer Mutter ging. Von der Rechtsabteilung bekamen wir die Zusage, dass man sich weiter um den Fall kümmern würde.

Wohl aufgrund ähnlicher Vorfälle erschien dazu einige Zeit später in einer Berliner Tageszeitung ein Bericht mit dem Hinweis von verantwortlicher politischer Seite, dass es in Berlin keine illegalen Verheiratungen minderjähriger Mädchen gebe. Das war nicht einmal gelogen. Olga jedenfalls wurde ganz sicher nicht nach deutschem standesamtlichem Recht getraut. Eine Kollegin sah sie Monate später mit einem Kinderwagen auf der Straße. In der Schule erschien sie nie wieder.

Ich habe es nie verstanden. Trotz aller Beteuerungen der zuständigen Ämter wurde der Fall offensichtlich nicht weiterverfolgt. Man überließ die Zukunft dieses Mädchens, das erfolgreiche erste Schritte gemacht hatte, der Entscheidungskompetenz eines selbst als »schulabstinent« geltenden 15-jährigen Jungen, der ihr den weiteren Schulbesuch untersagte. Wie ist das erklärbar?

Da ich ähnliche behördliche Vorgehensweisen in einem weiteren Fall mit der gleichen Klientel einige Jahre später wieder erlebt habe, drängt sich mir der Verdacht auf, dass hierbei politisch korrekte Rücksichtnahmen eine maßgebliche Rolle spielten. Der Junge, den wir in der 8. Klasse hatten, kam ebenso wie Olga aus einer Roma-Familie. Ein sympathischer Bursche, etwas antriebsarm und wenig dynamisch. Ein »Hänger«, wie man umgangssprachlich sagen würde, aber mit Leistungsreserven. Doch er kam nicht dazu, diese zu nutzen, da er durch ständige Fehlzeiten den Anschluss verlor. Das Besondere: Diese Zeiten wurden von den Eltern häufig mit einem Sterbefall in der Familie begründet.

Mag sein, dass unser interkulturelles Verständnis der Familiengröße anderer Kulturen etwas begrenzt war, aber hauptsächlich machten wir uns Sorgen wegen der Lerneinbrüche dieses Schülers. Als die Fehltage überhandnahmen, wandten wir uns an das Jugendamt. Die Mitarbeiterin wurde eifrig tätig, was den Vater des Jungen empört gegen uns aufbrachte. Wie konnten wir die Frechheit besitzen, das Amt einzuschalten?

Treffen mit Eltern, Jugendamt und Lehrern halfen nichts. Die Fehltage änderten sich kaum. Wir gingen einen Schritt weiter und nahmen Kontakt mit einem offiziellen Vertreter der Sinti und Roma auf, mit dem Ergebnis einer bitterbösen Resonanz. Was wollten wir denn eigentlich? Der Junge sei doch immer entschuldigt! Es gehe alles mit rechten Dingen zu, und wir sollten aufhören, den Eltern Fehlverhalten zu unterstellen, nur weil sie einer ethnischen Minderheit angehörten. Seit dieser Reaktion ließ das Engagement des Jugendamtes deutlich nach. Da wäre nichts zu machen, hieß es. Die Eltern verhielten sich rechtlich einwandfrei. Wir sollten die Sache weiter beobachten.

Was diesen Sinneswandel bewirkte – wir wissen es nicht. Ein Schelm, der Böses dabei denkt.

Es gibt viele Umstände, die Lehrer in dem Bemühen behindern, einen regelmäßigen Schulbesuch zu gewährleisten. Dazu gehören die sicher in bester Absicht, aber doch ziemlich gedankenlos ausgestellten ärztlichen Krankschreibungen, die von manchen Eltern exzessiv eingereicht werden. Gegen deren inflationäre Verbreitung waren wir oft machtlos. Ganz besonders ärgerte es uns, wenn wir aus den Umfeldinformationen entnehmen konnten, dass die jeweiligen Kinder von den Eltern für andere Aufgaben »missbraucht« wurden. Völlig unverständlich war für uns, wenn Behörden aktiv dabei mitspielten und solche Verhältnisse auch noch unterstützten.

F. gehörte zur Großfamilie eines stadtbekannten arabischen Drogenclans und war in der 6. Klasse zu uns gestoßen. Ein stilles, zurückhaltendes Mädchen von zwölf Jahren, weshalb es fast nicht auffiel, als sie schon nach wenigen Tagen in der Schule fehlte. Ein Anruf bei den Eltern war, wie meist bei diesen Familien, nicht ohne Weiteres möglich. Einen Festnetzanschluss gab es nicht, und eine Handynummer, sofern die Eltern sie genannt hatten, war nicht zu erreichen. Stattdessen erreichte die Schule ein Anruf der Mutter. F. könne nicht in die Schule kommen, da sie zu Hause gebraucht würde. Der Vater sei zurzeit nicht da, und sie, die Mutter, komme mit den Kindern nicht zurecht. Da hätte F. als Älteste die Aufgabe, sich um die Geschwister zu kümmern. Wir verwiesen auf die Schulpflicht. Auf gar keinen Fall dürfe das Mädchen dafür eingesetzt werden, zumal sie schon vorher sehr viel versäumt habe.

Zwecklos. Die Mutter ließ sich nicht beeindrucken. Auch der Hinweis auf das Jugendamt bewirkte nicht viel. Ein Anruf dort löste Verwunderung aus. Natürlich kenne man die Familie. Das seien etwas ungünstige Umstände. Wenn der Vater sich in Haft befinde, sei es doch wohl verständlich, dass die Mutter überfordert sei und die Tochter in der Familie helfe. Was ich denn eigentlich wolle. Das Mädchen sei nicht auf der Straße und auch nicht verwahrlost. Wo wäre es wohl besser aufgehoben als in der Familie?

Mein Einwand, dass dies doch nicht die Perspektive für ein zwölfjähriges Mädchen sein könne, das einmal als vollberechtigtes Mitglied in dieser Gesellschaft leben würde, fand wenig Gehör. Auch meine Verwunderung, dass es keine Mittel gebe, die Schulpflicht durchzusetzen, traf auf kein Verständnis. Dagegen löste meine Bemerkung »Wenn man das Kindergeld streichen würde, wäre das Mädchen sicher sehr schnell in der Schule« einige Empörung aus. Dann ginge es der Familie ja noch schlechter, wurde ich aufgeklärt. Im Übrigen sei das eben so in diesen Familien. Die größeren Schwestern würden mithelfen, das gehöre zu deren Tradition, und man könne da wenig machen. Man machte offenbar gar nichts. Wir haben F. nie wiedergesehen.

Es wäre allerdings zu kurz gegriffen, nur politisch korrekte Rücksichtnahme für die behördliche Handlungsabstinenz zu vermuten. Nicht nur Angehörige ethnischer Minderheiten sind betroffen. Es gibt wohl noch andere Gründe. Seit Beginn der Neunzigerjahre arbeiten soziale Institutionen in einigen Bundesländern verstärkt nach dem Konzept der Lebensweltorientierung. Als Gegenentwurf zur traditionellen Sozialarbeit, die als Sozialdisziplinierung und Anpassung an allgemeine Normen verstanden wird, ist hierbei laut Hans Thiersch im *Handbuch Soziale Arbeit* (2011) von einer grundlegenden Akzeptanz der bestehenden Erfahrungen, der Lebenswelt, auszugehen und diese als Handlungsressource zu nutzen. Diese sollen für Hilfskonzepte und Interventionen nutzbar gemacht werden, indem die Betroffenen in Planung und Durchführung einbezogen werden.

Ein überaus sinnvoller Gedanke. Man weiß aus vielen sozialen Zusammenhängen, dass die Teilhabe und Mitbestimmung an einer Maßnahme die Akzeptanz durch die Betroffenen deutlich erhöhen. Dass soziale Maßnahmen dadurch einen Angebotscharakter bekommen und durch freiwillige Annahme oder Ablehnung bestimmt werden, liegt in der Natur solcher Vorgehensweisen und entspricht einer freiheitlich demokratischen

Gesellschaft. Kritisch wird es indes, wenn dieses Freiwilligkeitsprinzip auch auf Situationen angewandt wird, die als normgebende Grundlagen unserer Gesellschaft gelten. Dazu gehört zum Beispiel die Entscheidung über den Schulbesuch.

Ebenso wenig nachvollziehbar ist die Toleranz der Behörden, wenn Kinder oder Jugendliche, manchmal schon ab zwölf Jahren, sich dazu entschließen, das Elternhaus zu verlassen und sich so dem Erziehungsprozess entziehen. Oft haben sie dafür durchaus verständliche Gründe. Verwahrlosung, emotionale Vernachlässigung, Missbrauch, Gewalt und vieles mehr können die Ursachen sein. Nur können diese nachvollziehbaren Gründe nicht die staatliche Handlungsabstinenz rechtfertigen. Mit ihren idealisierten, naiven Vorstellungen vom freien Leben auf der Straße sind diese Kinder und Jugendlichen leicht Opfer einer sozialen Abwärtsspirale, die in die Kriminalität und Prostitution führt. Je länger sie in dieser Lebensweise verharren, umso schwerer fällt der Ausstieg. Nach einer 2015 veröffentlichten Studie des Deutschen Jugendinstituts gelten in Deutschland circa 21 000 junge Menschen als »entkoppelt vom System«. Sie gehen weder zur Schule, noch machen sie eine Ausbildung, sind oft obdachlos und schnorren sich durch den Tag. Jahrelanges Leben ohne Struktur in einer Lebensphase, in der gerade dies unabdingbar ist, überfordert sie mit den einfachsten Aufgaben. »Sie brauchen jemanden, der sie an der Hand nimmt und ihnen beim Start in ein selbstbestimmtes Leben hilft«, schreibt eine Streetworkerin bei Off Road Kids in Berlin (*Spiegel* 25/2015). Allein in der Hauptstadt schätzt man ihre Anzahl auf circa 3000. Manche gelten schon lange als vermisst. Hier eine bewusste Lebensweltperspektive zu unterstellen grenzt an Zynismus.

Wie sich das in der Praxis gestaltet, zeigte eine Nachricht aus den Weihnachtstagen 2014 in Berlin. Nachdem zwei Kinder bei einem Einbruch erwischt worden waren, erklärten sie der Polizei, erst zwölf Jahre alt und damit noch nicht strafmündig zu sein. Da ihre Identität nicht geklärt werden konnte, wurden sie dem Kindernotdienst übergeben. Der Aufenthalt dort ist allerdings freiwillig, und so verließen die beiden die Unterkunft nach einer Übernachtung wieder in Richtung Straße.

Es ist diese sich politisch korrekt gebende Neigung, Verhaltensweisen zu tolerieren, die langfristig immer zulasten der Kinder und Jugendlichen geht und ihren an sich schon problematischen Lebensweg zusätzlich erschwert. Sie geht mit dem unkritisch praktizierten Konzept der Lebensweltorientierung eine verhängnisvolle Allianz ein.

9. EXKURS I: MEDIALE VERFÜHRUNGEN

Wenn sich viele gesellschaftliche Bereiche der Verantwortung zur Erziehung weitgehend entziehen oder an ihr scheitern, bieten die Medien jene Vorbilder, nach denen Kinder und Jugendliche suchen. Hier werden die Helden des Alltags, denen Kinder und Jugendliche nacheifern, künstlich entworfen. Das wirkt sich bei denen, die wenig Vorbildalternativen haben, besonders negativ aus. Das ist auch nicht erst, seit es YouTube gibt, so.

Mitte der Neunzigerjahre brachte die Jugendzeitschrift *Bravo* einen Bericht über die schwierige Lebenssituation einer Jugendclique in Berlin. Die jungen Leute lebten keinesfalls, wie vielleicht vermutet, in Neukölln, Kreuzberg oder Marzahn. Sie wohnten im bürgerlichen Bezirk Wilmersdorf in einem Neubaukomplex, der wegen seiner baulichen Konzeption – Überbauung der Stadtautobahn, im Volksmund »Schlange« genannt – einst heftig in der Kritik stand. Auch die monumentale Bauart nahe dem Villenviertel von Grunewald und Dahlem hatte Kritik hervorgerufen.

Bewohnt wurde dieser Komplex von den verschiedensten sozialen Schichten. Die Wohnungen waren abwechslungsreich geschnitten, hell und teils mit großen, terrassenartigen Balko-

nen versehen. Großzügige Spiel- und Grünanlagen prägten die
Umgebung. Infrastrukturell bot die Gegend alles, was man sich
wünschen kann. Weil anteilig mit öffentlichen Fördergeldern er-
richtet, stand ein bestimmter prozentualer Anteil der Wohnungen als Sozialwohnungen zur Verfügung. Gleichwohl war die
Anwohnerstruktur bürgerlich geprägt. Wenig Ansatzfläche also
für eine Story über sozial benachteiligte Jugendliche.
Nicht so für die *Bravo*. Der Wohnkomplex im bürgerlichen
Südwesten Berlins wurde einfach in ein »Getto« umdefiniert.
Unter der Überschrift »Deutschlands härteste Meile: Wir leben
im Getto« las sich das als hoffnungslos verlorener Ort, ohne
Chancen, sich jemals daraus befreien zu können: »Hass und Gewalt sind in der düsteren Gettowelt der Schlangenbader Straße
in Berlin-Wilmersdorf allgegenwärtig: Dort lebt Rapper Channel
seit seiner Geburt und wird vielleicht auch da sterben. Denn die
›Schlange‹ lässt keinen los.«

Wir können beruhigt sein: Rapper Channel wird dort wahrscheinlich nicht mehr leben und mit Sicherheit auch nicht dort
sterben.

Auflagenförderndes Sensationsgeschreibsel gehört seit jeher
zum Geschäft. Aber dies ist auch ein Beispiel dafür, wie den Jugendlichen eine Gettoromantik mit Drop-out-Identität geradezu
aufgeschwatzt wird. Da wird der misslungene Schulabschluss
oder die geschmissene Lehrstelle zur existenziellen Hoffnungs-
losigkeit mystifiziert und dissoziales Gruppenverhalten zum un-
vermeidlichen und notwendigen Widerstand gegen eine feind-
lich erscheinende Umwelt aufgemotzt. Und irgendwann wird
das eingeredete Selbstbild dann zur Dauerrealität. Diese Funk-
tionsweise ist mit der Entwicklung der elektronischen Medien
noch umfassender und wirkungsvoller geworden. Gerade jene,
deren Sozialisationserfahrungen von vielen Schwierigkeiten begleitet und deren Kommunikationsversuche und Interaktionen
oft durch Misserfolge gekennzeichnet sind, werden sich medialen Angeboten zuwenden. Hier drohen wenig Missverständ-
nisse. Hier kann die Fantasie sich in virtuellen Welten austoben,

ohne Sanktionen befürchten zu müssen. Hier kann das eigene missliche Dasein traumhaft überhöht werden, ohne Leistung und Anstrengung erbringen zu müssen.

In unserer show- und konsumorientierten Gesellschaft werden ständig neue Wünsche und Bedürfnisse erzeugt. Verbunden mit dem demokratischen Versprechen von Chancengleichheit wird in der medialen Welt die Illusion erzeugt, dass all das, was uns von der Werbung versprochen wird, auch für alle zu haben sei. Zusammen mit der Ideologie der Spaßgesellschaft, die Erfolg ohne Anstrengung suggeriert, präsentiert sie ein verhängnisvolles Surrogat von Verführungen, denen unkritische und vor allem junge Menschen ausgeliefert sind und deren Wirkungen sie leicht erliegen. In der Begleitsendung zu einer der unzähligen Castingshows sah ich den Glauben an solche Illusionen einmal deutlich durch die Bemerkung einer Mutter demonstriert, die ihre Tochter zu solch einem Casting begleitete:»Friseuse, das hat nicht geklappt, und Kosmetik war auch nicht so das Richtige. Jetzt wollen wir es mal mit Star versuchen.«

Den Wunsch nach Anerkennung und Status in einer eindimensionalen Welt, in der alles gleich gültig und deshalb das, was man tut, auch gleichgültig ist, macht sich die jugendorientierte Medienöffentlichkeit zunutze. Da nur extrem nonkonformes Verhalten das Aufmerksamkeitsniveau verspricht, das nötig ist, um sich aus der Masse abzuheben, bedient sie sich dabei aller nur denkbaren Mittel im millionenschweren Kampf um Quoten und junge Fans.

In diesem Sinn agiert seit Jahren die Sendung *Deutschland sucht den Superstar*. Dieter Bohlen macht Hoffnung. Millionen von Teenies und Teens verbringen den Tag mit Träumen von Ruhm und Erfolg. Und Bohlen ist sozusagen der Wächter am Tor des Erfolgs. Wer es bei ihm geschafft hat, der hat vermeintlich die Tür zu einer besseren Zukunft aufgestoßen. Das hat Beispielcharakter. Denn Bohlen hat Erfolg. Wenn aber Dieter Bohlen diesen Erfolg hat, dann muss sein Verhalten irgendwie Teil dieses Erfolgs sein. Wer dieses Verhalten kopiert, kann sich nur auf der Erfolgsschiene befinden. Andere mit Fäkaliensprache zu diskriminieren gehört demnach zum Erfolgsrezept.

Sendungen wie diese, in ihrer Grundstruktur gerade in den Privatsendern häufig kopierte Formate, passen sich nicht nur der Sprache der Jugendlichen an, sondern nutzen vor allem deren grenzüberschreitende Tendenzen, um das junge Publikum an sich zu binden. Da schert man sich nicht um Regeln, Normen und Traditionen. Sie nutzen das oppositionelle Potenzial der Pubertätsphase, um in einer von der bürgerlichen Öffentlichkeit abgetrennten jugendtypischen Sprache sich jugendlich darzustellen und dadurch möglichst viele junge Menschen zu erreichen. Dass dabei sehr einseitig das größtmögliche Provokationspotenzial an Begriffen genutzt wird, das sich vornehmlich im Fäkalbereich bewegt, liegt auf der Hand.

Dabei ist die öffentliche Beschämung, das Mobbing vor Millionenpublikum, nicht etwa nur ein Abfallprodukt der Sendung, sondern gehört strategisch zum Sendeformat hinzu. Die späteren Verlierer in ihrer ganzen Armseligkeit sind schon zu Beginn der Sendung die geplanten Loser. Sie dienen lediglich als Staffage für das öffentlich demonstrierte Herunterputzen. Und die jugendlichen Zuschauer? Sind sie wirklich daran interessiert, welche Kandidaten der inflationär den Markt überschwemmenden Castingshows gewinnen? Mag sein, dass es sie kurzzeitig beschäftigt, doch sorgt das Medium selbst dafür, dass sich die Identifikation in Grenzen hält, indem der vermeintliche Star nach kurzem Aufglimmen verlischt und der nächste Kandidat zum Leuchtstern aufgebläht wird. Als konstante Erfahrung bleibt hier vor allem die Art des sozialen Umgangs. Von den Jugendlichen als vermeintlich alltagstaugliche Umgangssprache genutzt, wird so die gegenseitige Diskriminierung zur Alltagserfahrung. Die Rezeptionsforschung hat herausgefunden, dass gerade von männlichen Jugendlichen Bohlens Ausdrucksweise zwar als krass, vor allem aber als »ehrlich« wahrgenommen wird. Ähnliche Wirkungen haben die aggressiv sexualisierten Texte der Rapperszene. Nehmen wir als Beispiel Bushido. Be-

ginnend mit der äußeren Aufmachung, die dem pubertierenden Andersseinwollen der Jugendlichen angepasst ist und ag-
gressiv-bedrohlich wirken soll, wird hier eine Antihaltung zur
Gesellschaft vermittelt, die keine positiven Zielvorstellungen
mehr zulässt, sondern sich auf ein destruktives Gegeneinander
reduziert. Vor allem Angehörige der sozialen Unterschicht, zu
der viele der muslimischen Migranten gehören, die oft nur auf
ein gering entwickeltes Differenzierungsvermögen in ihrem
sprachlichen Ausdruck zurückgreifen können, nehmen sich
die Ausdrucksweise Bushidos oder auch die von Kollegah oder
Haftbefehl zum Vorbild.

Ein Schüler unserer 7. Klasse tat genau dies. Dabei begegnete
er nicht nur Erwachsenen in der Ausdrucksweise seines Helden,
sondern ging auch mit Gleichaltrigen in dieser Weise um. Die
Ablehnung, die er dabei produzierte, war nicht zu übersehen.
Dass er von schwarzer Hautfarbe war, machte die Sache für ihn
nicht leichter. Bald hatte er sich so in den Habitus seines Vor-
bilds hineinfantasiert, dass der provozierende Umgang mit seiner Umgebung zur Normalität wurde. Gespräche halfen wenig.
Der mediale Erfolg, den Bushido vorweisen konnte, war für den
Schüler ein viel überzeugenderes Argument. Was waren dagegen die Mahnungen von ein paar Pädagogenspießern. Am Ende
des Schuljahres verließ er die Schule auf eigenen Wunsch, nachdem er sich so in die Außenseiterrolle manövriert hatte, dass ein
konfliktfreier Umgang mit seinen Mitschülern nicht mehr möglich war. Nach Gerüchten, die mir von anderen Schülern zugetragen wurden, behielt er dieses Verhalten an der neuen Schule
bei und wurde dort zum Dauerschwänzer.

Im bürgerlichen Umfeld mit dieser Sprache chancenlos, grenzen die jungen Leute sich ab von einer als verachtenswert dargestellten Gesellschaft und provozieren unentwegt Negativerfah-
rungen in Form von Ablehnung und Ausgrenzung. Es kommt
zu einer Schuldverschiebung gegenüber dem sozial angepassten
Bürger, der auf die provokative Anmache abwehrend reagiert.
»Der respektiert uns nicht, der gibt uns keine Chance.« Im Teu-

felskreis dieser Negativerfahrung und der daraus entstehenden kommunikativen Misserfolge driften sie immer weiter in eine ablehnend-aggressive Haltung ab, deren Realitätsuntauglichkeit sie nicht mehr beurteilen können. Warum sollte es auch falsch sein, sich so auszudrücken und zu verhalten wie das mediale Vorbild? Der ist ja erfolgreich, in jeder Hinsicht. Fürwahr. Einstige Vorbilder und negative Identitätsstifter wie Bushido wurden zwischenzeitlich mithilfe der bürgerlichen Medien weichgespült und zahm präsentiert. Auftritt im Kinderkanal des öffentlich-rechtlichen Fernsehens, Artikel in Zeitschriften und Illustrierten. Ganz offensichtlich waren Bushidos Manager der Meinung, dass der Habitus des Underdogs nach der erreichten Erfolgsphase nicht mehr geschäftsträchtig war, weshalb sie versuchten, ein neues Bild zu vermitteln.

Nun mag es zwar noch nachvollziehbar sein, dass manche Medienprominente glauben, durch die demonstrierte Nähe zu sozialen Randgruppenhelden die eigene mediale Durchschnittsexistenz mit etwas dekadentem Schimmer aufputzen zu können. Vielleicht sind sie sogar in der naiven Illusion befangen, dabei zu helfen, einen »verlorenen Sohn« in den Kreis gesellschaftlicher Akzeptanz einzubinden. Ganz absurd wird es jedoch, wenn solche Intentionen mit besonderen Würdigungen verbunden werden. So entblödete sich die versammelte Medienschickeria nicht und verlieh bei einer der zahlreichen Selbstbeweihräucherungsveranstaltungen dem Fäkalkünstler Bushido einen Preis für Integration. Auf so etwas muss man erst einmal kommen.

Der täglich erlebte Widerspruch, zwischen den aufs Höchste anspruchsvollen sozialen Lernzielen und der Medienrealität, die zu unsozialem Verhalten geradezu auffordert, ist für Pädagogen durchaus grenzwertig. Wer sich fühlt wie die Feuerwehr im Löscheinsatz, die sich abmüht, einen Brand zu löschen, während gleichzeitig jemand permanent Öl ins Feuer gießt, ist ein idealer Kandidat für Desillusion und Burn-out. Doch es sind nicht nur die Negativbeispiele für die Identitätsfindung, die den Medienkonsum bei bestimmten Kindern und Jugendlichen so problematisch machen. Es sind Bilder der Welt, die die Fiktion zur Wirklichkeit verklären, reale Zusammenhänge verschleiern und viele junge Zuschauer verwirrt und desorientiert zurücklassen. Kein Wunder, wenn das Gesehene dann in das oft verquere eigene Weltbild eingepasst wird.

Machen Sie doch einmal die Probe aufs Exempel. Vielleicht schauen Sie ja eine dieser Vorabendserien und Telenovelas. Dramaturgisch nach einfachstem Muster gestrickt, künstlich dramatisiert, zeigen sie uns im Schnelldurchlauf alle möglichen oder unmöglichen Eskapaden, die das Leben so bietet. Vielleicht ist es Ihnen auch schon einmal passiert, dass Sie das Geschehen als sehr authentisch wahrnehmen. Verrückt, nicht wahr? Und doch gar nicht so selten. Es gibt genügend Berichte darüber, dass Schauspieler von ihren Zuschauern in ihrer Rollenfunktion um Rat gefragt wurden. Fernsehärzte stehen dabei sinnigerweise an erster Stelle. Für Kinder und Jugendliche sind es vor allem die Scripted-Reality-Serien der Privatsender, die, als vermeintliche Dokumentation aufgemacht, Realität suggerieren, deren Handlung aber erfunden ist. Die RTL-2-Serie *Berlin – Tag & Nacht* hat bei 1,2 Millionen Zuschauern einen Marktanteil der 14- bis 29-Jährigen von circa 24 Prozent.

Die Unterscheidung von Realität und Fiktion wird von den meisten Erwachsenen ohne Schwierigkeit geleistet. Doch unterliegen wir alle mehr oder minder der Macht der Suggestion, die entweder von sehr gelungenen Inszenierungen oder von gewohnheitsmäßigen Sendungen ausgeht. Erst mit der bewussten Unterscheidung von Fiktion und Realität sind wir schnell wieder in Letzterer angekommen. Wie aber sieht es bei Kindern aus, die weder die Kenntnisse noch die Lebenserfahrung noch die psychische Reife haben, diese Differenzierung zu leisten? Sie werden bei den heutigen Möglichkeiten computeranimierter Darstellungen unentwegt mit Bildern konfrontiert, die sie nicht einordnen können. Die als real vermutete Darstellung prägt ihr Handeln. Das ist korrigierbar, sofern die jungen Menschen einem verlässlichen Erziehungsprozess unterliegen. Bei Kindern und Jugendlichen, die aufgrund vernachlässigender Erziehung nur über eingeschränkte kognitive Fähigkeiten verfügen, können die Folgen allerdings verheerend sein. Wer einmal erlebt hat, mit welch naiver Faszination Medieninhalte von ihnen aufgenommen und in ihr einfach strukturiertes Weltbild eingebaut werden, dem gruselt es bei einem Blick in die wöchentlichen Programmzeitschriften. Fragen wie die eines meiner 14-jährigen Schüler, ob es wirklich schlimm sei, wenn man jemanden mit einem Messer in den Oberschenkel steche, sind nicht so selten. Er hatte das in einem Film gesehen.

Es müssen nicht einmal besonders gewaltbetonte Filme sein, die den betreffenden Jugendlichen untaugliche Handlungsanleitungen bieten. Jahrelang hatte der scheinbar harmlose Kinderfilm *Kevin allein zu Haus* Konjunktur: Ein versehentlich von den Eltern vergessener etwa zehnjähriger Junge verteidigt das heimische Haus gegen Einbrecher. Die witzigen Situationen haben nur einen kleinen Haken: Kaum jemand würde die dargestellten Stürze, Schläge und anderen Aktionen in der Realität überleben, zumindest aber heftigen Schaden nehmen. Das entspricht einer amerikanischen Untersuchung über Gewaltdarstellungen, die, so Manfred Spitzer in seinem Buch *Lernen*, zu dem Ergebnis kam, dass 58 Prozent der Gewalttätigkeiten ohne Folgen im Sinne von Schmerzen oder anderen Schädigungen gezeigt wurden.

Film und Fernsehen sind in den letzten Jahrzehnten immer drastischer geworden. Das betrifft Gewaltszenen ebenso wie die Darstellung sexueller Handlungen. Der Internetzugang hat dieser Entwicklung noch die Krone aufgesetzt. Für diese Behauptung brauchen wir nicht einmal eine wissenschaftliche Untersuchung. Dafür genügt der Vergleich eines Spielfilms der Fünfziger- oder Sechzigerjahre mit Filmen der heutigen Zeit. Oder nehmen Sie irgendeinen beliebigen Begriff aus der Kriminologie oder ausgefallener Sexualpraktiken. Es bedarf zweier oder dreier Klicks, dann sind Sie voll im Programm – und Ihre Kinder auch.

Die Auseinandersetzung darüber ist uralt. Seit Jahrzehnten

streiten sogenannte Experten über die Frage, ob gewalttätige Filme zur Gewalt animieren oder ob eher das Gegenteil der Fall ist und in einer Art Katharsis-Effekt eine Art spielerische Abreaktion erfolgt und die reale Aggression reduziert wird. Entsprechende Untersuchungen werden häufig auf der Grundlage von Umfragen durchgeführt, wobei die betroffenen Jugendlichen sich selbst zu den empfundenen Wirkungen äußern sollen. Es gehört nicht viel Fantasie dazu sich vorzustellen, was die jungen Leute sagen, unterliegen sie doch schon genau dem Mechanismus, der bei gehäuftem Konsum von Gewaltdarstellungen auftritt: der Desensibilisierung. Der Psychiater und Neurobiologe Manfred Spitzer schreibt nach Auswertung einschlägiger Untersuchungen dazu: »Das dauernde Anschauen von Gewalt im Fernsehen führt dazu, dass gewalttätige Verhaltensweisen dem Betrachter zunehmend normaler vorkommen. Nicht nur das Erleben und die vegetativen Reaktionen, sondern vor allem auch das Verhalten der Personen ändert sich entsprechend.«

In den Untersuchungen wird von normal entwickelten Jugendlichen ausgegangen. Halbwegs intelligent, durchschnittlich gebildet, sind sie in der Lage, eine medienkritische Haltung zu den angebotenen Sendungen und eine selbstreflexive Haltung zum eigenen Medienverhalten einzunehmen. Nur gibt es diesen modellhaften, labormausähnlichen, idealen Medienkonsumenten in der Wirklichkeit wohl eher selten. Nicht der mittelschichtsorientierte Gymnasialschüler, der im Gespräch mit seinen Eltern Realität und Irrealität des täglichen Medienangebots medienkritisch durchleuchtet, ist hier in der Regel das Problem, sondern der medienabhängige, aufgrund seiner geringeren Abstraktionsfähigkeit und Differenzierung verführbare Jugendliche. Er ist in der Unterschicht zu finden, aber auch als wohlstandsverwahrloster, sich selbst und dem Konsum überlassener Sprössling wohlhabender Workaholics. Da laufen Glotze, Computer und Handy den ganzen Tag und übernehmen die Aufgabe des Babysitters. Als Pädagoge erleben Sie das bei jedem Elterntelefonat. Sich trotz des überlauten Hintergrundfernsehprogramms auf das Gespräch zu konzentrieren fällt schon am Telefonhörer schwer. In den Abendstunden verfolgen die Kinder dann mit ihren Eltern das Erwachsenenprogramm der Privatsender, das sich himmelweit vom öffentlich-rechtlichen Schmusebrei unterscheidet.

Bei Spitzer kann man nachlesen, mit welcher Quantität an Gewalt Kinder durch die Medien konfrontiert sind. Anhand amerikanischer Studien wird aufgeführt, dass ein Kind nach Abschluss der Grundschule mehr als 8000 Morde und mehr als 100 000 Gewalttaten im Fernsehen gesehen hat. Gerade aber bei jüngeren Kindern, die ungefiltert mit gewaltorientierten Sendungen konfrontiert sind, entstehen unkontrollierte Ängste, die sie allein nicht verarbeiten können. Bedenkt man, dass besonders in jüngeren Jahren Zeitfenster für die Entwicklung der emotionalen Struktur existieren, kann man von einer negativen Sozialisationswirkung dieser Darstellungen ausgehen. Dabei ist besonders die Auswertung hinsichtlich der Folgen von Gewaltszenen interessant. In 73 Prozent der Fälle kamen die Täter ungestraft davon. Fast könnte man sagen, das sei wie im richtigen Leben. So ergibt sich dann doch eine lebensnahe und praxisrelevante Lernsituation für junge Menschen.

Mögen auch die meisten Jugendlichen zu diesen Wirkungen eine kritische Distanz aufbauen können und die allerwenigsten tatsächlich zu Gewalttätern werden – für die vielen, die in ihrer sozialen Entwicklung gestört sind, bleibt dieser Desensibilisierungseffekt ein erheblicher Risikofaktor. Nimmt man die Klagen von Psychologen, Kinderpsychiatern, Lehrern, Erziehern und Sozialarbeitern ernst, dann wächst der Anteil der entwicklungsgestörten jungen Menschen ständig. Dabei geht es nicht einmal um die Nachahmung offener Gewalt, sondern um eine Abstumpfung hinsichtlich der erlebten »kleinen« Gewalt im täglichen Umgang. Wer die »große« Gewalt medial miterlebt, für den können die kleinen Gewalttätigkeiten nicht von großer Bedeutung sein. Das Wertgefüge wird außer Kraft gesetzt, die eigene Handlung kann nicht mehr in ihrer sozialen Wirkung eingeschätzt werden. Die Welt der virtuellen »großen« Gewalt ist zum Maßstab geworden und trägt dazu bei, dass der destruktive Umgang in der realen Welt die Normalität darstellt.

Für Menschen mit lebensnaher Realitätseinschätzung mag es unverständlich klingen, dass Jugendliche, die dem ersten Anschein nach normal entwickelt wirken, aufgrund ihrer psychischen und in deren Gefolge auch kognitiven Zurückgebliebenheit reale und vor allem medienvermittelte Situationen nicht angemessen einschätzen können. Allerdings kann man gar nicht so viel Irrsinn verarbeiten, wie sich zuweilen in den unausgereiften und fehlgeleiteten Gehirnen ansammelt.

Jeder Lehrer, vom Gymnasium vielleicht abgesehen, der montagmorgens versucht, von seinen Schülern eine folgerichtige Zusammenfassung der Medieninhalte des vergangenen Wochenendes zu bekommen, kann ein Lied davon singen. Wir haben das in morgendlichen Gesprächskreisen versucht und dabei die Erfahrung gemacht, dass eine sinnhafte Darstellung des Gesehenen schon deshalb kaum möglich ist, weil sich viele Schüler gar nicht auf das Anschauen einer kontinuierlichen Handlung einlassen (können). Eine Szenenfolge ist nur so lange von Interesse, wie sie Sensationen oder Actionszenen zeigt. So wird von einer Sendung zur nächsten gezappt in der Hoffnung, aufregende Sequenzen zu finden, an denen man ein paar Minuten hängen bleiben kann. Wie gesagt – hier ist nicht die Rede von Schülern aus der bildungsorientierten Mittelschicht. Aber es bleiben genug übrig, die sich so verhalten.

Alles, was in diesem Zusammenhang gesagt wurde, trifft in verstärktem Maße auch auf gewaltorientierte Computerspiele zu. Hier wird nicht nur passiv zugeschaut, hier wird tätig gelernt. Es werden Menschen erschossen, massakriert, zerstückelt und was es sonst noch für Menschenvernichtungstechniken gibt. Spätestens nach dem nächsten Amoklauf an einer Schule, sei es in Deutschland oder anderswo, sind sie wieder in aller Munde. Dann wird der Ruf nach Verboten laut. Die Diskussion über ihre mögliche gewaltfördernde Wirkung wird in allen Medien und in der Öffentlichkeit geführt. Hersteller und Industrie betonen unentwegt die Harmlosigkeit ihrer Produkte und verweisen auf widersprüchliche Ergebnisse wissenschaftlicher Studien. Natürlich spielen Millionen von Jugendlichen auf der Welt diese Spiele, und natürlich werden, dazu ins Verhältnis gesetzt, nur ganz selten Amokläufe verübt. Tatsache ist aber auch, dass alle Amokläufer diese Spiele gespielt haben. Tatsache ist ebenfalls, dass das amerikanische Militär vergleichbare Videosimulationen einsetzt, um die Tötungshemmung seiner Soldaten abzubauen. Orientierte man sich an den offiziellen Verlautbarungen der Computerspieleindustrie, wären die Amerikaner einfach nur blöd, solchen nutzlosen Aufwand zu betreiben. Computersimulationen sind doch ganz harmlos. Kinderspiele eben. Dem ist aber nicht so. Auch hier ist der Desensibilisierungseffekt wirksam. Amerikanische Forscher belegten in vergleichenden Experimenten mit passiven Zuschauern eines Gewaltfilms, dass die virtuell gewalttätigen Computerspieler einen deutlicheren Abstumpfungseffekt gegenüber realer Gewalt zeigten. Der Einfluss speziell auf Kinder wurde 2014 durch eine Studie der Iowa State University an 3000 Kindern deutlich. In der Untersuchung an Schülern der dritten bis achten Klassenstufe über einen Zeitraum von drei Jahren erwies sich, dass häufiges Spielen mit der Zeit aggressivere Denkmuster hervorbringt. Vergleichbar mit dem Trainingseffekt beim Erlernen einer Sprache und verstärkt durch den Belohnungsaspekt über das Sammeln von Punkten, übt sich so eine Haltung ein, die sich nicht nur im aggressiveren Umgang bei Konflikten, sondern auch in der Neigung zu aggressiverem Handeln außerhalb der virtuellen Welt widerspiegelt. Jugendliche schlagen heute bei Auseinandersetzungen brutaler zu, wird beklagt. Das ist vielleicht wenig verwunderlich, wenn man bedenkt, dass das Spielen mit Ego-Shootern für viele zum Alltag gehört. Wer erlebt, wie konzentriert junge Menschen in die Displays starren, bekommt einen Eindruck von den Lernefekten dieser Medien.

In neuester Zeit bekommen die mittlerweile inflationär verbreiteten Gewaltspiele und -videos eine erschreckende reale Dimension. Seit 2014 macht sich der sogenannte Islamische Staat die Sehgewohnheiten westlicher Jugendlicher zunutze und produziert seine Propagandavideos im Stil von Hollywoodfilmen und Videospielen. Zum Teil werden Kampfaufnahmen, aber auch Hinrichtungen so inszeniert, dass sie die Darstellungen in den entsprechenden Filmen kopieren. Heroisch wirkende IS-Kämpfer in martialischen Siegerposen vermitteln dabei ein Bild der Stärke und sprechen vor allem jene muslimischen Jugendlichen an, die, desorientiert und überfordert, sich als Opfer der westlichen Gesellschaft wahrnehmen. Hier wird ihnen eine Perspektive geboten, die sie aus ihrer misslichen Lage befreit, ihnen Gemeinschaftserlebnis und Macht verspricht. Die Gewalttätigkeit des Dargestellten bewirkt zumindest, dass Angst verbreitet wird vor dem, der sich mit dieser Gewalt identifiziert.

Dass Vertreter des privaten Fernsehens und der Computerspieleindustrie trotz allem die Katharsis-These vertreten, während kulturkritische Zeitgenossen eine eher pessimistische Haltung einnehmen, liegt wohl in der Natur der Sache. »Wes Brot ich ess, des Lied ich sing« trifft auch hier zu, und so sollten wir nicht von den kommenden Jahrzehnten erwarten, eine schlüssige Antwort für diesen Problembereich zu finden. Obwohl die Ergebnisse der betreffenden Untersuchungen in ihrer problematischen Wirkung auf den Sozialisationsprozess einleuchtend sind, dürfen wir keine Veränderungen erwarten. Es wird weiter diskutiert, Argumente werden hin und her geschoben, Für und Wider gegeneinandergestellt. Man schreckt nicht einmal davor zurück, Meinungsgegner zu diffamieren. Im *Spiegel* wurde Manfred Spitzer aufgrund seiner medienkritischen Haltung als »Krawallpsychiater« bezeichnet.

Unabhängig von den eindeutigen Ergebnissen werden bei jedem neuen Anlass Jugendliche aus der Spielerszene zur Gefährdungseinschätzung ganz basisdemokratisch befragt, und natürlich verneinen sie jede Gefährdung. Warum sollten sie auch ihre geliebten und zum unverzichtbaren Suchtmittel gewordenen

Spiele schlechtreden? Wer den Sumpf trockenlegen will, sollte nicht die Frösche fragen. Ganz entsprechend der Ideologie der freien Selbstbestimmung beginnt dann nämlich jede Diskussion immer wieder von vorn. Ein handlungsrelevantes Ergebnis ist ausgeschlossen. Wer aber weiß, dass allein in Deutschland in einem Jahr für über zweieinhalb Milliarden Euro Spiele verkauft werden, der wird sich über die von der Medienindustrie geförderte, anhaltend hinhaltende Diskussion nicht mehr wundern.

10. BEWÄHRUNG UND DIE IDEOLOGIE DER FREIWILLIGKEIT

»Das Opfer des Überfalls wurde in einem Krankenhaus notoperiert und liegt mit lebensbedrohlichen Verletzungen auf der Intensivstation. Der Täter, ein polizeibekannter 17-jähriger Intensivtäter, wurde festgenommen und dem Ermittlungsrichter vorgeführt. Er befindet sich wegen eines Straßenraubes und anderer Vergehen in der Bewährungszeit.«

»Im Januar 2013 wird ein 13-Jähriger auf dem Berliner Alexanderplatz von vier Jugendlichen überfallen und ausgeraubt. Der mutmaßliche Haupttäter ist 14 Jahre alt und bei der zuständigen Polizeidirektion bereits als Intensivtäter registriert. Er wurde seinen Eltern übergeben. Die Tat, so hieß es, habe für einen Haftbefehl nicht ausgereicht.«

»Am 13. November 2014 wird eine Frau in einem Bus von Jugendlichen sexuell belästigt. Der Begleiter der Frau wird mit Nothämmern verprügelt und muss anschließend in einem Krankenhaus wegen einer Gehirnerschütterung behandelt werden. Bei den Jugendlichen handelt es sich um einen 15-jährigen Intensivtäter, gegen den bereits ein Haftbefehl besteht, sowie seinen 16-jährigen Komplizen, der wegen gleich gelagerter Taten der Polizei bekannt ist. Die beiden sollen sich innerhalb der vergan-

genen Wochen nach Polizeiangaben sehr gewaltbereit gezeigt haben und insgesamt wegen mindestens sechs Taten aufgefallen sein, darunter Raub und vor allem Körperverletzung.«
»Im Januar 2016 steht ein 15-Jähriger wegen 86 Straftaten vor dem Bonner Landgericht. Bereits als Kind soll er mehrfach Raubzüge begangen haben, für die es jedoch aufgrund der Strafunmündigkeit keine Sanktionen gab. Auch nach seinem 14. Geburtstag im Januar 2015 blieb er trotz weiterer Straftaten unbehelligt. Erst nach der Brandstiftung in einem Einfamilienhaus kam es im August zur Festnahme.«

Fast täglich übliche Meldungen, bei genauer Betrachtung aber eigentlich Beiträge aus einem Kabarettprogramm. Intensivtäter, das heißt mit mindestens zehn (bekannt gewordenen) Straftaten auf dem Buckel, laufen unbehelligt herum, weil eine Meinungsmehrheit von Politikern und Juristen die Ansicht vertritt, man müsse beobachten und die weitere Entwicklung der jungen Menschen abwarten.

Und so sammeln die Behörden mit bürokratischem Aufwand Informationen über Straftaten, füllen mit Akribie Aktenordner um Aktenordner, während die jungen Täter ganz andere Erfahrungen sammeln. Statt jedoch die Einsicht zu fördern, solche absurden Verfahrensweisen zu ändern, verschanzen sich Politik, Öffentlichkeit und Medien im ideologischen Lagerdenken.

Schon seit Jahren, meist nach medienträchtigen Vorfällen von Jugendkriminalität, fordern viele Bürger, oft unterstützt von Politikern des konservativen Lagers, eine Verschärfung der Jugendgesetze. In der Öffentlichkeit als »härtere Strafen« diskutiert, sind hierbei meist Gefängnisstrafen gemeint. Dabei wird vor allem das öffentliche Bedürfnis nach Strafe bedient. Unberücksichtigt bleibt dagegen die Frage, inwieweit Strafmaßnahmen junge Menschen auf den Weg der Tugend führen.

Entgegen dem Ruf in der Öffentlichkeit nach härteren Strafen gilt in der kriminologischen Forschung die Auffassung, dass die Androhung harter Sanktionen potenzielle Täter nicht abschreckt. Die Vorstellungswelt vieler Jugendlicher reiche oft nicht zur

Verknüpfung der Tat mit der angedrohten Sanktion. Bedeutsamer müsse der polizeiliche und juristische Umgang mit der Tat eingeschätzt werden. So heißt es schon in einem *Gutachten der Unabhängigen Regierungskommission zur Verhinderung und Bekämpfung von Gewalt* von 1990:»Die Verhaltensmotivation wird vor allem durch die Wahrscheinlichkeit beeinflusst, dass die strafbare Handlung entdeckt, der Täter ermittelt und verurteilt wird. Sind die Maßnahmen zur Aufklärung und Beweisführung nicht erfolgreich, so kommt es überhaupt nicht zur Anwendung der Strafgesetze, auch wenn diese noch so streng sind. Die maßgebliche Rolle spielt die subjektive Erfolgserwartung des potentiellen Täters. Für die Bekämpfung der Gewaltkriminalität kommt es daher entscheidend auf die Erhöhung des Risikos an, gefasst, verurteilt und der Sanktion unterworfen zu werden.«

Das ist durchaus plausibel. Was aber, so die Kritiker, wenn trotz Entdeckungswahrscheinlichkeit und eventueller Verurteilung gar keine oder eine nicht ernst zu nehmende Sanktion erfolgt? Wie wirkt dies auf einen jungen Straftäter? Welche Alternativen sind denkbar? Wir müssen uns also auch anschauen, wie die juristischen Folgen einer Verurteilung, die zu erwartenden Sanktionen aussehen.

Seit Mitte der Achtzigerjahre gewann die Bewährungsstrafe im Jugendstrafrecht zunehmend an Bedeutung. Einer der Hauptgründe, warum Jugendrichter vermehrt dazu übergingen, von einer Haftstrafe abzusehen und Bewährungsstrafen auszusprechen, waren die steigenden Rückfallquoten bei den jugendlichen Tätern. Mit 70 bis 85 Prozent lagen sie relativ hoch, und die pädagogische Wirkung solcher repressiven Eingriffe konnte durchaus infrage gestellt werden. Ganz offensichtlich bewirkte der Aufenthalt im Gefängnis wenig oder gar keine Besserungsmotivation bei den jungen Straftätern. In der liberalen Öffentlichkeit hat sich diese Erkenntnis in Form der allgemeinen Meinung durchgesetzt, die Jugendlichen fänden dort nur schlechte Beispiele vor und würden zu weiteren Taten angestiftet. Hinzu kam, dass in der ambulanten sozialpädagogischen Praxis viele

Modellprojekte entwickelt wurden, die die Hoffnung auf eine erfolgreiche Resozialisierung ohne die negativen Wirkungen einer Haftstrafe stützten. Auch erweiterte Möglichkeiten der Staatanwaltschaft, Jugendverfahren einzustellen, sind in diesem Zusammenhang zu sehen. Kam es durch weitere Delikte zu erneuten Verfahren, neigten Jugendrichter dazu, die ehemals eingestellten Straftaten nicht als straferhöhenden Faktor zu werten. Die Praxis der Haftvermeidung wurde in den Folgejahren weitgehend beibehalten, geriet aber durch erneut ansteigende Fallzahlen im Bereich der Jugendkriminalität zunehmend in die Kritik. Nach Angaben des Berliner Senats gab es 2006 bei Bewährungsstrafen circa 60 Prozent Bewährungsversager: Jugendliche, die den Bewährungsauflagen nicht entsprachen oder in der Bewährungszeit erneut straffällig wurden.

In Reaktion darauf und aufgrund der Tatsache, dass die meisten Straftaten von immer denselben Tätern ausgeführt werden, wurde Mitte des vergangenen Jahrzehnts die Kategorie des Intensivtäters eingeführt. Als ein solcher gilt wie gesagt derjenige, der zehn Straftaten von erheblichem Gewicht begangen hat. Während früher verschiedene Taten von unterschiedlichen Dienststellen bearbeitet wurden und Jugendrichter oft Verfahren einstellten oder gering ahndeten, weil sie keine Kenntnis von der Anzahl der Delikte ihres jeweiligen Klienten hatten, konnten die Straftaten eines Jugendlichen jetzt in einer Hand zusammengefasst und bearbeitet werden. Da auch dies offensichtlich nicht ausreichend war, wurde diese Einteilung durch die Kategorie des Schwellentäters ergänzt. Als solche gelten Täter ab fünf Straftaten. Auch dem Umstand, dass Täter immer jünger werden, wurde Rechnung getragen. Kinder, die durch mehrfache Straftaten auffallen, werden nun als »kiezorientierte Mehrfachtäter« der zuständigen Polizeidirektion gemeldet. Diese Maßnahmen bewirkten letztlich eine Zunahme der Haftquote. In Berlin zum Beispiel war im Jahr 2010 von den circa 550 Intensivtätern etwa die Hälfte inhaftiert, was dafür spricht, dass sie auf präventive Maßnahmen der Haftvermeidung nicht positiv reagiert hatten.

Besonders die zunehmende Anzahl der Rohheitsdelikte führte in den letzten Jahren zu erhöhter Besorgnis. Kinder und Jugendliche schlagen heute schon bei nichtigen Anlässen schneller und mitleidloser als früher zu. Beunruhigend sind die schleichend wachsende, ganz alltägliche Gewaltbereitschaft unter Schülern, ihr fehlendes Mitgefühl und ihre sinkende Hemmschwelle.

Zwar ist nach Angaben der Innenverwaltung die Zahl der Straftaten von Kindern und Jugendlichen gesunken – laut *Berliner Morgenpost* vom 21. Juni 2015 zählte die neue Kriminalstatistik 400 Kinder und Jugendliche als Serientäter –, doch ist die Anzahl der Gruppenstraftaten mit 2822 konstant geblieben, und die Zahl der Tatverdächtigen hat um 350 zugenommen. So wird mit den zur Verfügung stehenden Statistiken, wie üblich, bei der Präsentation für die Öffentlichkeit je nach Interessenlage getrickst. In einer Dunkelfeldstudie aus Sachsen 2012, in der über 4000 Haushalte befragt wurden, ergab sich beispielsweise, dass jede zweite Tat nicht zur Anzeige kommt. Nach einer von der Bundeszentrale für politische Bildung veröffentlichten Übersicht zur Jugendkriminalität vom 12. Mai 2015 wurden bei einer bundesweiten Schülerbefragung 2007/2008 bei leichter Körperverletzung sogar nur 19 Prozent, bei schwerer Körperverletzung nur 37 Prozent der Vorkommnisse von den Schülern angezeigt.

In persönlichen Gesprächen erzählten mir Schüler oft von Gewaltvorfällen, die sie zwar selbst erlebt, aber verschwiegen hatten, obwohl ihnen die Täter bekannt waren. Auch in einer Diskussionsrunde, die wir mit Schülern unserer neunten Klassen und jungen Polizeianwärtern führten, berichtete die überwiegende Mehrheit von Gewalterfahrungen mit Gleichaltrigen. Was aber besonders nachdenklich stimmte: Auf unseren Hinweis, sich bei solchen Vorkommnissen an Eltern, Lehrer, Sozialarbeiter oder die Polizei zu wenden, winkten fast alle ab.»Bringt ja doch nichts, höchstens Ärger.« Dies war zum Teil bedingt durch die Angst vor Racheakten, noch mehr allerdings durch die Erfahrung, dass die Täter bei einer Anzeige unbehelligt blieben.

Junge Menschen, die die Erfahrung machen, gemobbt, verprügelt, ausgegrenzt, erpresst und abgezogen zu werden, erwarten von der Welt der Erwachsenen und den zivilgesellschaftlichen Konfliktregelungsmöglichkeiten keine oder wenig Hilfe. Eine deprimierende Erkenntnis. Doch wie sollten sie auch, wenn das offizielle Mantra lautet, dass die Gesellschaft möglichst zurückhaltend reagieren und am besten abwarten solle, da sich aggressives, gewalttätiges Verhalten mit den Jahren von alleine auswachse. Das mag auf die Mehrheit zutreffen, auf die Gruppe hochgefährdeter Kinder und Jugendlicher eben nicht. Gerade auf diese ist jedoch die gängige Bewährungspraxis ausgerichtet. Als liberal eingestellte Erwachsene mit unseren Idealen und Wunschvorstellungen einer freien und harmonischen Gesellschaft gehen wir viel zu oft von einer Selbstregulierungsfähigkeit aus, die sozial gut geförderte Kinder und Jugendliche entwickeln können, über die aber keineswegs alle verfügen. Mit dieser Einstellung lassen wir die verhaltensschwierigen und in ihrer Entwicklung sozial-emotional behinderten jungen Menschen zu Opfern einer falsch verstandenen Toleranz werden, durch die sich gewalttätiges Verhalten durchaus als erfolgreich erweisen kann. Außer wortreichen Erklärungen und Strafpredigten, dem ewigen »Gelaber« der Erwachsenen, passiere ja doch nichts. Nicht nur der Vertrauensverlust gegenüber rechtsstaatlichen Handlungsweisen stimmt hier bedenklich. Auch bei den Tätern wird eine falsche Einstellung gefördert.

Der Regisseur und Autor Andres Veiel zitiert in seinem Buch *Der Kick* eine vom Justizministerium Brandenburg 2004 in Auftrag gegebene (unveröffentlichte!) Studie, nach der »bei jugendlichen rechtsextremen Gewalttätern seit 1998 nur in 20 Prozent aller Fälle, die vor Gericht gebracht wurden, Haftstrafen ausgesprochen« wurden. Meist blieb es bei Verwarnungen oder Bewährungsstrafen. Dies habe bei vielen Tätern den Eindruck erweckt, »als sehe der Staat diese Gewalttaten als ein Kavaliersdelikt an. Einige der Täter sahen sich durch solche Urteile geradezu animiert weiterzumachen.«

Dies hält die Justiz allerdings nicht davon ab, eine undifferenzierte, an Freiwilligkeit und Veränderungsoptimismus orientierte Haftvermeidungspraxis fortzuführen. Der Tod des jungen Giuseppe Marcone, der mit seinem Freund auf einem U-Bahnhof von zwei jugendlichen Schlägern angegriffen und bei seiner panischen Flucht vor den Verfolgern von einem Auto erfasst und getötet wurde, zeigt dies beispielhaft. Der Fall hatte in den Berliner Medien 2012 für Aufsehen gesorgt. Der Haupttäter Ali T. wurde zwar der Körperverletzung mit Todesfolge für schuldig befunden, doch löste das Urteil Befremden aus. Es lautete auf zwei Jahre Haft auf Bewährung und 600 Stunden gemeinnützige Arbeit. Bemerkenswert ist, dass Ali T. vom Richter als Ersttäter behandelt wurde, obwohl er vier Jahre vorher zu einem Jugendarrest wegen räuberischer Erpressung verurteilt worden war. Mit einem Jugendarrest aber galt er begrifflich nicht als vorbestraft, sondern nur als vorbelastet. Mit derlei Begriffsspielereien wurde das milde Urteil begründet.

Es erscheint doppelt absurd, wenn man weiß, welche Empfehlung die Jugendrichterin Ali T. vier Jahre vorher mit auf den Weg gegeben hatte:»Der Angeklagte muss lernen, dass die Begehung von Gewaltdelikten im öffentlichen Raum spürbare Konsequenzen nach sich zieht.« Die Richterin, die dies ins Urteil schrieb, hieß Kirsten Heisig. Mit dem Versuch, Konsequenzen spürbar zu machen und Lernprozesse anzuregen, ist sie in diesem Fall gescheitert. Ali T. hat es offensichtlich nicht gelernt. Doch das ist ihr nicht anzulasten. Ihre Urteile allein konnten nicht alle Entwicklungs- und Erziehungsversäumnisse ausgleichen, die den Lebensweg dieser jungen Täter bestimmen.

Anfang 2016 erschien das Buch *Das kurze Leben des Giuseppe M.* von Roswitha Quadflieg. Die Autorin versucht darin auch zu ergründen, wie die beiden Täter mittlerweile zu ihrer Tat stehen. Auf die Briefe, die sie schreibt, antwortet nur Ali T., der Haupttäter, mit einer Nachricht auf dem Anrufbeantworter. Er finde den Brief»gar nicht schön. Ich meine, äh, was denken Sie sich dabei, dass ich nach drei Jahren einfach hier mit Ihnen so'n Ding abziehe oder wie? Man will die Sache vergessen. Lassen Sie mich damit in Ruhe. Es ist einfach am besten. Schönen Tag noch. Ciao!« Noch während der Bewährungszeit, so Quadflieg, wurden gegen beide Täter erneut Verfahren eingeleitet.

Ebenso wenig, wie die Rechtsprechung Gerechtigkeit herstellen kann, ist sie in der Lage wirksame Erziehungsprozesse zu ersetzen. Sie könnte allerdings dazu beitragen, durch verbindliche Vorgaben diese Prozesse zu initiieren. Tragisch nur, wenn die Justiz aus den Überlegungen Kirsten Heisigs nichts weiter gelernt hat und fortfährt, in scheinliberaler Milde darauf zu verzichten, Lernprozesse überhaupt anzustreben. Wie sieht es in der Realität mit der praktischen Umsetzung der Bewährungsangebote aus? Wie wird der durchaus sinnvolle Resozialisierungsgedanke sozialpädagogischer Projekte in nachhaltige Lernprozesse übertragen? Bei den Bewährungsangeboten dominieren in der Praxis wie überall der Mangel an schnödem Mammon und vor allem das Prinzip der Unverbindlichkeit. Letzteres ist, in Verbindung mit der mangelnden Finanzierung, den verantwortlichen Institutionen vielleicht gar nicht so unlieb. Wenn etwas nicht in Anspruch genommen wird, spart man natürlich Kosten.

Eigentlich sieht das Berufsbild des Bewährungshelfers diesen auch als Berater, an den sich die Schützlinge um Unterstützung wenden können. Das setzt natürlich eine gewisse Eigenverantwortlichkeit und Handlungsmotivation voraus. Da bei Jugendlichen in diesen Bereichen durchaus ein erheblicher Mangel erkannt wird, ist der Aufgabenbereich hier um sogenannte »nacherziehende Maßnahmen« ergänzt, die sich allerdings auf Formalien beschränken, so zum Beispiel die Kontrolle, ob eine begonnene Ausbildung auch tatsächlich absolviert wird. Im Alltag erleben, wie seine Schützlinge wirklich sind und sich verhalten, wird ein Bewährungshelfer eher selten. Kann er auch kaum. Wer bis zu 100 Klienten gleichzeitig zu betreuen hat, kann jedem höchstens ein bis zwei Stunden Zeit widmen – im Monat. Was bleibt da vom Anspruch auf nachholende Erziehung übrig? Wie

Bewährungsstrafen in der Praxis gehandhabt wurden, konnte ich am Beispiel einer Schülerin selbst erfahren:

Das Mädchen war 16, in der Türkei geboren, und lebte seit einigen Jahren mit den Eltern in Berlin. Sie kam zu uns zum Anfang des Schuljahres im August in die 9. Klasse. Nach ungefähr zwei Wochen Schulbesuch war U. verschwunden. Einfach nicht mehr auffindbar. Versuche, die Eltern zu erreichen, scheiterten am Üblichen. Der angegebene Anschluss war abgemeldet, eine Handynummer gab es nicht. Also blieb nur der Hausbesuch. U. lebte in einem anderen Stadtbezirk, die Straße wurde mehrheitlich von türkischen Familien bewohnt. Auch bei der angegebenen Adresse hatte ich keinen Erfolg. An der Wohnungstür war zwar der Name angegeben, jedoch rührte sich nichts auf Klingeln und Klopfen. Die Kontaktaufnahme mit den Bewohnern der Nachbarwohnung litt ein bisschen unter Sprachschwierigkeiten.

»Nein. Familie nicht da. Türkei gefahren. Weiß nicht, wann zurück.«

Also kurze Meldung an das Jugendamt, danach war U. für uns nicht mehr existent. Bis zum Januar des folgenden Jahres. Das Halbjahreszeugnis stand an. Und U. stand in der Klassentür.

Wo sie gewesen sei?

Vorübergehend verreist. Aber sie brauche eine Schulbescheinigung. Sie werde ab jetzt auch regelmäßig und zuverlässig kommen.

Nun, das mit der Schulbescheinigung sei so eine Sache. Die könne sie nur für die Zeit erhalten, in der sie auch wirklich anwesend gewesen sei.

Sie brauche die Bescheinigung aber für das ganze halbe Jahr.

Das gehe leider nicht. Sie könne die Bescheinigung für genau die zwölf Tage haben, die sie in der Schule gewesen sei. Wofür sie denn die Bescheinigung brauche?

Fürs Amt. Mehr war aus U. nicht herauszubekommen.

Ein paar Tage später gelang es mir dann doch.

Sie brauche die Schulbescheinigung für ihren Bewährungshelfer.

Ich war etwas irritiert. Wollte natürlich wissen, um was es dabei ging. Um eine Prügelei und andere Kleinigkeiten. Zu weiteren Auskünften war U. nicht bereit. Aber sie gab mir auf mein Drängen die Telefonnummer des Bewährungshelfers. Dieser entpuppte sich nach anfänglichem Zögern als aufgeschlossen und gesprächsbereit. So erfuhr ich mit wachsendem Erstaunen einige Einzelheiten zu den »Kleinigkeiten«: Beleidigung, Diebstahl, Drogenmissbrauch, Erpressung, Körperverletzung. Die Liste las sich wie ein Glossar in einem Lehrbuch für kriminelle Anfänger.

Natürlich führte unser Gespräch über diesen konkreten Fall hinaus zu den Bedingungen, unter denen Bewährungsstrafen ablaufen. Das Problem beginne schon bei der Anzahl der zugewiesenen Fälle, die ein einzelner Bewährungshelfer bearbeiten müsse. Dass es dabei gelegentlich zu Betreuungslücken kommen könne, sei ärgerlich, allerdings kaum zu vermeiden. Als Haupthindernis einer erfolgreichen Bewährungsbetreuung sei das Prinzip der Freiwilligkeit zu sehen. Es mangele keineswegs an sinnvollen Maßnahmen. Den Jugendlichen werde eine Vielzahl an Unterstützungsmaßnahmen angeboten. Diese anzunehmen und in einem weiteren Schritt bis zum Ende auch durchzuhalten sei ein ganz eigenes Problem. Häufig würden die Projekte vorzeitig abgebrochen, und die Motivation, ein neues zu beginnen, sei äußerst gering. Ohne ein bisschen Verpflichtung verliefen die Interventionen meist im Sande. Sanfter Druck wäre hilfreich.

Doch der Mann hatte wenige Chancen, seine Wünsche erfüllt zu bekommen. Solch eine Sichtweise stand nicht auf der jugend- und bildungspolitischen Agenda.

Und U.? Sie verschwand bald darauf wieder in die Türkei.

Wenn die Reform des Jugendstrafrechts mit dem richtigen Anspruch erfolgt ist, vom bloßen Strafen wegzukommen und das Jugendstrafrecht als »Erziehungsrecht« zu etablieren, stellt sich natürlich die Frage nach der »Erziehung«.

Ja, wo bleibt sie denn? In Fällen wie dem oben geschilderten taucht sie jedenfalls nicht auf. Und auch in vielen anderen sogenannten Bewährungsauflagen ist sie eher schmückendes Beiwerk. Ein paar Sozialstunden sollen eine langjährige kriminelle Entwicklung verändern und aufhalten? Blauäugiger geht's nicht. Im Januar 2008 stellte der Kriminologe Claudius Ohder in der Studie *Intensivtäter in Berlin II* fest, dass es schon vor der Haft eine Vielzahl von Fördermaßnahmen und Hilfen nach dem Kinder- und Jugendhilfegesetz gäbe, doch zeigten alle Maßnahmen nur »geringe Wirksamkeit«. Ohder führt dies auf eine zu geringe »Betreuungskonstanz« zurück. Über die Familie hinaus bräuchten schwierige Kinder jemanden, der für sie zuständig sei. Doch was heißt schon »Betreuungskonstanz«? So, wie sie hierzulande verstanden wird, als zwar immer konstant bestehendes, aber auch bei schweren Fällen freiwilliges Angebot, reicht sie im Fall dauerhaft dissozialen und straffälligen Verhaltens von Jugendlichen nicht aus, solange keine verbindlichen Verpflichtungen mit entsprechenden Sanktionsmöglichkeiten vorhanden sind. Das lässt sich schon an ganz alltäglichen Fällen im Schulalltag beobachten.

Der Schüler, der seinen Mitschülern und uns, vor allem aber sich selbst ununterbrochen Probleme bereitete, war 15 Jahre alt, wirkte aber in seinem ganzen Verhalten und in seinem Aussehen um drei Jahre älter. Uns hatte dies anfänglich etwas irritiert, doch die Mutter beharrte darauf, dass er im angegebenen Jahr geboren war. Und zwar in Deutschland. Wir haben dies nie nachgeprüft. Auch eine Geburtsurkunde lag nie vor.

Als Angehöriger einer Roma-Familie mit alleinerziehender Mutter und mehreren jüngeren Geschwistern nahm der Junge informell die Vaterrolle in der Familie ein. Nach mehreren Gesprächen mit der Mutter konnten wir davon ausgehen, dass sie gar nicht erst den Versuch unternahm, auf ihren Sohn einzuwirken, sondern ihm freie Hand in der Gestaltung seiner Lebenssituation und des Tagesablaufs ließ. In dieser für ihn sehr prägenden Situation lag ein Teil seiner Probleme begründet. Er ließ sich nur schwer etwas sagen, wollte alles selbst bestimmen, ohne allerdings Wirkung und Tragweite seiner Absichten und Wünsche überblicken zu können. Hinzu kam, dass seine Fähigkeiten, einen einmal gefassten Entschluss in die Tat umzusetzen und dann auch zu Ende zu führen, deutlich begrenzt waren. Lust und Unlust bestimmten das Verhalten, und schon kleine Schwierigkeiten ließen eine anfängliche Motivation sehr schnell verschwinden. Der ständige Widerstand gegen vorgegebene Aufgaben war nicht nur für ihn selbst und seine Lernentwicklung problematisch, sondern wirkte provozierend und verunsichernd auf die anderen Schüler. Auf diese Weise wurde der Alltag zum Kampf. Seine Verhaltensweisen, die vor allem auf die unmittelbare Befriedigung momentanen Lustgewinns orientiert waren, brachten ihn in ständige Konfrontationen mit seinen Mitschülern. Unzählige, meist aus den Pausen mitgebrachte Konflikte waren zu klären. Er fühlte sich ebenso schnell angegriffen wie in seiner Ehre verletzt. Andererseits hatte seine tägliche Erfahrung als vermeintliches Familienoberhaupt durchaus sinnvolle Verhaltensansätze entstehen lassen. So war bei ihm deutlich eine fürsorgliche Neigung gegenüber jüngeren Kindern festzustellen, die einen idealen Anknüpfungspunkt ergab, an diesen Stärken anzusetzen und wenigstens kurzzeitig positives soziales Engagement zu initiieren.

Es ist sicher leicht vorstellbar, dass auch die Freizeit dieses Jungen nicht eben konfliktfrei verlief, und so waren wir nicht verwundert, als wir eines Tages von einem anhängigen Strafverfahren erfuhren, dass allerdings kurz darauf, wie üblich in diesen Fällen, ohne weitere Angabe von Gründen eingestellt wurde. Es war wohl nicht das erste. Genaueres erfuhren wir nicht, denn das verhindern hierzulande der Datenschutz und das Gesetz. Um Schlimmerem in der Zukunft vorzubeugen, verabredeten wir mit dem Jungen, im Zusammenwirken mit Jugendamt und Schulpsychologin, die Teilnahme an einer einjährigen sozialen Trainingsmaßnahme. Er erklärte seine Bereitschaft, mitzumachen, mündlich und schriftlich, gab das Versprechen

ab, sich zu bemühen und mit dem Trainer in engem Kontakt zu
bleiben. Wir waren voller Hoffnung. Doch wenn diese auch zuletzt stirbt – irgendwann ist sie eben tot. Es dauerte einige Zeit,
fing mit Entschuldigungen an, die anfangs noch telefonisch an
den Trainer der Maßnahme gerichtet waren. Dann blieben die
Entschuldigungen aus, bis letztlich allen klar war: Die Maßnahme war gescheitert.

Uns, die wir die Persönlichkeitsstruktur dieses Jungen kann-
ten, hätte von Beginn an klar sein müssen, dass daraus nichts
werden konnte. Die Maßnahme war auf Freiwilligkeit angelegt
und verlangte Fähigkeiten der Selbstregulierung und Selbstdisziplin, die er einfach noch nicht entwickelt hatte.

Dazu kam der von uns nicht kontrollierbare Einfluss seines
Freizeitumfelds, seines Freundeskreises, seiner Clique. Wenn sie
überhaupt von solchen Maßnahmen erfuhren, standen sie ihnen
ablehnend gegenüber. Was das bei einem selbstunsicheren, auf
äußerliche Dominanz und machohaftes Auftreten fixierten Jugendlichen bedeutet, sollte bei einiger Fantasie eigentlich vorher-
sehbar sein. Doch wir reagierten mit der gleichen Blauäugigkeit,
die vielen dieser Maßnahmen zugrunde liegt. Wenn bei einem
durchschnittlich schwierigen, aber doch noch zugänglichen
Schüler das freiwillige, selbstverantwortlich zu handhabende
Angebot nicht weiterhilft, wie sollte es bei den ganz harten Fällen
wirken?

Was machen wir mit all jenen, die sich durch gut gemeinte
präventive Angebote nicht beeinflussen lassen? Sie sind wenige, aber sie sind Kristallisationskerne, um die herum sich neue
Delinquenz bildet. So wirken sie mit ihrem Verhalten negativ
auf alle anderen. Zurzeit verdrängt die Gesellschaft immer noch
dieses Problem. Schon seit Jahren. Und produziert damit Täter
um Täter. Unfair gegenüber den Tätern, die ihren omnipotenten
Machtfantasien überlassen werden, und unfair gegenüber den
Opfern. Dieser harte Kern ist nicht vorgesehen im weichgespül-
ten Maßnahmenkatalog der Gutmenschen. So bringt eine kleine radikale Minderheit eine große Mehrheit sozialintegrativer

Jugendlicher in Verruf und führt den Rechtsstaat an der Nase herum.

Solange man auf die Exzesse von Intensivtätern keine andere Reaktion kennt als die immer wiederkehrende Bewährung, verbunden mit der Erwartung, das Fehlverhalten werde sich mit der Zeit schon auswachsen, wird keine Veränderung zu erwarten sein. Im Allgemeinen sind solche Maßnahmen sicher ausreichend. Aber eben nur im Allgemeinen. Hier haben wir es jedoch mit etwas Besonderem zu tun. Hier haben alle allgemeinen Erziehungsmittel längst versagt. Hier ist die Prognose extrem ungünstig. Hier ist der unendliche Veränderungsoptimismus auf Grundlage der Freiwilligkeit, der die Gutmenschenideologie bestimmt, an seine Grenzen gekommen. Hier käme es darauf an, individuelle, unorthodoxe Maßnahmen zu entwickeln, die wirkungsvoll, aber nicht immer mit dem freiwilligkeitsorientierten Mainstream kompatibel sind.

Doch was es im ideologisierten Politikbetrieb heißt, eine eigene Meinung zu haben, die der favorisierten Freiwilligkeitsideologie entgegensteht, und dann auch noch Verbesserungen aufgrund langjähriger Erfahrungen anregen zu wollen, musste der Leiter der Intensivtäterabteilung in Berlin, Oberstaatsanwalt Roman Reusch erfahren. In einem *Spiegel*-Streitgespräch mit dem Hamburger Strafrechtsprofessor B.-R. Sonnen plädierte er schon im Jahr 2007 für spürbare Konsequenzen bei Intensivtätern: »Freizeitarbeit, Ermahnungsgespräche, Betreuungsweisung, soziale Trainingskurse, das alles perlt an denen ab. Selbst Verhandlungen vor Gericht lassen sie in gelangweilt-belästigter Attitüde über sich ergehen. Erst wenn sie mal im Knast saßen, bessern sie sich in der Regel ... ich bin dafür: Sobald sich ein Knabe in die falsche Richtung entwickelt, muss er eine Konsequenz verspüren, die ihm weh tut, und Knast tut weh. Wir machen damit gute Erfahrungen. Die, die einmal in Untersuchungshaft gesessen haben, machen nicht mehr den dicken Max. Diese Jungs sind sehr viel vorsichtiger, wenn sie wieder rauskommen.«

Reuschs Vorschlag war nicht aus der Luft gegriffen. Dreieinhalb Jahre hatten die Ermittler der Spezialabteilung der Staatsan-

waltschaft die Entwicklung jugendlicher Intensivtäter verfolgt
und in einer Statistik festgestellt, dass jeder Zweite von ihnen
nach einer Haftstrafe nicht mehr rückfällig wurde. Das galt als
beispielhafter Erfolg. Dabei war dem Oberstaatsanwalt offensichtlich durchaus bewusst, dass das einfache Wegsperren keine
Lösung darstellt. So forderte er zudem:»Wir müssten zum Beispiel die psychologische Betreuung ausbauen. Viele (jugendliche
Straftäter) müssen erst mal Grundlagen erlernen. Es geht nicht
um Resozialisierung, sondern um eine Erstsozialisierung.«

Eine derartige Zustandsbeschreibung dürfte grundlegend für
die Situation im Jugendstrafvollzug sein. Das Fehlen elementarer
sozialer Kompetenzen und damit die Unfähigkeit, vorhandene
Regeln und Normen handlungsmäßig umzusetzen, kennzeichnet einen Großteil der jugendlichen Strafgefangenen. So wurden
im Jugendstrafvollzug in Schleswig-Holstein anlässlich einer
Untersuchung 2004 bei rund 81 Prozent der Insassen Störungen
im Sozialverhalten diagnostiziert. 77 Prozent wiesen darüber hinaus eine Persönlichkeitsstörung auf.

Dass solche Defizite weder durch härtere und längere Gefängnisaufenthalte noch durch eine vor allem mit frommen
Wünschen begleitete Bewährungsstrafe aufgearbeitet werden
können, sollte eigentlich dem Dümmsten klar sein. Irgendwel-
che Bewährungsauflagen freiwillig zu erfüllen – das übersteigt
die sozialen Fähigkeiten dieser Jugendlichen.

Nur unter kontrollierten pädagogischen Bedingungen haben
diese jungen verwahrlosten Täter eine kleine Chance auf Besserung. So ist es nicht der verbreitete Ruf konservativer Hardliner
nach»Wegsperren«, der mit einem»Warnschussarrest« befriedigt wird, sondern es soll ein sozialer Lernprozess initiiert werden, der dann allerdings – und dies wurde in der öffentlichen
Diskussion leider nicht deutlich – unter verbindlichen Auflagen
fortgeführt werden müsste. So verstanden bekommt eine solche
Maßnahme auch einen präventiven Sinn – und zwar, das ist hierbei zu betonen, bei jenen Tätern, bei denen alle anderen Mittel
versagt haben.

Derartige Überlegungen fechten die Ideologen in der Politik nicht an.

Die Verantwortlichen in der Berliner Justiz unter der Amtsführung der SPD-Senatorin Gisela von der Aue reagierten prompt auf das Interview und kündigten die Prüfung disziplinarischer Konsequenzen an. Das vorherrschende scheinliberale Meinungskartell ließ sich durch die Verärgerung von Reuschs Kollegen nicht zurückhalten, die, so ein Jugendrichter, fassungslos seien, »dass einem Staatsanwalt nach einem genehmigten Interview dienst- oder sogar strafrechtliche Konsequenzen angedroht wurden – nur weil der Senatorin die Wahrheit nicht passt«. Es blieb nicht bei der Drohung. Es folgten eine Rüge und ein Disziplinarverfahren und ein knappes Jahr später die Versetzung in eine andere Abteilung. Teilnehmer meines Mediationsseminars und andere Kollegen, die Erfahrungen mit den entsprechenden Schülern hatten, äußerten sich empört über derartige obrigkeitsstaatliche Ignoranz. Eine Politik, die das Aussprechen missliebiger Wahrheiten bestraft, wurde als wenig überzeugend und vertrauenswürdig angesehen.

Letztlich hat sich dann die Wirklichkeit doch als wirkungsmächtiger erwiesen. Im Frühjahr 2012 wurde der »Warnschussarrest« aufgrund einer Länderinitiative bundesweit eingeführt. Allerdings wird er sich wohl nur dann als erfolgreiche Maßnahme erweisen, wenn er durch die zusätzlichen sozialpädagogischen Maßnahmen, die Staatsanwalt Reusch als nötig erachtete, ergänzt wird. Das aber kostet Geld und erfordert das Zusammendenken beider Ansätze: Prävention und Repression.

Dass die Chancen hierfür nicht gut stehen, zeigte eine erneute Untersuchung 2012 über die Haftverläufe und Bewährungschancen jugendlicher Intensivtäter in Berlin anlässlich der unbefriedigenden Rückfallquote. So wird vor allem kritisiert, dass die betreffenden staatlichen Stellen nicht aufeinander abgestimmt seien und positive Entwicklungen während der Haft durch ein unzureichendes Betreuungsangebot gerade während des Übergangs in die Freiheit gefährdet seien.

Aber es geht auch anders. Das beweist eine Studie von Tübinger und Marburger Wissenschaftlern im Auftrag des Justizministeriums über den hessischen Jugendstrafvollzug, von der die *Frankfurter Neue Presse* im Juli 2015 berichtet. Dort wird bestätigt, dass Erziehungs- und Qualifizierungsmaßnahmen, die in den Strafvollzug eingebunden sind, die Rückfallquoten bei schweren Straftaten erheblich sinken lassen.

Die ganzen Erkenntnisse bringen allerdings wenig, wenn man zu Beginn der kriminellen Karriere viel Zeit verstreichen lässt und in der Praxis weiterhin so verfährt wie es schon seit Jahren der Fall ist.

In einer Nacht im Januar 2016 wurden in Berlin zwei Jugendliche festgenommen. Sie hatten sich der Kontrolle ihres Pkws durch die Flucht entzogen. Bei der anschließenden Verfolgungsjagd besprühte der Beifahrer den nachfolgenden Polizeiwagen mit einem Feuerlöscher, um ihm die Sicht zu nehmen. Nach Überfahren mehrerer roter Ampeln mit ausgeschalteten Scheinwerfern endete der Fluchtversuch an einem Laternenpfahl. In dem Wagen, der mit gestohlenen Kennzeichen unterwegs war, wurde Diebeswerkzeug gefunden, was die Polizisten allerdings nicht besonders verwundert haben mochte. Bei den beiden 16- und 17-Jährigen handelte es sich um alte Bekannte, die als Intensivtäter geführt wurden. Gründe genug, jetzt einen Schlussstrich zu ziehen. Doch nach dem Überprüfen der Personalien kamen sie zurück in die Obhut ihrer Eltern zurück, einer stadtbekannten kriminellen Großfamilie.

11. WENN POLITIK AUF WIRKLICHKEIT TRIFFT

Wie schwer es ist, veränderte Sichtweisen gegen ideologische Verblendung durchzusetzen, zeigte sich an der öffentlichen Diskussion um eine geschlossene Heimunterbringung krimineller

Kinder und Jugendlicher, die man im Berliner *Tagesspiegel* im Sommer 2010 verfolgen konnte.

1998 im Gefolge nicht strafmündiger »Klaukinder« diskutiert, wurde das Thema von den Jugendrichtern Kirsten Heisig und Günter Räcke 2006 aufgegriffen. Angesichts der wiederholten Straffälligkeit von Kindern und Jugendlichen aus Problemfamilien des arabisch-kurdischen Drogenmilieus plädierten sie für geschlossene Heime, um die minderjährigen Straftäter verbindlich dem Einfluss ihrer kriminellen Familien zu entziehen. Da Berlin nur offene Einrichtungen für solche Fälle bereithalte, sei eine kontinuierliche Betreuung nicht möglich. Es gebe letztlich keine Möglichkeit, die Kinder gegen ihren Willen in den Einrichtungen zu halten. Was auf das Weglaufen folge, sei lediglich eine Vermisstenanzeige. Bis sich der Kreislauf wiederhole.

Der Vorschlag für eine geschlossene Einrichtung hatte wenig Chancen auf Umsetzung. So ließ der Rechtspolitiker der SPD Fritz Felgentreu verlauten, solche Heime würden nicht »funktionieren«. Auch die SPD-Justizsenatorin Gisela von der Aue sah dafür »keine Notwendigkeit«, das »Jugendstrafrecht sei hinreichend«. Doch hatte sich sogar schon in der Berliner SPD ein kritischer Gedanke eingeschlichen. Wie so oft kam er aus dem durch Jugendkriminalität besonders gebeutelten Berliner Bezirk Neukölln. SPD-Stadtrat Wolfgang Schimmang beurteilte die Absage der Justizsenatorin kritisch. Wer dagegen sei, müsse auch sagen, was er mit problematischen Jugendlichen stattdessen machen wolle, denn da gebe es bisher keine zufriedenstellenden Antworten.

Vier Jahre und viele Problemfälle später blieb die Antwort immer noch aus. Die Jugendrichterin Kirsten Heisig hatte inzwischen ihr Buch *Das Ende der Geduld* veröffentlicht, in dem die Problematik ausführlich dargestellt wurde, als der Fall eines angeblich elfjährigen arabischen Drogendealers die Diskussion erneut anfachte. Obwohl der Junge elfmal hintereinander von der Polizei aufgegriffen und in eine Jugendeinrichtung gebracht worden war, aus der er sich in schöner Regelmäßigkeit dann schnellstens wieder verabschiedete, zeigte sich die Justizsenatorin erkenntnisresistent.

»Wir brauchen keine Mauern, sondern intensive Betreuung, die überzeugend wirkt«, ließ sie verlauten. Wie diese Überzeugung auszusehen habe, blieb im Unklaren. Ihre Parteikollegin Sandra Scheeres, damalige jugendpolitische Sprecherin der SPD und heutige Bildungssenatorin, wagte sich einen Schritt weiter in die Absurdität. Zwar sei am offenen System festzuhalten, denn Wegsperren sei keine Lösung: »Allerdings müssten die Betreuungseinrichtungen mit Sanktionen arbeiten, damit Kinder nicht in ihr altes Milieu zurücklaufen könnten.«

Offensichtlich hielt sie jenen pädagogischen Wunderschlüssel in der Hand, von dem alle träumten. Sanktionen, die das Weglaufen aus einer freiwilligen Einrichtung verhindern. Wie das? Alle, die gespannt waren, wurden enttäuscht. Sandra Scheeres verriet ihr Geheimnis nicht. Stattdessen machte ihre Koalitionskollegin von der Linken, Margit Barth, deutlich, wo der Fehler liege: Sie kritisierte die praktische Arbeit der Einrichtungen. »Der Senat stellt viel Geld bereit. Ich habe Zweifel, ob die Arbeit dann entsprechend ist.«

Ja, natürlich. Im Zweifel sind die Mitarbeiter schuld, dass der Wunderschlüssel nicht funktioniert.

Statt auf Unterbringung in einem geschlossenen Heim setze der Senat auf Brandenburger Heime, die zwar auch offen seien, aber so weit entfernt und abseits lägen, wie in der Uckermark, dass eine Flucht praktisch ausgeschlossen sei. Auch gebe es dort »strenge Regeln und Absprachen, an die sich jeder halten müsse«. Das war geschickt. Man entsorgte das Problem in ein anderes Bundesland, behielt ein gutmenschelndes Gewissen – die anderen hatten ja den Schwarzen Peter. Einzig der SPD-Innensenator Ehrhart Körting, der zwar nicht immer, aber schon des Öfteren durch realitätstaugliche Äußerungen in der Partei aufgefallen war, wagte einen Vorstoß für Heime, in denen straffällige Kinder und Jugendliche »nicht einfach kommen und gehen können, wie sie wollen«, blieb mit seinem Vorstoß jedoch isoliert.

Während diese Diskussion in der Öffentlichkeit ausgetragen wurde, wurde erneut ein 13-Jähriger beim Drogenhandel erwischt und von der Polizei in eine Jugendeinrichtung eingewiesen – und noch am Abend desselben Tages kam die Vermisstenanzeige. Unterdessen wurde der Elfjährige in die Uckermark verlegt – und lief wieder fort. Laut Heimleitung hatte er sich in einer Gruppe aus vier Kindern befunden, die von zwei Betreuern und einer Zusatzkraft, die ihm rund um die Uhr zur Seite gestellt war, beaufsichtigt wurde, als er verschwand. An der daraufhin eingeleiteten Suchaktion waren Landes- und Bundespolizei sowie ein Polizeihubschrauber beteiligt. Gefunden wurde der Junge im Zug nach Polen. Die Bahnmitarbeiter wüssten von dem Heim, so wurde gesagt, und hätten mittlerweile einen Blick für diese Kinder.

Einige Tage später nahm sich der damalige Regierende Bürgermeister Klaus Wowereit, sonst eher den Niederungen der Tagespolitik gegenüber abstinent, des Themas an und forderte »geschlossene Heime für schwer erziehbare und schwer kriminelle Kinder und Jugendliche«.

Lernresistent und stereotyp ihrer Ideologie treu blieben die Grünen, deren Berliner Fraktionschefin Ramona Popp meinte: »Eine verbindliche intensive Betreuung dieser Kinder ist wesentlich sinnvoller als ein Wegsperren.« Wolfgang Albers, stellvertretender Landesvorsitzender der Linken, ließ verlauten: »Wer glaubt, dass er die Kinder, die Opfer sind, wegschließt und damit das Problem löst, der irrt gewaltig. Solche Kinder müssten vielmehr aus ihren Milieus herausgelöst werden.« Auch der damalige Generalsekretär der FDP Christian Lindner sagte: »Hochgefährdete Kinder und Jugendliche brauchen Menschen statt Mauern.«

Es wäre müßig, die Diskussion noch weiter auszubreiten. Die Ablehnung verlor sich freischwebend in schöngeredeten Allgemeinplätzen. Bloß nicht in der Wirklichkeit landen und sich verbindlich festlegen müssen. Es ging dabei nicht um die betroffenen Kinder und Jugendlichen und die »notwendigen«

Maßnahmen. Über das, was nötig wäre, waren sich im Grunde alle weitgehend einig. Es ging vielmehr darum, krampfhaft zu vermeiden, einer Interventionspraxis zuzustimmen, die den eigenen ideologischen Festlegungen widersprach. Die Macht des Faktischen erwies sich dann jedoch auch hierbei letztlich als durchsetzungsstärker. Im Sommer 2011 wurde entschieden: Berlin bekommt ein geschlossenes Heim für die schweren Fälle. Damit hatte der Meinungsstreit aber noch kein Ende gefunden. Im Sommer 2013 gewann er nochmals an Aktualität. Misshandlungsvorwürfe gegen die Brandenburger Haasenburg-Heime führten zur vorsorglichen Schließung dieser Einrichtungen und zu Ermittlungen der Staatsanwaltschaft. Obwohl mehrere Verfahren eingestellt wurden, gab es bis 2015 noch keine abschließende Beurteilung der Vorwürfe, was die Linkspartei nicht daran hinderte, ihre alten Forderungen nach Abschaffung geschlossener Unterbringungen zu wiederholen.

Dem widersprach der ehemalige Präsident der Deutschen Gesellschaft für Kinder- und Jugendpsychiatrie Frank Häßler in einem Interview und machte darauf aufmerksam, dass den nur wenig mehr als 300 Plätzen geschlossener Einrichtungen in der Jugendhilfe etwa 750 Antragsverfahren jährlich gegenüberstünden. Weil die Verweildauer ein Jahr meist überschreite, erhöhe sich der Bedarf deutlich. Da diese Jugendlichen sich bisher allen pädagogischen Betreuungsmaßnahmen verweigert hätten, wäre für viele von ihnen ohne diese letzte Chance der Strafvollzug die nächste Station. Doch dieser gedanklichen Konsequenz weichen die Kritiker beharrlich aus.

Wie aktuell notwendig das Angebot solch einer »letzten Chance« ist, zeigen zuletzt die Probleme mit unbegleiteten minderjährigen Flüchtlingen. Sozialpädagogen berichten in der *Welt* vom März 2016 über marokkanische Jugendliche in einer süddeutschen Unterkunft, die mit Drogen gedealt, Wachleute verprügelt und Bürger bedroht haben. Es habe lange gedauert, bis die Polizei tätig geworden sei. Nachdem zwei ihrer Kumpane schließlich wegen Raubüberfällen verhaftet wurden, verließen die übrigen die Unterkunft und zogen in eine andere Stadt. Aufhalten konnte und durfte sie niemand.

Ähnliche Meldungen gab es auch aus Köln über nordafrikanische Intensivtäter (Nafri). Über 3400 Straftaten zählte die Polizei 2015, begangen zu 90 Prozent von jungen Männern, die sich als minderjährig ausgaben und somit den Schutzstatus »unbegleitete minderjährige Flüchtlinge« (umF), der erheblich höhere Hürden gegenüber repressiven Maßnahmen beinhaltet, beanspruchen konnten. Tatverdächtige dieser Personengruppe werden Jugendschutzeinrichtungen überstellt und sind dort nach wenigen Stunden wieder verschwunden. Offiziell zwar mit einer Meldeadresse versehen, lässt sich der aktuelle Aufenthalt bei den wenigsten feststellen. So ist das System der deutschen Jugendhilfe, ausgelegt für nur eine geringe Anzahl verwahrloster Kinder und Jugendlicher, durch diese Situation heillos überfordert.

Vergleichbare Probleme in Bremen, so ein ZDF-Beitrag vom 29. Februar 2016, haben dazu geführt, sich für eine geschlossene Einrichtung zu entscheiden, die zwanzig Jugendlichen Platz bieten und zusammen mit Hamburg betrieben werden soll. Bezugsfertig wird sie allerdings frühestens 2017 sein. Und auch dann erweist sich diese Planung als wenig zufriedenstellend, wenn man erfährt, dass rund 50 minderjährige Flüchtlinge, die für mehr als 500 »Antanzdiebstähle« verantwortlich gelten, als Intensivtäter geführt werden.

Da Diebstahl als Haftgrund nicht ausreicht – und eine Inhaftierung allein auch pädagogisch wenig sinnvoll wäre –, bleiben der Polizei kaum Interventionsmöglichkeiten: ein normenverdeutlichendes Gespräch, nach der Überprüfung wieder laufen lassen und auf den positiven Einfluss von Sozialarbeitern hoffen. Bewährungsstrafen, so klagt ein Jugendrichter, hätten keine erzieherische Wirkung bei dieser Klientel, was grüne Landespolitiker allerdings nicht davon abhält, erfahrungsresistent die gleichen Vorbehalte gegen eine geschlossene Heimunterbringung zu formulieren wie schon seit Jahren.

So schwanken die politischen Entscheidungen zu diesem Problem in den verschiedenen Bundesländern je nach parteipolitischer Zusammensetzung. Für die betroffenen Jugendlichen ein wenig überzeugendes Beispiel von Rechtssicherheit. Warum, könnten sie sich fragen, werden sie in einem Bundesland einer Maßnahme unterworfen, die in einem anderen abgelehnt wird? Doch wie wenig es um die Lebenswirklichkeit dieser jungen Menschen wirklich geht, zeigen die ideologischen Lagerkämpfe in den politischen Auseinandersetzungen der vergangenen Jahre.

II. IRRUNGEN UND WIRRUNGEN

Ein Mensch erkennt, und das ist wichtig:
Nichts ist ganz falsch und nichts ganz richtig.
Eugen Roth

12. IDEOLOGISCHE LAGERKÄMPFE

Es war eines jener Fortbildungsseminare, die seit Beginn des neuen Jahrtausends bei Pädagogen und Psychologen auf steigendes Interesse stießen. Angeboten von einem Gefängnispsychologen der Jugendstrafanstalt Hameln, in der schwerkriminelle Jugendliche einsaßen, sollten hierbei die Grundlagen einer Methode vermittelt werden, von der man sich mehr Wirksamkeit versprach. Die Fallzahlen von Jugendgewalt stiegen an, und man stand dieser Entwicklung relativ hilflos gegenüber. Es ging um die sogenannte konfrontative Pädagogik, die man in Hameln praktizierte und die als Methode des »heißen Stuhls« bekannt geworden war. Dabei wird der jugendliche Straftäter von den anderen Mitgliedern der Therapiegruppe mit seiner Tat und seinem Verhalten konfrontiert, ohne mit seinen gewohnten Rechtfertigungs- oder Verteidigungsstrategien gegenhalten zu können. Dies geschieht zwar unter der kontrollierenden Anwesenheit des Therapeuten, doch lässt sich erahnen, dass die entsprechende Zielgruppe nicht gerade zartfühlend miteinander umgeht. Es zeigte sich dann auch, dass bei der handfesten Demonstration dieser Methode das anfängliche Interesse vieler der anwesenden Pädagogen und Psychologen sich zunehmend in Ablehnung wandelte. Solche Vorgehensweisen waren mit ihrem liberalen Selbstverständnis nicht vereinbar und deshalb für sie nicht praktikabel.

Dabei bezog sich die Ablehnung weniger auf den Erfolg der dargestellten Methode. Was war dagegen schon einzuwenden? Der junge Strafgefangene, der dem Dozenten assistierte, war der wandelnde Beweis für eine erfolgreiche Sozialisierung. Vielmehr wurden solche Vorgehensweisen als unvereinbar mit der vorherrschenden liberalen Praxis angesehen. Einige Jahre später hat man mit der Einrichtung der Intensivtäterkartei und der Haftvermeidungsanstalten begonnen, sich der Realität vorsichtig zu stellen, war damit aber noch längst nicht in ihr angekommen. Äußerungen wie die der grünen Jugendstadträtin von Friedrichshain-Kreuzberg, die in den Thesen der Jugendrichterin Kirsten Heisig nur »absolute Hilflosigkeit« sah, zeigten, dass man nach wie vor dazu tendierte, sich in die Tasche zu lügen. Der Streit um die »richtige« Vorgehensweise blieb aktuell und verhinderte oft effektive, am konkreten Bedarf orientierte unorthodoxe Maßnahmen.

Eine beliebte Methode in dieser Auseinandersetzung besteht darin, von Experten zu sprechen, um vorsorglich möglichen Kritikern den Wind aus den Segeln zu nehmen. Etwa so: »Das Bundeskabinett hat vor Kurzem beschlossen, einen ›Warnschussarrest‹ einzuführen. Dann könnten Richter jugendliche Straftäter zusätzlich zu einer Bewährungsstrafe vier Wochen hinter Gitter schicken. Experten bezweifeln, dass der erwünschte Effekt eintritt.«

»Nach Meinung von Experten …« Hinter solch einem Satz vermutet man Sachkenntnis. Kein Mensch fragt nach, worauf sich das Expertentum begründet. Wer auch immer sie sein mögen, was auch immer sie vertreten, ob sie eine Minderheit in ihrem Fachgebiet sind oder die Verkörperung des Mainstreams – wird von »Experten« geredet, ist der Glaubwürdigkeitsfaktor um etliches erhöht.

Auch mit der manipulativen Darstellung von Statistiken wird gern gearbeitet, um die Probleme zu verschleiern. Dazu muss man gar nicht das alte Bonmot Churchills bemühen, nach der er nur der Statistik glaube, die er selbst gefälscht habe. Man muss nicht einmal fälschen. Es genügt, absolute und relative Zahlen gegeneinanderzustellen und ein paar Daten wegzulassen. Die Verwirrung ist schnell perfekt.

Oder man spielt mit Begrifflichkeiten. So ist auf der Grundlage der jährlichen Berliner Kriminalstatistik zu hören, dass seit 2008 ein anhaltend rückläufiger Trend in der Jugendkriminalität zu verzeichnen sei. Eine gute Nachricht, die optimistisch stimmt und deshalb gern in entsprechenden Diskussionen und Verlautbarungen verbreitet wird. Weniger gern wird dagegen zugegeben, dass die Jugendgruppengewalt, also gemeinsam begangene Straftaten, deutlich zugenommen hat.

Es liegt auf der Hand: Weder solche Verschleierungstaktiken noch eine wirklichkeitsferne Entweder-oder-Haltung helfen den betroffenen Kindern und Jugendlichen. Gerade das Gegenteil wäre vonnöten: eine kompromisslose Darstellung der Tatsachen und, je nach individueller Problemstellung, mehrdimensionale, unideologische Lösungsangebote für eine erfolgreiche Problembehandlung.

Das ist keineswegs ein neuer Gedanke. Schon 1990 wurde im *Gutachten der Unabhängigen Regierungskommission zur Verhinderung und Bekämpfung von Gewalt* festgestellt:»Nur solche Strategien, die Prävention und Repression verbinden und die Grenzen von Ressorts und Disziplinen überschreiten, haben Aussicht, erfolgreich der Gewaltdelinquenz zu begegnen.« Eine kluge Erkenntnis, die aber seither von den meisten Protagonisten, egal welcher politischen Couleur, konsequent ignoriert wurde.

Die Traditionalisten wollen ihre Stammtische nicht verschrecken. Angesichts der zunehmend erodierenden konservativen Ideologie, die die Veränderungen in der Welt nicht mehr erklären kann, sollen wenigstens einige lieb gewonnene Grundüberzeugungen überleben. Gut und Böse sollen eindeutig getrennt bleiben und gelten sowieso als im Charakter festgelegt. Da helfen, wenn überhaupt etwas hilft, nur harte Strafen. Vor allem wird damit der Sühnegedanke befriedigt.

In der linksliberalen Tradition gelten dagegen Vorstellungen von Disziplin, Regeln, Ritualen, Anpassung, Werten als nicht vereinbar mit einer freiheitlichen Erziehung und unterliegen sofort dem Verdacht einer rückständigen Gesellschaftauffassung, die in der modernen, auf Selbstverantwortung ausgerichteten Welt keinen Platz mehr hat. Jeglicher Versuch, die positiven Inhalte solcher Vorstellungen in einem freiheitlichen Sinne weiterzuentwickeln, gilt als verdächtig.

Noch die gesamte Nachkriegszeit war großenteils bestimmt vom Leitbild einer Schwarzen Pädagogik, das sich an Disziplin, Hierarchie und Unterordnung orientierte – Kategorien, die bruchlos aus den autoritären Regimen der Vergangenheit, der Kaiserzeit und des Nationalsozialismus, übernommen wurden.

Der Effekt wurde verstärkt durch die personelle Kontinuität des pädagogischen Personals, das durch Ausbildung und Berufserfahrung an vordemokratischen, traditionellen Vorbildern orientiert war und modernen, freiheitlichen Ideen wenig aufgeschlossen gegenüberstand. Das zeigte sich in vielen Alltagssituationen. In meiner eigenen Schulzeit war es üblich, dass der Lehrer für Unaufmerksamkeit schmerzhafte Kopfnüsse verteilte, deren mögliche Spuren, unter dem Haarschopf platziert, für andere unsichtbar blieben. Auch wurde jede individuelle Regung mit großem Aufwand unterdrückt.

Ich erinnere mich noch, wie wir als Jugendliche Anfang der Sechzigerjahre Ärger in der Schule bekamen. Wir, das war eine Handvoll Pennäler der zehnten Abschlussklasse einer Berliner Realschule, die sich neue Vorbilder auserkoren hatten: vier junge Leute aus Liverpool, die angetreten waren, das musikalische Establishment aufzumöbeln, die eine andere Musik machten, als wir sie aus den »Schlagern der Woche« gewohnt waren, wo Minas *Heißer Sand* oder Freddys *Heimweh* schon das Nonplusultra jugendlicher Freiheitssehnsüchte ausdrückte. Was uns aber am meisten faszinierte, waren diese vorn in die Stirn fallenden längeren Haare, Pilzköpfe, und so kämmten wir uns in einer Anwandlung überbordender Individualität unsere kurzen Haare zu einer Beatle-Frisur. Die Wirkung unserer Haartracht-Rebellion war immens. Beginnend mit einer Ansprache des Klassenlehrers, zur persönlichen Vorsprache beim Rektor bestellt, die betroffenen Kollegen zur Klassenkonferenz geladen, Eintrag ins Klassenbuch und letztendlich die Vorladung der Eltern mit dem Hinweis, das unbotmäßige Verhalten ihrer Sprösslinge in Zukunft zu unterbinden. So endete die Aktion mit unserer Niederlage. Der Kamm trat in Aktion. Der ungeheuerliche Versuch, das

Bild der öffentlichen Ordnung durch eine Ponyfrisur zu stören, war abgewehrt.

Man muss sich diese Zustände vergegenwärtigen, bevor man heute leichtfertig jede vernünftige Regel als Schwarze Pädagogik diskreditiert. Was damals Alltag war, ist heute unvorstellbar, aber es brauchte Zeit und eine veränderte gesellschaftliche Atmosphäre, bis sich neue pädagogische Ideen durchsetzen konnten. Das selbstbestimmte Individuum wurde zum Ideal. Es sollte frei von staatlichen und gesellschaftlichen Zwängen seine Bedürfnisse ausleben. Die Einstellung der Gesellschaft zu delinquentem Verhalten änderte sich. Die Verantwortlichkeit des Täters wurde ersetzt durch die Verantwortlichkeit der Gesellschaft. Die Gesellschaft und die Verhältnisse waren schuld, dass die Menschen sich delinquent verhielten oder kriminell wurden. Gewalt wurde sozialen Faktoren zugeschrieben: Arbeitslosigkeit, Armut, Perspektivlosigkeit und im speziellen Fall von Kindern und Jugendlichen den familiären Erfahrungen, den bestehenden Schulformen und den Leistungsanforderungen des Unterrichts. Der Täter wurde zum Opfer der Verhältnisse, und diese galten als Entschuldigung für jegliches Verhalten.

Anordnungen und Gesetze wurden nicht mehr widerspruchslos hingenommen, sondern hinterfragt. Die Frage nach der Legitimation gesellschaftlicher und staatlicher Einschränkungen rückte in den Vordergrund: Warum eigentlich so? Muss das immer so sein? Ist das wirklich demokratisch? Anordnungen und Handlungen mussten begründet werden, und wehe, die Begründung war nicht hieb- und stichfest. Damit verband sich immer häufiger die Frage: Was habe ich davon? Was bringt mir das für Vorteile? So kam es zu der widersprüchlichen Erscheinung, dass eine Bewegung, die das Soziale der Gesellschaft betonte, gleichzeitig individualisiertes, egoistisches, gegen die Gesellschaft gerichtetes Verhalten förderte.

Pädagogisch gewann die antiautoritäre Erziehung zunehmend Einfluss im westlichen Kulturkreis. In Deutschland war man dafür besonders empfänglich, ermöglichte sie doch eine Alternative zu den obrigkeitsstaatlich-autoritären Erziehungsvorstellungen, die aus den besonderen geschichtlichen Bedingungen erwachsen waren.

In der Kinderladenbewegung, die auf der Grundlage der antiautoritären Bewegung entstand, wurde diese Situation am deutlichsten sichtbar. Vom Anspruch her auf Selbstbestimmung und selbstgesteuertes Lernen gerichtet, war der praktische Umgang zwischen Erziehern und Kindern durch relative Regellosigkeit gekennzeichnet. Das unmittelbare Bedürfnis des Kindes und seine Befriedigung wurden zum Maßstab des Verhaltens. Es galt, die Kinder vor Frustrationen zu schützen, die eine entfremdete Gesellschaft durch ihre Verhaltensanforderungen bei ihnen bewirkte.

Parallel mit diesen Entwicklungen ging eine zunehmende Erziehungsunwilligkeit einher, die sich in vielen Fällen bis zur Erziehungsunfähigkeit steigerte. Mit dem Verschwinden gewalttätiger und unterdrückender Erziehungsmethoden schien der Kompass für eine selbstverständliche Wertevermittlung verloren gegangen zu sein.

Der grundsätzlich richtige Gedanke, sinnentleerte Floskeln und Verhaltensweisen auf ihre Bedeutung oder ihren Unterdrückungscharakter hin zu überprüfen, entfaltete eine eigene Dynamik. Es blieb nicht bei der Ablehnung negativer Regeln und Rituale. Immer mehr sinnvolle und durchaus positiv zu bewertende Verhaltensweisen wurden kritisiert und abgelehnt. Gesellschaftskritische Motive im Verbund mit pubertärem Verweigerungsverhalten junger Menschen standen den traditionellen Verhaltensformen gegenüber und boten sich als Maßstab für andere, neue Werte und Inhalte an. Es ging so weit, dass von manchen Selbstbestimmungsapologeten versucht wurde und immer noch wird, das Verhalten junger Menschen zum normgebenden Vorbild in der Gesellschaft zu stilisieren.

Schon die Jüngsten wurden mit Entscheidungsfragen konfrontiert, für deren Beantwortung sie weder die psychische

Entwicklungsreife noch die notwendigen Kenntnisse besaßen.

In den Familien schlug sich dies in einem partnerschaftlichen Umgangston und Erziehungsstil nieder, hinter dem sich oft nur die Unsicherheit der Erwachsenen über das richtige Verhalten verbarg.

Mit den Theorien der Selbstständigkeit und Selbstverantwortung veränderte sich auch das Verhältnis des Staates zu seinen Bürgern. Durch die aktive Gestaltung des eigenen Lebens wurde das Vorbild des mündigen Bürgers zum Ideal und die Hilfe zur Selbsthilfe Leitbild des Handelns. Die zu Beginn der Neunzigerjahre entwickelte Konzeption der lebensweltorientierten sozialen Arbeit lehnte die Orientierung an allgemeinen Normen als Sozialdisziplinierung ab. Da aufgrund einer ungewissen Zukunft und unbestimmbarer gesellschaftlicher Entwicklungen vielfältige Lebensentwürfe denkbar seien, müsse auch das Realisieren einer Vielzahl von Lebensentwürfen möglich sein. Jeder habe die Freiheit, über die Gestaltung und die Ziele seines Lebens selbst zu bestimmen.

Das Prinzip der Freiwilligkeit wurde leitend. Aufgrund der Akzeptanz unterschiedlicher Lebensentwürfe wurden nicht nur Erwachsene, sondern auch Kinder und Jugendliche als »Experten ihres Lebens« betrachtet. Dem entsprach die Option, freiwillig zu entscheiden, ob Unterstützungs- oder andere Hilfsangebote angenommen oder abgelehnt werden. Reifephasen, die durchschritten werden müssen, um überhaupt die Voraussetzungen für eine verantwortliche Entscheidungsfähigkeit zu schaffen, wurden schlichtweg geleugnet oder ignoriert.

Mit der üblichen Verzögerung gewannen diese Denkmuster Einfluss auf staatliche Institutionen der Bildung und Fürsorge. Sozialarbeit, aber auch Schule und Unterricht wurden, differenziert nach der jeweiligen politischen Ausrichtung der Bundesländer, im Sinne dieser Leitbilder geprägt.

Vor allem junge Menschen waren mit der Zuweisung von Selbstständigkeit und Selbstbestimmung häufig überfordert. Mit dem Leugnen von Entwicklungsphasen und dem Verzicht,

Richtung und Grenzen des Verhaltens dem Alter entsprechend vorzugeben, verlor die Welt der Erwachsenen zunehmend ihre Leitbildfunktion.

Die libertären Einflüsse, verbunden mit den zunehmend komplexer werdenden gesellschaftlichen Zusammenhängen, verstärkten den Verlust nicht nur elterlicher, sondern besonders auch institutioneller Autorität.

Die folgenden Jahrzehnte nach der Wiedervereinigung brachten eine seltsame Mischung gegensätzlicher gesellschaftlicher Konzeptionen hervor. Der Konkurrenz- und Leistungsgedanke wurde zum Leitbild der Freiheit. Alles wurde »befreit«. Nicht nur die Wirtschaft von ihren Fesseln, vor allem durch die Einschränkungen sozialer Standards, sondern auch der gesellschaftliche Alltag. Bindungen, Verpflichtungen, soziale Verantwortung – alles war nun Schnee von gestern. Befeuert durch den Wegfall der Systemkonkurrenz infolge des Zusammenbruchs der kommunistischen Regime, wurde die Liberalisierung grenzenlos.

Insbesondere der emanzipatorische Gehalt des Selbstverwirklichungsanspruchs, der in der Achtundsechziger-Generation noch mit dem Anspruch an eine soziale Gesellschaft verbunden war, bekam zunehmend egoistische Züge. Freiheit bedeutete fortan, seinen Egoismus grenzenlos auszuleben. Die unmittelbare Befriedigung der Bedürfnisse war das Ziel, das in Medien und Jugendkultur proklamiert wurde und dem sich alles unterzuordnen hatte. Spaß haben, und das möglichst anstrengungslos, wurde zur Devise.

Neben dem akzeptierenden Konzept der Lebensweltorientierung in der sozialen Arbeit ist die Hinwendung zu systemischen Beratungsansätzen in der Pädagogik theoretischer Ausdruck eines veränderten Denkens. Man geht, vereinfacht gesagt, davon aus, dass eine Veränderung der sozialen Beziehungen auch ein verändertes Verhalten des Individuums bewirke. Diese Sichtweise macht eine veränderte Bewertung des Verhaltens möglich, hilft, dieses Verhalten zu verstehen, und ermöglicht Lösungen, die an den vorhandenen Fähigkeiten orientiert sind. Ein faszinierender Gedanke, der hilfreich für die Praxis ist. Verändere ich die Anforderungen, kann ehemals problematisches Verhalten in einem anderen Kontext verstanden werden und so seinen Problemgehalt verlieren. Nicht das Problem des Individuums steht fortan mehr im Fokus, sondern der Blick wird frei für die Stärken und Ressourcen, die ein junger Mensch mitbringt und die nun eine selbstbestimmte Problemlösung ermöglichen. Pädagogik verzichtet unter dieser Perspektive auf verhaltenssteuernde Interventionen, strukturiert das Umfeld neu und ermöglicht weitgehend selbstbestimmte Entwicklungswege. Durch diese Sichtweise wird gleichzeitig das Bild eines autonomen, selbstverantwortlichen Individuums betont, das in freier Entscheidung die richtige Lösung der anstehenden Probleme findet.

Durchaus hilfreich im Umgang mit alltäglichen Erziehungsproblemen, stellt sich die Frage, ob dieser auf Selbstständigkeit hin orientierte Lösungsoptimismus für alle Problemdimensionen tragfähig ist, denn Defizite des Individuums werden in dieser Sichtweise nicht thematisiert, und eine Verbesserung der individuellen Fähigkeiten wird weder unterstützt noch gefördert. Bernd Ahrbeck, Professor für Rehabilitationswissenschaft, fasst die Kritik an dieser »Lösungsorientierung« in seinem Werk *Kinder brauchen Erziehung* zusammen: »Niemand ist (in dieser Sichtweise) Opfer innerer und äußerer Umstände. Es liegt an jedem Einzelnen, wie er seine Wirklichkeit interpretiert, und auch, wie er das verarbeitet, was an ihn herangetragen wird. Etwas nicht zu können gibt es ganz offensichtlich nicht – keine ausweglosen Verstrickungen, kein hilfloses Ausgeliefertsein an äußere Abhängigkeiten, keine Ohnmacht gegenüber inneren Zwängen. Bemerkenswert ist dabei, dass sich die systemische Pädagogik bei Weitem nicht nur mit relativ harmlosen Alltagsproblemen beschäftigt. Auch verhaltensgestörte Kinder und Jugendliche, bekanntermaßen psychosozial oft schwer beeinträchtigt, sind der Gegenstand ihrer Bemühungen.«

Solche Vorbehalte haben auf den Zeitgeist der Vielfältigkeit und des »anything goes« wenig Wirkung. Statt nach einer sinn-

vollen, für die Praxis realisierbaren Synthese selbstbestimmter
ebenso wie verpflichtender Vorgehensweisen zu suchen, haben
sich die politischen Richtungsentscheidungen bis heute meist
einseitig ausgerichtet. Dass dies viele Lebensentwürfe hervorbringt, die nicht den gesellschaftlichen Anforderungen und Notwendigkeiten entsprechen, ist naheliegend.

Die Beliebigkeit sozialer Regeln und Leitbilder, das anstrengungslose Erfolgsversprechen bei gleichzeitig frustrierender sozialer Perspektivlosigkeit und die gesellschaftliche Weigerung,
eine verbindliche Orientierung von Normen und Werten vorzugeben, gehen eine verhängnisvolle Koalition ein. Die soziale
Verwahrlosung im öffentlichen Raum nimmt zu, während positive Verhaltensbeispiele für junge Menschen an Attraktivität
verlieren.

13. GUT GEMEINT IST NOCH LANGE NICHT GUT GEMACHT

Die Bildungspolitik reagierte auf die veränderte Situation vor
allem aufgrund der schlechten Ergebnisse der internationalen
Schulstudien. Obwohl schon der PISA-Bericht des Jahres 2000
einen engen Zusammenhang zwischen Sozialverhalten und Lernen feststellte und nachlassende Erfolge mit störenden, dissozialen und aggressiven Verhaltensweisen in Verbindung brachte,
richtete sich der Blick der verantwortlichen Politiker in der Folge
hauptsächlich auf die fachliche Förderung. Durch eine Unzahl
mehr oder minder durchdachter Reformen, die vielfach »offene«, auf Selbstständigkeit gerichtete Lernprozesse propagierten,
ohne die dafür notwendigen Voraussetzungen zu bedenken,
sollten die Unterrichtsbedingungen verbessert werden.

Verbunden mit der Freiwilligkeitseuphorie in der Erziehung
wurde in den Schulen jahrelang der offene Unterricht favorisiert.

Eigenaktivität statt Vorgaben der Lehrer, anknüpfend an den Interessen der Schüler. Nur wer an einem Lernstoff Interesse zeige, werde sich die Inhalte auch gut aneignen, und, so die Überzeugung: Kinder wollen lernen. Sie würden nur durch einen lebensfernen Unterricht und durch lehrerzentrierte Unterrichtsformen davon abgehalten.

Spaß am und Selbstbestimmung beim Lernen traten in den Vordergrund. Die anstrengungslose Aneignung des Lernstoffs wurde zur obersten Handlungsmaxime. Machte etwas keinen Spaß mehr, wurde nicht gelernt. Die Lehrkraft hatte sich zurückzuhalten, war nur noch als Moderator für die Bereitstellung der geeigneten Materialien zuständig. Den Lernprozess vollzögen die Schüler schon selbst, ganz im Sinne der Selbstbestimmungsillusion, wonach sie selbst am besten wüssten, was gut für sie sei.

Tatsache aber ist, dass in unseren Schulen sich die Kinder häufen, die entweder nicht die psychische Reife mitbringen oder nicht so erzogen wurden, dass sie intellektuell und mental in der Lage wären, diesen Unterrichtsanforderungen zu entsprechen. Womit ein weiterer Punkt angesprochen wäre: Ohne ein Mindestmaß an Grundlagen, die durch die Entwicklung der Psyche und durch Erziehung in der Familie gelegt werden, kann kein erfolgreicher Unterricht stattfinden. Das gilt für jede Form von Schule, unabhängig von ihrer jeweiligen Struktur, und das gilt für jede Form von Unterricht, ganz besonders aber für dessen offene Formen, die unter der Annahme intrinsischer Lernmotivation ein hohes Maß an Eigenaktivität bei den Schülern voraussetzen.

In der Diskussion um veränderte Unterrichtsformen wurde Folgendes nicht wahrgenommen. Ehemals reformorientierte Hochschuldidaktiker hatten sich längst von der Reformeuphorie abgewandt und waren inzwischen zu der Erkenntnis gelangt, dass eine möglichst breite Palette an Unterrichtsformen, die sich an den jeweiligen Fähigkeiten und Erfordernissen der Schüler orientiert, am erfolgreichsten ist. Der Erziehungswissenschaftler Hermann Giesecke, ein Wortführer der politischen Bildung, ging sogar so weit, festzustellen, dass »nahezu alles, was die moderne Schulpädagogik für fortschrittlich hält, die Kinder aus bildungsfernem Milieu benachteiligt«.

Dass diese Kinder und Jugendlichen in ihrer vielfach an unmittelbarer Befriedigung orientierten, lustgesteuerten Bedürfnisstruktur einen übermäßigen Bedarf an Orientierung und Verhaltenssteuerung haben, können sich viele mittelschichtsorientierte Freiwilligkeitsapologeten überhaupt nicht vorstellen. Und das ist durchaus erklärbar. Als ich kürzlich einen Vortrag über die schulischen Bedingungen von bildungsfernen Migrantenkindern besuchte, fragte der Dozent, wer von den circa 120 anwesenden Lehramtsstudenten denn aus einem bildungsfernen Elternhaus komme und die Probleme aus eigener Anschauung kenne. Es meldeten sich gerade einmal fünf Teilnehmer.

Für den hier zur Diskussion stehenden Bereich des sozialen Lernens bedeuten diese vermeintlich modernen Lernformen eine Überforderung gleich in zweifacher Hinsicht. Zum einen in der Annahme, dass die Voraussetzungen für neue Lernerfahrungen vorhanden seien, und zum zweiten, dass die Kinder zielbewusst und selbstständig zu arbeiten in der Lage seien. Wie überall in der Gesellschaft wird dabei das kindliche entwicklungspsychologische Bedürfnis nach Anleitung, Erklärung und Orientierung entweder bewusst negiert oder nicht wahrgenommen. Dabei muss man gar nicht grundsätzlich auf offene Lernformen verzichten, nur müssen diese, den Fähigkeiten entsprechend, langsam und in kleinen Schritten, oft gegen viele Widerstände eingeführt werden. Und das, so sei es allen Euphorikern versichert, erfordert viel Geduld, Nerven und persönliches Engagement. Diese Feststellung entspricht durchaus dem Ergebnis der Hattie-Studie, wonach es vor allem auf den Lehrer ankommt und Fragen der Schulstruktur und der Unterrichtsmethodik keineswegs die Bedeutung haben, die ihnen in der bildungspolitischen Diskussion beigemessen werden.

Neben der Veränderung der Unterrichtsmethoden setzte die Politik aber vor allem auf Strukturreformen. Anknüpfend an alte

ideologische Auseinandersetzungen und getrieben durch die
steigenden Wissens- und Bildungsansprüche in der modernen
Arbeitswelt, wurde die Hauptschule als Sammelbecken für abgehängte Bildungsversager in vielen Bundesländern abgeschafft.
In Berlin ist durch die Zusammenlegung ehemaliger Hauptschulen und Realschulen die neue Schulform der Integrierten Sekundarschule geschaffen worden. An sich kein schlechtes Vorhaben.
Die Hauptschule, wie sie sich hier darbot, ermöglichte kaum
einem Schüler mehr einen realistischen Lernanreiz. Auch gab es
in den alten Hauptschulklassen nur selten Lern- und Verhaltensvorbilder, an denen sich die übrigen Schüler orientieren konnten. Dagegen steht der leitende Gedanke der neuen Gemeinschaftsschule, dass sozial weniger belastete, lernbereite Schüler
aus den ehemaligen Realschulen als Lern- und Verhaltensvorbilder für weniger motivierte und verhaltensschwierige ehemalige
Hauptschüler wirken und so die gesamte Klassengemeinschaft
leistungs- und verhaltensmäßig nach oben ziehen.

Was sich in der Theorie wie immer sehr gut anhört, erweist
sich in den Niederungen der Praxis oft als Etikettenschwindel.
Darauf deuten Beschwerden von Lehrern hin, die unter anderem beklagen, dass eine Grenze der Überlastung erreicht sei,
weil durch die Umgestaltung zur Sekundarschule die Klassen
größer seien, für die emotional-sozial gestörten Kinder keine
ausreichende Sonderbetreuung zur Verfügung stehe und Sozialpädagogen und Erzieher fehlten.

Für die mit der konkreten Bildungs- und Erziehungsarbeit
beschäftigten Pädagogen stellen sich diese Reformversuche seit
Mitte des vergangenen Jahrzehnts häufig als eine hurrikanähn-
liche Erscheinung dar, die vieles in Bewegung setzte und vor allem eines bewirkte: ein heilloses Durcheinander. Alle pädagogischen Berufsgruppen befinden sich seither in heller Aufregung.
Evaluationen jeglicher Art, Überprüfungen, Messungen, Zäh-
lungen, Umstrukturierungen, Neuordnungen und vieles mehr
hageln auf sie ein, beschäftigen sie mit Zusatzaufgaben und
Mehrarbeit. Kaum bleibt Zeit, um Luft zu holen von den norma-

len Problemen des Unterrichts, schon liegt die nächste Anordnung auf dem Tisch, ist die nächste Konferenz anberaumt, das nächste Formblatt auszufüllen. Hunderte von Stunden wurden darauf verwandt, an allen Schulen Schulprogramme entwickeln zu lassen, die im Ergebnis das erbrachten, was sowieso schon alle wussten und wollten. Schaut man sich diese Programme an, die von den Kollegen in aufwendiger Mehrarbeit gefertigt wurden, erfährt man, wie die jeweilige Schule gegliedert ist, welche pädagogischen Schwerpunkte es gibt, nach welchen Modellen und Methoden gearbeitet wird, welche besonderen Förderungen angeboten werden. Deutlich wird, welche Einflussmöglichkeiten die Eltern haben und mit welchen Kooperationspartnern die Schule eng zusammenarbeitet. Ist eine Schulstation vorhanden, so wird auch auf deren Bedeutung hingewiesen, meist im Zusammenhang mit den für die Schule bedeutsamen Lernzielen der Stärkung sozialer Kompetenzen, des konstruktiven Umgangs mit Konflikten und der Einübung von Rücksichtnahme und Hilfsbereitschaft. Alles unbekannt und neu? Vermutlich sind viele dieser Schulprogramme austauschbar, ohne dass es groß auffällt.

Der Anspruch, alles auf seine Effizienz zu untersuchen, führte in den letzten Jahren zu einer Evaluationshysterie, die Mengen an Datenmüll produzierte und deren Ergebnisse, sofern es sie gab, oft über die jahrelange Alltagserfahrung der Lehrer und Erzieher nicht hinausgingen. Mittlerweile sind Lehrer mehr mit Überprüfungen, Vergleichsarbeiten und Evaluationsfragebögen beschäftigt als mit den originären Aufgaben des Unterrichts, von der Erziehung ganz zu schweigen.

Für die Schüler bleiben die vielen kleinen Alltagsprobleme mit den Freunden, den Mitschülern, den Eltern und mit sich selbst. Den immer wiederkehrenden uralten Sorgen, Ängsten und Nöten. Ihren Widerständen und Aggressionen. Was sie am meisten bräuchten, wäre ein zugewandter, verständnisvoller Pädagoge, der Zeit hätte, ihnen zuzuhören. Aber der ist derweil mit der Evaluation der Fragebögen zu den letzten Tests beschäftigt.

Schaut man sich die Schulen in Berlin an, deren Kollegien über unhaltbare Zustände berichten, so entdeckt man erhebliche Mängel in der materiellen und personellen Ausstattung. Nicht nur, dass die Bausubstanz zerfällt, Toiletten und sanitäre Anlagen sich mittlerweile als Anschauungsobjekte für vorindustrielle Lebensbedingungen eignen – auch haben sich manche Kollegien in den letzten Jahren dem Altersdurchschnitt eines Seniorenwohnheims angenähert. 2015 waren knapp 54 Prozent der Lehrkräfte über 50 Jahre alt. Es gibt kaum Krankheitsvertretungen. Schulleitungspositionen wurden jahrelang vakant gehalten und deren Aufgaben kommissarisch an Mitglieder des Kollegiums delegiert, ohne den entsprechenden stundenmäßigen und finanziellen Ausgleich für die Mehrbelastung. Laut *B.Z.* fehlten im März 2015 an den Berliner Grundschulen 19 Schulleiter und 70 Stellvertreter. Dass besonderer Einsatz außer mit ein paar schönen Worten durch nichts honoriert wird, darüber hinaus die Gehälter jahrelang unverändert blieben und für Neueinstellungen, die nur noch im Angestelltenverhältnis erfolgen, zeitweise noch abgesenkt wurden, sei nur am Rande bemerkt und wird vor allem durch die Schwierigkeit der Berliner Schulbehörde deutlich, genügend Lehrernachwuchs für die Berliner Schulen zu finden. Wie die Bildungsverwaltung Anfang Februar 2016 mitteilte, fehlen in diesem Jahr allein für die Grundschulen 1000 Lehrer. Nur 175 ausgebildete Referendare stehen zur Verfügung. Die bisher geübte Praxis, Lehrer aus anderen Bundesländern abzuwerben, lässt sich wegen des Lehrermangels, der aufgrund der Flüchtlingskrise überall offenbar wird, nicht weiterführen.

Und wenn sich Kollegen einmal selbstständig für neue Aufgaben engagieren wollen, werden sie nicht selten ausgebremst. Wir erlebten das an unserer Schule, als wir die Montessori-Pädagogik einführen wollten und eine in dieser Methode erfahrene Lehrerin aus einem anderen Bezirk dafür gewinnen konnten, dieses System mit aufzubauen. Deren Schulumsetzung scheiterte am Einspruch des zuständigen Bezirksstadtrates. In einem Telefongespräch, das ich deshalb mit ihm führte, zeigte er sich wenig beeindruckt von den Möglichkeiten pädagogischer Erneuerungen und dem innovativen Engagement der Kollegin, sondern verwies schlicht auf seinen Haushalts- und Stellenplan. Anderes interessiere ihn nicht. Also könne er die betreffende Kollegin auch nicht aus seinem Bezirk freigeben. Provinzielle Haushältermentalität gegen pädagogische Innovationsbereitschaft. Die Haushältermentalität siegte. Jener Stadtrat hieß zu jener Zeit übrigens Klaus Wowereit.

Wie wenig Anerkennung und Wertschätzung erfolgreiche Arbeit in den Niederungen der Praxis im macht- und karriereorientierten Berliner Politikbetrieb findet, hat die Arbeitsgruppe >Pax- an!<, der ich die letzten zehn Jahre bis zu meiner Pensionierung angehörte, erfahren müssen.

In den Neunzigerjahren von Ortrud Hagedorn, die das Berliner Konfliktlotsenmodell entwickelte, als »Arbeitsgruppe Gewaltfreie Schulkultur« am LISUM Berlin gegründet, erarbeitete das Team auf der Grundlage von Prävention, Deeskalationstraining und Mediation mehrmonatige Seminare für Lehrer und Sozialpädagogen. Die dort erworbenen Konfliktlösungskompetenzen sollten neben der eigenen Anwendung vor allem an Schüler, die als Konfliktlotsen tätig werden, weitergegeben werden.

So wurde ein Gesamtkonzept über vier Seminarmodule formuliert, in denen die Pädagogen die Ausbildung zum Schulmediator absolvieren konnten. Ortrud Hagedorn erhielt für diese pädagogische Innovationsarbeit das Bundesverdienstkreuz.

Doch nicht einmal eine durch diese Auszeichnung geadelte Tätigkeit wurde besonders geschätzt, denn 2007 war es mit dieser Entwicklung vorbei. Am grünen Tisch der Politik war Neues erdacht worden. In einem Staatsvertrag zwischen den Ländern Berlin und Brandenburg wurde die Zusammenlegung der beiden Lehrerbildungsinstitute beschlossen, die Aufgabenstruktur geändert und das System auf Regionalisierung umgestellt. Da wir mit unserer Seminarstruktur auf berlinweite Kooperation angewiesen waren, konnten wir unser Fortbildungsangebot in der erfolgreichen Form nicht mehr aufrechterhalten. Einige aus unserer Arbeitsgruppe warfen das Handtuch. Seither führt die Gruppe mit wenigen engagierten Mitarbeitern ein zwar weiterhin nachgefragtes, aufgrund verweigerter Stundenkapazitäten aber deutlich reduziertes Schattendasein.

Beginnend mit dem neuen Berliner Schulgesetz von 2004 gibt es inzwischen übergeordnete große Ziele. Schulentwicklung lautete das Zauberwort der Bürokraten. Qualitätsmanagement, Evaluation, Schulinspektion, Sekundarschule, JÜL, Saph, neue didaktische Ansätze, Auflösung der Sonderschulen, Inklusion. Das alles machte viele Fortbildungsstunden erforderlich, die anderswo gekürzt wurden. Gewaltprävention und Problemschüler? Als ich auf einem Planungstreffen der Moderatoren diese Begriffe in die Diskussion einbrachte, wurde mir klargemacht, dass ich die Schulreform wohl noch nicht richtig verstanden hätte. Eigentlich gab es doch gar keine Problemschüler mehr in der reformierten Schule, in der alle voneinander lernten, vor allem die schwierigen Schüler von den sozial integrierten.

Mittlerweile sollen alle alles machen. Ein Fortbildner ist zuständig für alle oben genannten Teilbereiche der Reformen. Was er an die Schulen vermittelt, sollen die Kollegen untereinander weitergeben. Alle ziehen sich also letztlich selbst am Schopf aus dem Sumpf. So spart man am besten.

Für etwa doch noch existente »schwierige Fälle« des Schulalltags gibt es seither die sogenannten »Notfallordner«. Sie sind unter anderem das Ergebnis der verdienstvollen Arbeit der Schulpsychologen für Krisenintervention und sind in bester Absicht erarbeitet worden, nicht zuletzt als Reaktion auf die Schulamokläufe. Darin ist nach Problembereichen geordnet aufgeführt, wie man sich im jeweiligen Konfliktfall zu verhalten habe. Der Ordner ist übersichtlich und sinnvoll gestaltet. Die einzelnen Themenbereiche sind farblich markant voneinander abgesetzt, um ein schnelles Auffinden der entsprechenden Seiten zu ermöglichen. Der Notfallordner wird, orientiert an den neuesten Erkenntnissen und versehen mit den aktuellsten amtlichen Verordnungen, nach einer gewissen Zeit wieder auf den neuesten Stand gebracht. Der Notfallordner hat nur eine kleine Schwäche: Er ist als Ordner meist dort zu finden, wo auch andere Ordner stehen – im Bücherschrank in den Amtszimmern der Schulen. Nicht allen Kollegen ist der Notfallordner bekannt; die wenigsten kennen seinen Inhalt, und nur ein paar sind so damit vertraut, dass sie die Empfehlungen in der alltäglichen Praxis anwenden könnten.

Solche »Hilfen« erinnern mich immer an meine Erlebnisse als junger Mann bei der Handelsschifffahrt anlässlich seltener Seenotrettungsübungen. Da wurden dann Schwimmwesten gesucht, keiner wusste, wo er hingehörte, geschweige denn, was zu machen war, und stand man schließlich vor dem zugehörigen Rettungsboot, war es mit Sicherheit in den Winschen festgerostet – was natürlich nicht gegen das Rettungsboot an sich spricht.

Bliebe als Nächstes konsequenterweise noch die begriffliche Abschaffung eines »schwierigen« Schülers. Die von einigen Reformeuphorikern favorisierte Bezeichnung »verhaltensoriginell« wäre da doch schon ein erster Schritt. Welcher Lehrer würde sich nicht freuen, möglichst viele »originelle« Schüler in seiner Klasse zu haben? Und das wird in Zukunft wohl häufiger der Fall sein.

14. WENN FÜR ALLE ALLES GLEICH SEIN SOLL: INKLUSION

Er war das, was man landläufig einen »Hibbel« nennt. Ständig in Bewegung, auf nichts konnte er sich länger konzentrieren, ständig war er abgelenkt. Mit Erwachsenen sprach er in einer seltsam künstlich wirkenden Höflichkeit und war immer bemüht, freundlich zu sein. Ein klassisch gutmütiger Kumpel, den andere ausnutzen konnten, ohne dass er zu sehr darunter litt, aber auch noch kein Mobbingopfer, ein Grenzfall, der an alle sein Frühstück verteilte, weil sie eben etwas haben wollten und nichts gegessen hatten. Manchmal stellte er dann fest, dass für ihn selbst nicht genügend übrig blieb. Er bekam Ritalin und sollte die Tabletten frühmorgens zum Frühstück nehmen. Nur wusste er nie, ob er seine Tablette schon genommen hatte. Nach einiger Zeit ließen wir ihn bei uns zu Beginn des Unterrichts unter unserer Aufsicht frühstücken. Auf diese Weise konnten wir die Einnahme der Tabletten und das Frühstück kontrollieren. Hatte er die Tabletten zu Hause vergessen, wurde der Unterricht für alle unerträglich. Aus der Perspektive des Lehrers war er nur ein anstrengender Schüler, der zu allem eine Extraaufforderung brauchte, nicht weil er unwillig war, sondern weil er einfach nicht mitbekam, was gerade anlag.

Er saß ganz vorn an einem Einzeltisch. Zum einen, weil er dann nicht so sehr vom übrigen Klassengeschehen abgelenkt war, zum anderen, weil alle anderen sich weigerten, mit ihm zusammenzusitzen. Das konnte man verstehen. Ich hatte es selbst ausprobiert. Hatte mich eine Stunde lang neben ihn gesetzt, während eine Kollegin unterrichtete, und hatte versucht, ihn darin zu unterstützen, etwas Struktur in seine Handlungsabläufe zu bringen. Zum Schluss war nicht nur die Stunde zu Ende, sondern auch ich mit meinen Nerven. Und ich hatte die Erfahrung gemacht, wie sich ein Schüler fühlen musste, wenn er neben ihm saß.

Die Probleme von Verhaltensstörungen und ihren Folgen für Unterricht und Lernen gewinnen neuerliche Aktualität durch die Diskussion um die Inklusion, das heißt der gemeinsamen Beschulung aller Kinder. Allen behinderten Kindern soll ohne Diskriminierung die gleichberechtigte Teilhabe am schulischen Alltag ermöglicht werden. Mit der Übernahme der entsprechenden UN-Charta hat sich Deutschland zur Realisierung dieses Anspruchs verpflichtet. Die Frage, was dies konkret für den Schulalltag bedeutet, liefert ein ideales neues Spielfeld für Ideologen. In deren Sichtweise sind die bisherigen Integrationsversuche, die in wenigen Schulen oder Klassen praktiziert werden, diskriminierend, da Integration eine Anpassung an die Normen der Mehrheitsgesellschaft beinhalte. Erst die Inklusion erkenne jeden Menschen mit seinen Besonderheiten als »normal« an, differenziere ihn nicht nach seinen Behinderungen und sondere ihn nicht aufgrund seiner Schwächen in Förderschulen aus.

Was bei physischen Behinderungen in den meisten Fällen durchaus sinnvoll ist, stellt sich bei Verhaltensproblemen anders dar. In Berlin sollen in einem ersten Schritt alle Kinder mit Lern- und Sprachbehinderungen sowie mit sozial-emotionalen Störungen in die allgemeinbildenden Schulen inkludiert werden. Die besonderen Hilfen, deren diese Kinder eventuell bedürfen, sollen durch den jeweiligen Lehrer, der in Fortbildungen darauf vorbereitet wird, ermöglicht werden. Sonderschulen, heute als Förderschulen bezeichnet, werden überflüssig und deren ehemalige Lehrer mit einigen Stunden den inkludierten Schulen zur Unterstützung zugeteilt.

Das alles klingt nach edlen Motiven, nur ergibt sich bei genauerem Hinsehen eine Krux. Während in vielen Ländern Behinderte tatsächlich in Restschulen oder gesonderte Einrichtungen abgeschoben werden, ist in Deutschland im Lauf der Jahre ein hochdifferenziertes Fördersystem für den Umgang mit den verschiedenen Behinderungsformen entstanden, das es ermöglicht, gezielt und weitgehend individuell an den jeweiligen Defiziten zu arbeiten. Am Ende sollten die Schwächen so weit ausgeglichen sein, dass der Übergang in einen normalen Berufsweg möglich wird. Den Kindern, die neben den speziellen Lernstörungen oft auch ein vielfältiges Geflecht von Verhaltensauffälligkeiten aufweisen, wird somit unter den geschützten Bedingungen von Kleingruppenarbeit und ohne den üblichen Zeit- und Leistungsdruck Gelegenheit gegeben, ihre Entwicklung nachzuholen.

Dieses System, das unter den Bedingungen einer unterfinanzierten Schulpolitik nur bedingt erfolgreich sein konnte, hat allerdings aus Sicht fundamentalistischer Gleichheitsapologeten einen Haken. Solange die Kinder noch Schüler des Förder-/Sonderschulzweigs waren, hing ihnen der Makel des »Sonderschülers« an. Das war für manche Eltern ein Problem. Es ging dabei um Fragen der Anerkennung, des Status, unabhängig von der tatsächlichen Förderung. Insbesondere Eltern des muslimischen Kulturkreises gilt die Extrabeschulung in einer Förderschule als sozial diskriminierend, da in ihren Herkunftsländern eine besondere Förderung unbekannt ist.

Die Absicht, nicht nur Schüler mit unterschiedlichen physischen Behinderungen, sondern auch jene mit diagnostizierten Verhaltensauffälligkeiten in die allgemeinbildenden Schulen zu inkludieren, stellt diese vor besondere Anforderungen. Schon bisherige Integrationsversuche unter ungünstigen Bedingungen zeigten die Problematik für den gesamten Lern- und Erziehungsprozess. In international durchgeführten Studien wurde übereinstimmend festgestellt, dass Unterrichtsstörungen verbaler und physischer Art den Erfolg des Lernens am meisten beeinträchtigen und darüber hinaus die Beteiligten übermäßig belasten. Das betrifft nicht nur die Schule und das pädagogische Personal. Es betrifft vor allem die anderen Schüler. Sie müssen diese Verhaltensschwierigkeiten oft nicht nur aushalten, sie leiden nicht selten aktiv darunter. Wer hier allumfassende Inklusion fordert, ohne sichergestellt zu haben, dass alle möglichen Hilfen gewährt werden, missbraucht die sozial integrierten Schüler als Hilfssozialarbeiter der Gesellschaft.

Allein der zunehmende Anteil an ADHS-Kindern, der nicht nur auf eine verstärkte Neigung zur Krankheitsetikettierung zurückzuführen ist, kann die Lernatmosphäre in einer Klassengemeinschaft erheblich einschränken, gelegentlich auch völlig torpedieren und die Aufmerksamkeit eines Lehrers so beanspruchen, dass für die übrigen Schüler kaum noch Zeit bleibt.

Fundamentalistische Inklusionsbefürworter tendieren nicht selten dazu, ihre Vorstellungen in die Realität umzusetzen, ohne dass die notwendigen Hilfen zur Verfügung stehen. Sie argumentieren mit dem Druck, den die reale Situation erzeuge, der die Öffentlichkeit beeinflusse und im Anschluss daran die Bildungspolitik zwinge, die geforderten Ressourcen nachzuschieben. Sie gehen dabei ein hohes Risiko für die Schüler ein, wenn diese Erwartungen nicht erfüllt werden. Dabei ist vor allem der Mangel an unterstützenden Ressourcen an Personal, Zeit und Material zu nennen.

In der radikalen Sichtweise der Inklusion spielen sonderpädagogische und psychologische Kategorien einer Behinderung keine Rolle mehr. Da Behinderungen durch diese Kategorien einer defizitären Sicht unterlägen, sei eine negative Etikettierung die Folge. Diese aber gelte es unter allen Umständen zu vermeiden, denn mit dem Fortfall der jeweiligen Kategorien entfalle auch die diskriminierende Zuschreibung. Damit ist ein Hauptanliegen der Inklusion erfüllt. Abweichendes Verhalten wird nicht mehr als Mangel definiert, sondern als eine der möglichen Verhaltensvariationen im bunten Strauß der Vielfältigkeit zur Normalität erklärt.

Da es dann diese Behinderungsformen als solche eigentlich nicht mehr gibt, sondern die darauf beruhenden Probleme als Teil einer vielfältigen Realität als »normal« gelten, sind auch die behindertenspezifischen Diagnosen und Begutachtungen nicht mehr nötig. Und nicht nur das: Damit auch wirklich keine »Besonderheit« das vielbeschworene Gleichheitsideal einschränken kann, sollen alle angehenden Lehrer zusätzlich zu ihrem eigentlichen Studium eine »sonderpädagogische Grundqualifikation« nebenbei erwerben, die dazu befähigt, mit den schwierigen Schülern angemessen pädagogisch umzugehen. Der ehemals eigenständige Studiengang der Sonderpädagogik könne dann ebenso wie die Sonderschulen abgeschafft werden.

Doch dieses moralisch definierte Ziel hat auch seine Kehrseite, wie Bernd Ahrbeck, Professor an der Humboldt-Universität, in seinem Buch *Der Umgang mit Behinderung* erkennt: »Damit verlieren Menschen mit Behinderungen die besondere Aufmerksamkeit, die ihnen bisher zuteil wurde.« Und das ist nicht der einzige Nachteil: Problematische Verhaltensweisen lassen sich nicht einfach wegdefinieren, sondern belasten neben Unterricht, Lehrern und Mitschülern nicht zuletzt denjenigen, der diese Verhaltensweisen zeigt. Helfendes Eingreifen wird durch die Negierung des Problems unmöglich. Wenn alles als normal gilt, wo liegt dann der Maßstab, der eine Intervention rechtfertigt? Wo bleibt die spezifische Unterstützung, die solches Verhalten überwinden hilft? Gibt es sie überhaupt noch? Wenn Entwicklungsrückstände als Ausdruck der Vielfalt gelten und keine Zielvorstellung mehr existiert, in welche Richtung eine Kompensation erfolgen könnte – wohin dann erziehen? In letzter Konsequenz wäre Erziehung unter dieser Perspektive überflüssig.

Dass sie es nicht ist, zeigen die Leiden der Betroffenen an ihrer Situation und die Schwierigkeiten der Pädagogen, die mit dieser Realität konfrontiert sind.»Das Hauptproblem sind die verhaltensgestörten Kinder. Sie verhindern in vielen Bereichen einen effektiven Unterricht und belasten die Mitschüler und Lehrer in hohem Maße. Wer überwiegend damit beschäftigt ist, aggressive, störende Kinder zu bändigen, hat kaum noch Zeit, den vom Lehrplan vorgesehenen Stoff zu vermitteln«, so die Klage einer Lehrerin.

Was aber machen mit den Kindern, die »nicht in den Griff« zu bekommen, die überfordert sind und deshalb den Unterricht sprengen und sich selbst und andere beim Lernen behindern? Es ist zu befürchten, dass diese Situation zu unerwünschten Konsequenzen führt. Sich häufende Berichte von Lehrern, die ohne zusätzliche professionelle Hilfe in Regelklassen mit verhaltensgestörten Kindern arbeiten, legen dies nahe. In einem Beitrag der Zeitschrift *Erziehung und Wissenschaft* vom Januar 2016 wird eine Online-Umfrage der GEW in Nordrhein-Westfalen zitiert, wonach an 80 Prozent der Förderschulen Kinder zurückgekehrt seien, die Probleme mit dem gemeinsamen Unterricht an der Regelschule hatten. Sie seien vor allem von den großen Klassen überfordert gewesen.

Negative Konsequenzen hat die einseitige ideologische Weichenstellung für alle Beteiligten. Da viele Sonderpädagogen aus dem Bereich der Lern- und Entwicklungsstörungen an Regelschulen abgeordnet wurden, mussten 45 Prozent der Förderschulen ihre Klassen vergrößern. Dessen ungeachtet forderten immer noch 75 Prozent der Regelschulen, dass sie mehr Sonderpädagogen bräuchten.

Ein weiteres Problem ergibt sich aus der nordrhein-westfälischen Reformvorgabe, nach der seit dem Schuljahr 2014/15 Grundschulen weitgehend darauf verzichten sollen, Schüler durch die Zuweisung der Förderkategorien »Lernen« und »emotionale und soziale Entwicklung« zu »etikettieren«. Eine ideale Konstruktion für den Staat, Stellen einzusparen. Warum Sonderpädagogen einsetzen, wenn es dafür angeblich gar keine Kinder gibt? Dass die durchschnittliche Klassengröße bei einem Viertel dieser Schulen bei 25 Schülern und mehr liegt, erscheint als nebensächliches Problem.

Einen weiteren Hinweis auf die Probleme geben die Anfangsklassen der Berliner Grundschulen, in denen mittlerweile das Reformmodell JÜL praktiziert wird. Der Begriff bedeutet jahrgangsübergreifendes Lernen und beinhaltet, dass verschiedene Jahrgangsstufen, hier die 1. und 2. Klasse, gemeinsam unterrichtet werden. Das ist kein leichtes Unterfangen, da die Ausgangsbedingungen, mit denen diese Kinder starten, extrem unterschiedlich sind. Als Beispiel wird oft die Unfähigkeit angeführt, mit Stift und Schere umgehen zu können. Relevanter dürfte die Unfähigkeit sein, sich über einen gewissen Zeitraum hinweg konzentrieren zu können. Neben diesen schon fast alltäglich zu nennenden Problemen sitzen auch Kinder mit Lern- und Verhaltensschwierigkeiten in diesen Klassen und tragen mit ihren besonderen Bedingungen dazu bei, die Probleme zu vergrößern. Wieder gilt auch hier: Dieser gemeinsame Unterricht ist an sich ein guter Gedanke. Die Schüler sollen voneinander lernen, die Leistungsstärkeren sollen Vorbild sein, den Leistungsschwächeren helfen, und alle sollen individuell gemäß ihren Fähigkeiten gefördert werden. Nur: Was heißt »individuell fördern«? Wer einmal erlebt hat, wie viel Aufmerksamkeit, Zuwendung und Geduld ein Kind mit den genannten Schwierigkeiten beansprucht, dem kommen berechtigte Zweifel hinsichtlich der Ansprüche, die an diese Lehrkräfte gestellt werden. Können Lehrer, die nicht im Geringsten darauf vorbereitet sind, mit dieser Spreizung der Fähigkeiten innerhalb einer Klasse umgehen? Und gäbe es geeignete Fortbildungen für den Umgang mit solchen Problemen, könnten Lehrer die auftretenden Schwierigkeiten in einer Klasse wirklich allein und ohne besondere Hilfen bewältigen? Lern- und verhaltensgestörte Kinder bedürfen spezieller Betreuung und Zuwendung, ihr Arbeitsablauf muss eigens strukturiert werden. Sie besitzen nicht die Selbststeuerungsfähigkeit, die üblicherweise vorausgesetzt wird. Wie also gehen die betroffenen Lehrer mit der Situation um, und was bedeutet es für die ganz »normalen« lernbereiten Schüler? Wie die Praxis aussieht, berichtete mir die Mutter eines Zweitklässlers.

Ihr Sohn gehe jetzt in die 2. Klasse der Grundschule. Dort werde das Reformmodell JÜL durchgeführt. Er sei mit einem Freund zusammen in die Klasse gekommen, dürfe aber nicht neben ihm sitzen. Und dies keineswegs deshalb, wie ich sofort vermutete, weil sie sich gegenseitig ablenkten, sondern weil er als guter Schüler integrative Aufgaben zu übernehmen habe. So sitze er zwischen zwei Schülern, die deutliche Probleme mit ihrer Aufmerksamkeit hätten. Wahrscheinlich hätten beide Kinder ADHS, einer von beiden sei überdies sehr leistungsschwach. Ihr Sohn helfe eigentlich sehr gerne. Sie beobachte jedoch besorgt, dass er zunehmend unkonzentrierter und nervöser werde, und habe sich vorgenommen, deswegen demnächst ein Gespräch mit der Lehrerin zu führen.

Hier wurde ganz offensichtlich der Schüler als Hilfsperson für die Bewältigung von Problemen missbraucht, die die Lehrkraft (verständlicherweise) entlasten sollte für das, was von ihr nicht selbst geleistet werden konnte.

Grundlegender erweist sich bei JÜL allerdings ein anderes Problem, von dem zwar alle Schüler gleichermaßen betroffen sind, was sich aber gerade bei verhaltensschwierigen Kindern besonders auffällig auswirkt. Es ist deren Bedürfnis nach Konstanz und Verlässlichkeit in der Umgebung und speziell in den persönlichen Beziehungen. Da die erfolgreichen Schüler nach der zweiten Klasse die Gruppe verlassen und in die dritte Klasse wechseln, die weniger Erfolgreichen aber in der JÜL-Gruppe verbleiben und dort wiederum mit den neu hinzukommenden Erstklässlern konfrontiert werden, ergibt sich eine permanente Durchmischung der Gruppen. Dass dies Unruhe schafft und bei dieser Unruhe die verhaltensschwierigen Kinder Gefahr laufen, den Anschluss vollends zu verlieren, ist wenig verwunderlich. Seit in Berlin die sonderpädagogische Beschulung für die Anfangsklassen fortgefallen ist und die gleichzeitige Beschulung in den JÜL-Klassen erfolgt, stieg die psychiatrische Zuweisung deutlich an.

Natürlich gibt es auch positive Beispiele, aber sie beinhalten eine Ausstattung mit personellen und materiellen Ressourcen, von denen die Schulen im Allgemeinen weit entfernt sind. Doch auch wenn alle Ressourcen ausgeschöpft wären, blieben immer noch viele Kinder übrig, die mit der Teilnahme an einem großen Klassenverband mental überfordert sind. So stellen besonders die Ansammlung vieler Menschen und die damit verbundenen Erscheinungen wie Unruhe und Lärm für diese Kinder eine Reizüberflutung dar, die mit den besten Fördermaßnahmen nicht ausgeglichen werden kann.

Das Lernen bei Lern- und Verhaltensgestörten vollzieht sich deutlich langsamer, die Lernschritte müssen deutlich kleiner sein, häufige Wiederholungen sind nötig, Arbeitsaufträge werden selten sofort verstanden. Nach den Ferien ist sehr viel mehr vergessen, als bei einem durchschnittlichen Schüler üblich ist. Auch muss man sich fragen: Wie reagieren in diesem Fall Jugendliche, wenn sie erleben müssen, immer die Schlechtesten und Schwächsten zu sein? Welches Selbstbild bekommen sie? Entspricht die Selbsteinschätzung ihren wirklichen Leistungen und Fähigkeiten?

Ein Schüler, den wir aus einer Integrationsgrundschule nach der 6. Klasse in die 7. Lernbehindertenklasse übernommen hatten, schrieb auf eine Wunschliste, in der er über seine Vorlieben und Wünsche Auskunft geben sollte:»Ich wihl Gynasiun«! Dieser Schüler erwies sich als einer der leistungsschwächsten in seinem neuen Klassenverband, was seine Mutter nicht daran hinderte, mehrere Probewochen an verschiedenen Hauptschulen zu beanspruchen und auch bei der Schulaufsicht durchzusetzen, die allerdings alle mit der Rückführung dieses Jungen in die Lernbehindertenklasse endeten. Das Selbstbild eines solchen Kindes ist durch den ständigen Vorwurf gekennzeichnet, ungerecht behandelt zu werden, was sich wiederum in seinem Verhalten spiegelt: Verweigerung und Opposition. Als ob es diese Kinder nicht schon schwer genug hätten! Dass dieser Junge Mitglied in einem Schützenverein war, sei hier nur am Rande bemerkt.

Aber auch bei einer realistischeren Einschätzung der eigenen Fähigkeiten und Leistungsgrenzen entsteht Frust, der pädagogisch aufgefangen werden muss, soll er nicht in Verhaltensschwierigkeiten und Aggressionen umschlagen. Schon jetzt zeigen sich durch die Zusammenlegung von Haupt- und Realschulen zur Integrierten Sekundarschule Probleme bei einem hohen Anteil verhaltensschwieriger Schüler. Dabei hat die Inklusion hier noch nicht einmal richtig begonnen.

Ein Förderschulplatz ist circa dreimal so teuer wie ein Platz an der Regelschule. Niemand möchte es laut sagen, aber die intendierte Inklusion unter Einbeziehung verhaltensschwieriger Schüler ist, da sie kostenneutral umgesetzt werden soll, vor allen Dingen ein Sparmodell.

Wie schnell Bildungspolitiker, die sonst in den elfenbeinernen Fantasietürmen ihrer Reformvorhaben unterwegs sind, auf den Boden der nüchternen Tatsachen verwiesen werden, zeigt ein Bericht im *Tagesspiegel* über die ehemalige bildungspolitische Sprecherin der Berliner FDP, die nach der Wahlniederlage ihrer Partei 2012 für drei Monate acht Stunden Vertretungsunterricht pro Woche in einer Neuköllner Brennpunktschule übernahm. Ihre Erkenntnis: »Die stärkeren und die schwächeren Schüler trennen und in Lerngruppen unterrichten. Alle unterschiedlichen Leistungsniveaus zusammen in der gleichen Klasse – das funktioniert in einer solchen Schule nicht.«

Dies entspricht übrigens auch der Sichtweise vieler finnischer Lehrer. Dort hält man den deutschen Inklusionsanspruch für nicht praktikabel und unrealistisch. Solche Argumente und Erfahrungen interessieren die deutschen Ideologen nicht, egal wie sich die Realität darstellt. Letztere ist, auch was den gemeinsamen Unterricht betrifft, inzwischen komplizierter geworden. Darüber hinaus haben sich die Probleme um eine Dimension erweitert, die nicht nur den Bereich der Schule umfasst, sondern die Gesellschaft als Ganzes unmittelbar berührt. Hier könnten Erfahrungen der Vergangenheit helfen, doch die Wahrscheinlichkeit scheint an ideologischer Verblendung und hartnäckigem Leugnen von Realitäten zu scheitern.

15. EXKURS II: ERZIEHUNG IM KULTURELLEN ZWIESPALT

Seit Sommer 2015 hat sich die bundesrepublikanische Welt in entscheidender Weise verändert. Mit der Flüchtlingswelle aus den Bürgerkriegs- und Hungergebieten Afrikas und Asiens erreichen viele junge Menschen mit anderen kulturellen Hintergründen und Erfahrungen unser Land. Kinder, Jugendliche, Heranwachsende, überwiegend männlich, mit und ohne Familie, die weniger aus wirtschaftlichen Beweggründen auf der Flucht sind, sondern weil sie der Gefahr für Leib und Leben entkommen wollen. Sie haben nur wenig materielle Habseligkeiten auf dieser Reise, aber sie sind geleitet von Träumen und Erwartungen an eine bessere Zukunft. Die Zahl der ankommenden Menschen erhöht sich von Tag zu Tag. Niemand weiß, wie viele Menschen der Familiennachzug der anerkannten Flüchtlinge bringen wird. Mit rund 300 000 zusätzlichen Flüchtlingskindern im Schulalter rechnete die Lehrergewerkschaft GEW im Schuljahr 2015/16.

Dies mache rund 25 000 zusätzliche Lehrerstellen erforderlich, wolle man den Kindern einen vernünftigen Schulbesuch ermöglichen. Auch die Ständige Konferenz der Kultusminister (KMK) geht von diesen Größenordnungen aus und gibt in einer Meldung vom Februar 2016 zu bedenken, dass der Prozess zu dynamisch sei, um genauere Zahlen vorzulegen.

Doch mit Berechnungen ist es nicht getan. Viele Kinder haben Schreckliches erlebt, sind traumatisiert und depressiv, leiden unter Angststörungen. Wer glaubt, die Folgen solcher Erlebnisse seien mit einem freundlichen Empfang und aufmunternden Versprechungen behoben, verkennt die Situation. Ärzte warnen davor, die Situation zu unterschätzen. Um Symptome wie Albträume und »Flash-back-Erinnerungen«, in denen die traumatisierten Erlebnisse permanent wiederholt werden, nicht manifest werden zu lassen, sei eine rechtzeitige Behandlung notwendig. Nach Informationen der Sendung *Monitor* vom 24. September 2015 haben Flüchtlingskinder darauf jedoch erst nach 15 Monaten Anspruch. Grundsätzlich stellt sich die Frage: Sind wir dafür gerüstet? Haben wir dafür das Fachpersonal und die Behandlungsplätze, von den anfallenden Kosten ganz abgesehen? Noch gibt es keinen Überblick über die Anzahl der behandlungsbedürftigen Kinder und Jugendlichen. Schätzungen gehen von besorgniserregenden 60 Prozent aller Flüchtlingskinder aus.

Aggressives Verhalten, Konzentrationsstörungen und Kontaktschwierigkeiten sind die Folgen. Was das für den Unterricht in den Schulen bedeutet, konnte ich schon vor Jahren bei einem Jungen erleben, der mit seiner Familie vor dem libanesischen Bürgerkrieg geflohen war. Im Grundschulalter, so wurde mir berichtet, habe er sich unter dem Tisch verkrochen, wenn ein Flugzeug das Gebäude überflog. Später, als er als Jugendlicher in unsere Klasse kam, provozierte er ununterbrochen und lag ständig im Streit mit seinen Klassenkameraden. Auf einer Klassenfahrt warf er die Handtücher aller Mitschüler im Duschraum auf den nassen Boden und trampelte darauf herum. Er hatte kein Gefühl für Gefahren. Aus Verärgerung stieß er einen Klassenkameraden auf die Fahrbahn. Von Lehrern ließ er sich nichts sagen. Auch die Eltern verweigerten sich allen Ratschlägen zur Erziehung. Das Verhalten des Jungen wurde vom Schulpsychologen als Traumatisierungsfolge beschrieben. Gebraucht hätte er eine Therapie. Bekommen hat er Schläge mit dem Gürtel des Vaters.

Es war meine erste Erfahrung mit einem jungen Menschen, der direkt aus einem Kriegsgebiet geflohen war, und sie war alles andere als positiv. Familien, die aus zerfallenden, desolaten Staaten flüchten, werden wenig Vertrauen in Behörden setzen. Das vergrößert die schon kulturell angelegte Abneigung gegen die Einmischung des Staates in Angelegenheiten der Familie und erschwert eine konstruktive Zusammenarbeit mit der Schule und anderen Institutionen.

Viele der jetzt zu uns kommenden Kinder und Jugendlichen sind unbegleitet von Erwachsenen. Sie waren seit Monaten, vielleicht Jahren auf sich allein gestellt und haben für sich selbst entschieden, was im Überlebenskampf falsch und richtig ist. Dieses »Falsch« und »Richtig« wird selten den Kriterien des Bürgerlichen Gesetzbuches der Bundesrepublik Deutschland entsprochen haben. Im April 2015 berichtete *Spiegel TV* über unbegleitete minderjährige Flüchtlinge, »UMF« im Behördenjargon genannt. Auf 14 000 schätzte man zum damaligen Zeitpunkt ihre Zahl im gesamten Bundesgebiet. Mitte Januar 2016 waren die Schätzungen auf knapp 60 000 angestiegen. Viele sind traumatisiert, leiden an einem Mangel an Empathie und nur geringer Frustrationstoleranz. Um jenen, die gerade jetzt neu hinzukommen, eine Karriere als Straßenkinder mit der Gefahr der Kriminalisierung zu ersparen, müssen sie schnellstmöglich in eine verlässliche Struktur eingebunden werden. Sie brauchen Unterricht und Beschäftigungen, die ihren Fähigkeiten entsprechen, damit sie darüber Bestätigung und Anerkennung gewinnen können. Nicht zuletzt müssen ihnen die Regeln und Normen unserer Gesellschaft auf verständliche Weise vermittelt werden, auch wenn sie den mitgebrachten Wertvorstellungen widersprechen. Das alles erfordert viel Empathie, Konsequenz und vor allem ein überzeugtes Einstehen für unsere eigenen Werte. Die hier aktuell mehr denn je notwendige kulturelle Vermittlungsarbeit wird sich nicht ohne Widerstände der Betroffenen realisieren lassen.

In der Sendung *Hart aber fair* vom 1. Februar 2016 werden junge Flüchtlinge gezeigt, 17, 18 Jahre alt, die schon seit mehreren Jahren durch Deutschland und benachbarte Länder reisen und von Taschendiebstählen und anderen Straftaten leben. Vier oder fünf Jahre vorher aber waren sie 12 oder 13 Jahre alt. Warum überließ man sie diesem Schicksal? Was weiß man über die vielen, die sich nicht registrieren ließen? Die zuständigen Jugendämter, die Jugendhilfe, die Amtsvormünder – alle hoffnungslos überlastet. Denn seit Jahren wurde gekürzt und eingespart.

Wie hilflos sich offizielle Stellen diesen Aufgaben gegenüber zeigen, machen die Äußerungen institutioneller Vertreter deutlich. Angesichts der Tatsache, dass circa 80 Prozent der ins Land kommenden Menschen muslimischen Glaubens sind, warnte der Vorsitzende des Zentralrats der Muslime, Aiman Mazyek, vor der Gefahr, dass innerislamische Konflikte hierzulande ausgetragen werden könnten. Solche Überlegungen sind nicht von der Hand zu weisen, neigen doch gerade Jugendliche und Heranwachsende zu fundamentalistischem Denken und Handeln. Vertreter von Salafisten und anderen radikalislamischen Gruppen werden es sich nicht nehmen lassen, unter den verunsicherten Jugendlichen neue Mitglieder zu werben. Um dem entgegenzuwirken, seien klare Regeln und die Vermittlung von Kenntnissen über unser Land nötig. Dass Mazyek in diesem Zusammenhang eine arabischsprachige Ausgabe des Grundgesetzes fordert – die es längst gibt –, zeigt eine gewisse Entfremdung der Verbandsfunktionäre von der Lebenswirklichkeit der einfachen Menschen. Es gehört schon viel idealismusgetränkte Fantasie dazu sich vorzustellen, dass die vielen jungen Flüchtlinge sich demnächst in die Lektüre des Grundgesetzes vertiefen werden. Sehr viel wirklichkeitsnäher macht sich da schon ein Besuch des Kinofilms *Fack ju Göhte*, der auch den Eltern junger Migranten zu empfehlen wäre, um sie darüber zu informieren, was auf ihre Kinder alles so zukommt in unserem Land.

Die Migrationsforschung hat darauf hingewiesen, dass Zuwanderer überwiegend jene Gegenden und Lebensbereiche aufsuchen, in denen Verwandte, Freunde oder wenigstens Angehörige der gleichen Ethnie leben. Naheliegend, dass sich vor allem junge Menschen an deren Verhalten orientieren werden. Die dort herrschenden Regeln und Normen entsprechen aber oft nicht denen unserer Gesellschaft. Wir sollten bei aller Hilfsbereitschaft so viel Realismus aufbringen, aus den Erfahrungen der Vergangenheit zu lernen und nicht alte Fehler wiederholen. Zur Erinnerung: Im Frühjahr des Jahres 2006 gelangte ein »Brandbrief« der Berliner Rütli-Hauptschule an die Öffentlichkeit. Was vorher schon an vielen Schulen in sozialen Brennpunkten halbwegs verschwiegener Alltag war, wurde damit zum Politikum.

»Sehr geehrte Frau Fischer,
Wie in der Schulleitersitzung am 21.2.06 geschildert, hat sich die Zusammensetzung unserer Schülerschaft in den letzten Jahren dahingehend verändert, dass der Anteil der Schüler/innen mit arabischem Migrationshintergrund inzwischen am höchsten ist. Er beträgt zurzeit 34,9 Prozent, gefolgt von 26,1 Prozent mit türkischem Migrationshintergrund. Der Gesamtanteil der Jugendlichen n.d.H. (nicht deutscher Herkunftssprache) beträgt 83,2 Prozent. Die Statistik zeigt, dass an unserer Schule der Anteil der Schüler/innen mit arabischem Migrationshintergrund in den letzten Jahren kontinuierlich gestiegen ist ... Wir müssen feststellen, dass die Stimmung in einigen Klassen zurzeit geprägt ist von Aggressivität, Respektlosigkeit und Ignoranz uns Erwachsenen gegenüber ... Die Gewaltbereitschaft gegen Sachen wächst: Türen werden eingetreten, Papierkörbe als Fußbälle missbraucht, Knallkörper gezündet und Bilderrahmen von den Flurwänden gerissen. Werden Schüler/innen zur Rede gestellt, schützen sie sich gegenseitig ... Laut Aussage eines Schülers gilt es als besondere Anerkennung im Kiez, wenn aus ei-

ner Schule möglichst viele negative Schlagzeilen in der Presse erscheinen. Die negative Profilierung schafft Anerkennung in der Peer-Group ... In vielen Klassen ist das Verhalten im Unterricht geprägt durch totale Ablehnung des Unterrichtsstoffes und menschenverachtendes Auftreten. Lehrkräfte werden gar nicht wahrgenommen, Gegenstände fliegen zielgerichtet gegen Lehrkräfte durch die Klassen, Anweisungen werden ignoriert. Einige Kollegen/innen gehen nur noch mit dem Handy in bestimmte Klassen, damit sie über Funk Hilfe holen können ... Auch von den Eltern bekommen wir bisher wenig Unterstützung in unserem Bemühen, Normen und Regeln durchzusetzen. Termine werden nicht wahrgenommen, Telefonate scheitern am mangelnden Sprachverständnis. Wir sind ratlos ...« (*Spiegel online*, 30.3.2006)

Die Zitate aus dem »Brandbrief« weisen explizit darauf hin, dass in diesem speziellen Fall eine ganz bestimmte Schülerklientel in ursächlichem Zusammenhang mit den genannten Schwierigkeiten gesehen wurde. Gleichwohl war die Veröffentlichung noch keine Woche alt, da beeilten sich die verantwortlichen Stellen, zu betonen, die Gewaltproblematik stehe keinesfalls im Zusammenhang mit dem hohen spezifischen Migrantenanteil an der betreffenden Schule. Ausschlaggebend seien vielmehr die sozialen Verhältnisse. Bildungsarmut, finanzielle Unsicherheit, Arbeitslosigkeit wurden ins Feld geführt – ethnische Zugehörigkeiten oder die Religion als kritische Faktoren wurden von offizieller Seite ignoriert.

Warum aber betonten die Lehrer, die es schließlich wissen mussten, in diesem Zusammenhang den Anteil der Schüler mit arabischem und türkischem Hintergrund? Vorgänge wie die geschilderten kann es schließlich in jeder Brennpunktschule geben. Lag hier nur eine zufällige Konzentration einer besonderen Ethnie vor, oder gibt es Bedingungen und Umstände, die die vorhandene Problematik in dieser Migrantengruppe besonders erhöhen?

Schon einige Wochen vor dem Rütli-Brandbrief war in der veröffentlichten Statistik der Berliner Innenverwaltung eine besorgniserregende Steigerung der Straftaten durch jugendliche Migranten festgestellt worden, wobei besonders bei Rohheitsdelikten diese Jugendlichen mit einer Steigerung um 10 Prozent beteiligt waren. Gegen die Veröffentlichung dieser Statistik erhob der grüne Fraktionsvorsitzende im Berliner Parlament Einspruch und forderte, statt der ethnischen Zugehörigkeit das aussagekräftigere Kriterium der vernachlässigenden Erziehung in den Vordergrund zu stellen, denn nicht ethnische, sondern soziale Gründe seien entscheidend, wenn Jugendliche kriminell würden. Doch kann man ethnische und somit auch kulturelle Zusammenhänge einfach negieren? Acht Jahre später, im Frühjahr 2014, berichtete die *B.Z.* von einer Parlamentsanfrage des Berliner SPD-Abgeordneten Joschka Langenbrinck, aus der hervorging, dass die Zahl der Intensivtäter zwar insgesamt gesunken war, doch der Anteil derjenigen mit Migrationshintergrund deutlich zunahm. 2011: 77 Prozent, 2012: 79 Prozent, 2013: 84 Prozent. Allein im Bezirk Neukölln hatten arabischstämmige junge Männer einen Intensivtäteranteil von 49 Prozent, und das bei einem Bevölkerungsanteil von 9 Prozent.

Wer wollte leugnen, dass soziale Verhältnisse bei der Kriminalitäts- und Delinquenzaffinität eine wichtige Rolle spielen. Die Entstehungsbedingungen jedoch allein darauf zu beziehen, greift in unzulässiger Weise zu kurz und verstellt den Blick auf relevante Sachverhalte, deren Bearbeitung zur Lösung der Probleme unerlässlich ist. Auffällig ist, dass es bei der Kriminalität jugendlicher Migranten nur selten vergleichbare Probleme bei Zuwanderern aus dem europäischen Ausland gibt. Italiener, Spanier, Griechen und Portugiesen, jene Nationalitäten, aus denen sich die ersten Gastarbeitergenerationen rekrutierten, sind in den meisten Fällen problemlos in der deutschen Gesellschaft angekommen. Wenn es hier Schwierigkeiten gab, dann waren sie vielleicht vergleichbar mit den Integrationsproblemen, die ein Süditaliener im Norden seines eigenen Landes hat. Auch für die Folgegenerationen sind besondere Schwierigkeiten nicht erkennbar. Ähnliches gilt für Zuwanderer aus den asiatischen Ländern sowie bei überseeischen Migranten mit westlichem Kulturhintergrund.

Während nicht muslimische Zuwanderer den Weg in unsere Gesellschaft eher problemlos gefunden haben, waren bei Zuwanderern aus der Türkei und den arabischen Ländern schon früh Abgrenzungstendenzen sichtbar. Man blieb unter sich, verweigerte sich der deutschen Sprache und schottete die Mädchen ebenso wie die Ehefrauen, die man aus den jeweiligen Heimatländern holte, vom öffentlichen Leben ab. Verbunden mit diesem Verhalten ist bei den unteren Sozialschichten, aus denen sich die muslimischen Zuwanderer hauptsächlich rekrutierten, oft eine ambivalente Haltung zur Bildung vorhanden. Einerseits fehlt in vielen Fällen die Erfahrung, dass durch eigene Bildungsanstrengungen die Zukunftschancen erhöht werden können, andererseits werden unrealistische Aufstiegserwartungen an Unterricht und Schule gestellt.

Dies ging gut, solange die Wirtschaft florierte und es genügend Arbeitsplätze für gering qualifizierte Menschen gab. In den letzten Jahren hat der Anteil der einfachen unqualifizierten Arbeit jedoch kontinuierlich abgenommen. Dieser Personenkreis ist also zunehmend von Arbeitslosigkeit bedroht bzw. betroffen. Die familiären Verhältnisse sind durch Hoffnungs- und Perspektivlosigkeit geprägt. Das betrifft vor allem die männlichen Haushaltsmitglieder, die als Arbeitslose die traditionell dominierende Rolle als Familienoberhaupt nicht mehr überzeugend ausfüllen können. All dies bleibt natürlich nicht ohne Wirkung auf die junge Generation, die sich zwar durchaus im sozialen Netz eingerichtet hat, aber dennoch spürt, dass ihr mit dieser Lebensform die Zukunft entgleitet.

Warum fällt es gerade den Zuwanderern aus der Türkei und den arabischen Ländern so schwer, den Anschluss an unsere Gesellschaft zu finden? Sind es wirklich nur die sozial schwachen, bildungsfernen Verhältnisse, wie bestimmte politische Kreise uns unentwegt versuchen einzureden? Ergibt sich allein daraus das Dominanzverhalten männlicher muslimischer Jugendlicher, die Verachtung unserer Gesellschaft, die Abschottung in Parallelgesellschaften, die Ablehnung unserer Regeln, ihre auffällige Präsens in den Kriminalstatistiken? Für Pädagogen, die sich muslimischen Schülern gegenübersehen, stellen sich die Probleme in ganz alltäglicher Art. Da sind die unausgeschlafenen Schüler, die mürrisch und übel gelaunt vor sich hindösen, da die Familienzusammenkünfte und Clantreffen bis tief in die Nacht gingen und die Kinder vielleicht auch noch die Aufgabe hatten, die Erwachsenen zu bedienen. Da sind die hungrigen Schüler, die ebenso übel gelaunt herummotzen, weil sie glauben, ihre Religion verlange von ihnen, dass sie während des Ramadan wochenlang tagsüber nichts essen, egal welche psychischen und physischen Folgen dies hat. Da sind die Jungen, die den Lehrerinnen gegenüber deutlich machen, dass Frauen ihnen gar nichts zu sagen haben, und deren Väter sich weigern, der Lehrerin beim Elternabend die Hand zu geben. Da sind die Jungen, die in ihrer Pascharolle die Mädchen der Klasse in ihrem Verhalten zu kontrollieren suchen und deutsche Mädchen als Schlampen und sexuelles Freiwild ansehen. Da sind die Clans aus Brüdern und Cousins, die sofort alarmiert werden, wenn einer oder eine ihrer Zugehörigen sich provoziert fühlt, und die den oft nur noch wenigen verbliebenen deutschen Schülern in der Hofpause das Leben schwermachen, junge Leute, die über die westliche Gesellschaft und ihre Bürger in einer Verachtung und Abfälligkeit reden, dass man sich wundert, wieso sie das Leben hier überhaupt noch aushalten. Da sind aber auch die Kinder, die von ihren Eltern geschlagen werden (nach einer Untersuchung werden circa 50 Prozent aller muslimischen Kinder in unserem Land von ihren Eltern körperlich gezüchtigt), die Jungen, denen beigebracht wird, dass man die »Ehre« der Familie zu verteidigen habe, koste es, was es wolle, und die von klein an auf ein Leben als Pascha vorbereitet werden. So setzt sich bei vielen dieser jungen Menschen die Vorstellung fest, dass die freiheitliche Gesellschaft in diesem Land doch nur ein Ausdruck verachtenswerter Dekadenz ist. Alles also nur aufgrund der sozioökonomischen Situation?

Eine Antwort kann sein, dass die muslimischen Kinder und Jugendlichen nicht nur überwiegend aus sozial schwachen und bildungsfernen Schichten kommen, sondern vor allem aus vormodernen Kulturen, in denen Gewalt und Unterdrückung eine ganz andere Bedeutung haben als bei uns. Sie gehören einer Religionsgemeinschaft an, die in ihrem missionarischen Dominanzstreben die alleinige Wahrheit für sich behauptet und alle anderen Religionen und Glaubensrichtungen, ebenso wie atheistische Einstellungen, für untergeordnet oder gar minderwertig erklärt. Darüber hinaus beansprucht der Islam die Definitionshoheit über das kulturelle und politische Leben und hat, in seiner traditionellen Interpretation, Schwierigkeiten mit unserem modernen Individualitätsbegriff. Dass darüber hinaus oft Probleme mit der deutschen Sprache bestehen, macht die Sache nicht leichter.

Vor Jahren hielt ich einen Vortrag über die Möglichkeiten des Einsatzes von Mediation in der Präventionsarbeit mit jungen Muslimen. Ich ging damals, ganz im Sinne der Theorie der sozialen Ursachen, von nur wenigen Unterschieden zu der Arbeit mit Jugendlichen vergleichbarer einheimischer Sozialschichten aus. Doch mittlerweile ist mir klar geworden, dass so eine Sichtweise entschieden zu kurz greift, denn es sind bestimmte unterschiedliche Wertvorstellungen, die grundlegend andere Denk- und Verhaltensweisen hervorrufen und deshalb auch einen anderen Umgang erfordern.

Zentral in diesem vormodernen Denken ist der Begriff der Ehre. Sie regelt sich vor allem über die Person des Mannes. Ihr liegt eine Trennung zwischen der Welt der Familie und der Öffentlichkeit zugrunde. Wird ein Familienmitglied von außen, aus dem Bereich der Öffentlichkeit, angegriffen, obliegt es dem Mann, die jeweiligen Angehörigen bedingungslos zu verteidigen. Dabei ist es unerheblich, ob das Familienmitglied tatsächlich schuldig oder unschuldig ist. Ein Vorwurf allein bedeutet schon die Gefährdung der Ehre des Mannes. Um sie zu verteidigen, muss er Stärke und Härte zeigen. Kompromisse und Versöhnlichkeit gelten als Schwäche, sind unmännlich und bedeuten den Verlust der Ehre. In diesem Zusammenhang ist der Begriff der Männlichkeit von Bedeutung. Jungen werden dazu erzogen, keine Schwäche zu zeigen und immer die Rolle des Aktiven und Dominanten zu übernehmen. Weinen gilt als weiblich und wird unter Umständen bestraft. Ein männliches Familienmitglied soll in der Lage sein, für die Familien das Vorteilhafteste zu entscheiden. In diesem Sinne kann es auch geschehen, dass jüngere männliche Familienmitglieder dazu verpflichtet werden, Straftaten im Namen der Familienehre auszuführen – zumal bei ihnen das mögliche Strafmaß für die jüngeren Männer weitaus geringer ausfällt als für die Erwachsenen.

Auf die Rolle des dominierenden Familienoberhauptes werden schon die Jüngsten getrimmt. Wie mir eine befreundete Dozentin aus der pädagogischen Weiterbildung berichtete, beklagten die Erzieher in der Kita das nachsichtige Erziehungsverhalten türkischer Eltern gegenüber aggressiven Verhaltensweisen der Jungen. Mütter, die darauf angesprochen wurden, reagierten abweisend. Bei Erklärungsversuchen kam heraus, dass sie Ärger mit ihren Männern zu erwarten hatten, wenn sie versuchten, das dominant-aggressive Verhalten der kleinen Paschas zu unterbinden.

Die Vorstellung von festgefügten Männer- und Frauenrollen findet sich deshalb oft. Ich habe es immer wieder erlebt und von Kollegen bestätigt bekommen, wie schwer es vielen muslimischen Jungen fällt, Aufgaben auszuführen, die ihrem Verständnis nach eines Mannes nicht würdig sind. Auf den Einwand »So was machen doch die Frauen« mit Erklärungen zu reagieren hinterlässt meist wenig Eindruck. Überzeugender wirkt da schon das gegenteilige Vorbild: der Mann, der auch im Haushalt mit anpackt. Eigentlich eine ideale Aufgabe für Stars aus Film, Musik und Sport, als alternative Rollenvorbilder zu agieren, gerade wenn sie sonst nur als machohafte Helden in Erscheinung treten.

Der Anspruch, schon Jungen in eine gewisse hierarchische Verantwortung für die weiblichen Familienmitglieder einzubinden, findet sich auch in deren Neigung, ihre Schwestern kontrollieren zu wollen. Ein Verhalten, das sich bei jugendlichen Muslimen manchmal nicht nur gegenüber der eigenen Verwandtschaft findet, sondern gegenüber muslimischen Mädchen überhaupt. Aus der Gesamtheit solcher Vorstellungen ergibt sich zwangsläufig die Unterordnung der weiblichen Familienmitglieder. Für den Mann hängt seine Ehre ganz entscheidend vom Verhalten seiner Frau, der Töchter und Schwestern ab und beinhaltet, dass die Männer (Ehemänner, Brüder) die Sexualität der Frauen kontrollieren. Die soziale Anerkennung dieser Kontrolle durch das Urteil des sozialen Umfeldes (Verwandte, Nachbarn) ist dabei besonders wichtig. Verhalten sich die weiblichen Familienmitglieder unehrenhaft, ist auch die Ehre des Mannes verletzt.

Auch wenn es sich liberal denkende moderne Menschen nur schwer vorstellen können und deshalb in ihrer Bedeutung und Wirkung unterschätzen – eine verlorene Jungfräulichkeit kann in den Heimatländern dieser Migranten eine existenzielle Bedrohung bedeuten, die zu gesellschaftlicher Ausgrenzung und wirtschaftlichem Ruin führt. Solch festgelegte Einstellung allein durch Aufklärung und Diskussion verändern zu wollen ist eine Hoffnung, die sich gerade bei bildungsfernen Menschen nur schwer realisieren lässt und das Beharrungsvermögen kultureller Werte aus traditionellen Gesellschaften sträflich unterschätzt.

Nicht minder bedeutsam ist in diesem Kontext die Freundschaft. Auch auf die Gefahr hin, sich zu verletzen oder strafbar zu machen, wird bedingungslose Solidarität erwartet. Sonst gilt nicht nur die Freundschaft, sondern auch die Männlichkeit des Jugendlichen verletzt. Aus dieser Sicht wird das oft beobachtete Verhalten muslimischer Jugendlicher erklärbar, in Konfliktfällen Hilfe von Cousins und anderen Bekannten per Handy zusammenzutrommeln und gegebenenfalls zusammen oder stellvertretend für den »Geschädigten« Rache zu nehmen.

In der alltäglichen Kommunikation ist jedoch ein weiterer

Ehrbegriff handlungsrelevanter: Respekt und Achtung regeln die Familienhierarchie und den Umgang miteinander. Respekt zollt man dem Familienvater oder dem größeren Bruder aufgrund seiner Stellung im Hierarchiegefüge der Familie. Dieser Machtanspruch gilt unabhängig davon, wie derjenige sich verhält. Bei dem von männlichen muslimischen Jugendlichen extensiv eingeforderten Respekt ist also immer zu bedenken, dass sich dahinter eine etwas andere Vorstellung verbirgt, als in unserer modernen Gesellschaft üblich. Diese Vorstellung kann mitverursachend dafür sein, dass Respekt zwar eingefordert, aber leider allzu oft nicht zurückgegeben wird.

Bei der Erziehung der Kinder ist es die Praxis einer Angstpädagogik, die in solch patriarchalisch geprägten, orthodox-traditionellen Familien darauf zielt, Unabhängigkeitsbestrebungen zu unterbinden. Der Psychologe Ahmad Mansour, der die Familien radikalisierter Jugendlicher betreut, beschreibt in seinem Buch *Generation Allah*, wie von klein auf mit der Hölle und einem strafenden Gott gedroht, wie befohlen, bestraft und erniedrigt wird. So setzt sich das Bewusstsein der Sünde schon in den kindlichen Köpfen fest und radikale Verführer haben es später leicht, eine vermeintliche Erlösung durch das kritiklose Befolgen von Versatzstücken religiöser Vorschriften zu versprechen. Durch dieses Einstehen für religiös überhöhte Verhaltensweisen werden nicht nur Halt und Orientierung geboten, sondern auch das Bewusstsein gefördert, die absolute Wahrheit zu besitzen. Unveränderliche Überlegenheit wird suggeriert, die sich in der Abwertung anderer Religionen und Lebensweisen ausdrückt. Kompromisse gelten als Schwäche – eine schlechte Voraussetzung für demokratisches Denken und Verhalten. Ähnlich problematisch beschreibt Ahmad Mansour das Verhältnis zur Sexualität in der Erziehung. Schon im frühesten Kindesalter wird sie tabuisiert. Außerhalb der Ehe gilt sie als Sünde. So wird alles, was zur Entwicklung einer freien, selbstbestimmten Sexualität gehört, verdrängt. Die daraus erwachsende Angst und Unsicherheit lassen einerseits Schamgefühle entstehen, bewirken aber andererseits auch die oft übermäßig sexualisierten Äußerungsformen in Fantasie und Sprache, wie sie bei jungen migrantischen Rappern zu finden sind.

In einem zutiefst gespaltenen Frauenbild stehen Hure und Schlampe gegen die reine, unerreichbare Frau – was sich mühelos auf die emanzipierte westliche Frau und die verschleierte ehrbare Muslima übertragen lässt. In diesem Zusammenhang wird auch verständlich, warum muslimische Jungen im Streit überdurchschnittlich häufig hochimpulsiv auf eine Beleidigung ihrer Mutter reagieren, umgekehrt aber bedenkenlos diese Provokation selbst nutzen.

Als besonders problematisch sieht Mansour die körperlichen und seelischen Belastungen infolge der sexuellen Verdrängung. Sie »führen oft dazu, dass sich Jugendliche ständig unterschwellig mit dem Thema Sexualität beschäftigen, bis der Drang nach sexuellem Erleben sich, besonders bei den männlichen Jugendlichen, nur noch auf das Stillen des eigenen sexuellen Hungers beschränkt, zur Not mit Gewalt«. Da die meisten jungen männlichen Migranten wenig Möglichkeiten haben, ihre sexuellen Bedürfnisse in sozial anerkannter Weise auszuleben, und etliche darunter sind, die ihre Emotionen nur schwer steuern können, werden die Vorkommnisse in Köln und in anderen deutschen Städten während der Silvesternacht 2015/16 vor diesem Hintergrund erklärbar. Befeuert werden solche Probleme auch durch das sexualisierte Frauenbild in der westlichen Öffentlichkeit. Was uns gar nicht mehr auffällt – die an vielen Straßenecken großflächige Dessousreklame –, ist für diese jungen Männer eine unverständliche Welt. Im *Spiegel* 5/2016 schreibt der irakischstämmige Autor Abbas Khider zu den Kölner Übergriffen, dass die Frauen als Spielzeug, als Puppen wahrgenommen wurden: »Auch in der Werbung oder im Internet sind die Frauen Puppen, solche Frauen haben diese Leute zuvor nie gesehen.«

Was das in der täglichen Praxis heißt, wurde mir vielfach von den Teilnehmerinnen meiner Seminare berichtet, die an Schulen mit einem hohen Anteil muslimischer Schüler arbeiteten. Sie fühlten sich durch das sexualisierte Verhalten und den entsprechenden verbalen Umgang der Jungen untereinander sowie den Mädchen gegenüber besonders provoziert. Ich persönlich konnte dieses Phänomen beobachten, als mir ein muslimischer Jugendlicher zugewiesen wurde, der zur Probezeit als »Wanderpokal« per Gerichtsbeschluss aus dem Jugendarrest an unsere Schule kam. Seine unverblümte, direkte Sprache, die durchsetzt von sexistischen und diskriminierenden Begriffen war, machte seine Anwesenheit belastend. Man hatte zeitweise den Eindruck, als nutze er die Texte eines Rap-Musikers zum Sprechen. Unsere Bemühungen um eine angemessene Kommunikation beeindruckten ihn wenig. Seine alte Freundesclique bestimmte seine Freizeit, seine Sprache, sein Verhalten. Von den Mädchen nicht nur unserer Klasse kamen Beschwerden, während die Jungen eine gewisse Faszination nicht verbergen konnten. Dass dieser Junge unsere Schule wegen anderer Vorfälle wieder verließ, verbuchten wir subjektiv mit Erleichterung. Pädagogisch war es eine Kapitulation, die nicht erst bei uns begonnen hatte. Eine solche Kommunikation kann sich nur festsetzen, wenn dem lange Zeit kein Einhalt geboten wird. Wie aber soll dies in Klassen gelingen, deren Schülerschaft sich weitgehend aus der gleichen Ethnie, mit ähnlichen Wertvorstellungen, vergleichbarem Sozialisationshintergrund, gleichem privatem Kommunikationskreis und dem gleichen Medienverhalten zusammensetzt?

Wer also das Verhalten muslimischer Kinder und Jugendlicher allein mit der sozialen Situation erklären will und den Einfluss der Kultur leugnet, die im Islam aufgrund der fehlenden Trennung von Staat und Religion ganz eng mit Letzterer verbunden ist, unterschätzt die Einflüsse, die das Leben in traditionellen Gesellschaften bestimmen. Für die jungen Migranten bedeutet dies in der Praxis einen ständigen Wechsel von Wertorientierungen. Wenn aber schon Erwachsenen ein Leben in der Zerrissenheit unterschiedlicher Werte schwerfällt, wie viel schwerer ist es für einen jungen Menschen, der nach Orientierung und Struktur sucht.

Erschwerend kommt in diesem Zusammenhang hinzu, dass die alternativ angebotenen liberalen Werte unserer westlichen Gesellschaft als schwach und unverbindlich erlebt werden. Der Politologe Bassam Tibi spricht in seinem Buch *Europa ohne Identität* von einer Verachtung junger Muslime der westlichen Gesellschaft gegenüber, die sich weniger auf die Tatsache gründet, dass wir andere Werte haben, als vielmehr darauf, dass wir diese nicht einfordern. Tibi hatte daraufhin in den Neunzigerjahren den Begriff der Leitkultur geprägt und auf die Werte der europäischen Aufklärung bezogen, doch wurde die Diskussion schnell im parteipolitischen Gezänk verwässert. Umdefiniert in »deutsche Leitkultur«, die die Migranten zu Schweinswurst, Sauerkraut und Blasmusik verpflichten wolle, wurde der Begriff zum Unwort, und so wurde eine wichtige und notwendige Diskussion versäumt. In einer Fortbildungsveranstaltung zum Thema »Vorurteile« konnte ich erleben, wie in manchen Gruppierungen mit unliebsamen Meinungen umgegangen wird. Auf Antrag einer Teilnehmerin wurde mit Mehrheit beschlossen, eine Diskussion über den Begriff der Leitkultur nicht zuzulassen. Das ist keineswegs verwunderlich. Schon die Vorstellung von verbindlichen Werten galt und gilt manchen kulturrelativistischen Idealisten als angreifbar.

Demgegenüber machte das Wort »multikulti« Karriere. Im engeren Sinne auf den Kulturbereich bezogen ein durchaus sinnvoller Begriff. Wer wollte der Ansicht widersprechen, dass der Austausch und die Begegnung von Menschen unterschiedlicher kultureller Erfahrungswelten äußerst bereichernd ist? Gemeinsames Musizieren, Tanzen, Kochen, Literatur und Theater – alles begrüßenswert. Ganz anders aber sieht es schon aus mit den Grundlagen einer demokratischen Gesellschaft, dem Rechtssystem und den daraus abgeleiteten Normen. Mit einem vagen »Multikulti« kommt man hier nicht weit.

Das zeigt sich auch in der Faszination, die die Werte traditioneller islamischer Gesellschaften auf immer mehr junge Migranten ausüben. Sie drücken im Grunde nur die verzweifelte

Suche nach Orientierung und Verlässlichkeit aus, die unsere Gesellschaft nicht mehr bietet. Das gilt für viele Bereiche. In einer 2006 veröffentlichen Studie wurde deutlich, dass junge Migranten besser mit traditionellen Unterrichtsformen wie zum Beispiel Frontalunterricht zurechtkommen. Diese entsprechen eher ihren bisherigen Erfahrungen als die selbstbestimmten, experimentellen, offenen Unterrichtsformen der modernen, mittelschichtsorientierten Didaktik. Der Erziehungswissenschaftler Ahmet Toprak sieht in der schulischen Erwartung hinsichtlich Selbstständigkeit, Selbstdisziplin und Selbstreflexion einen Hauptgrund für das Scheitern muslimischer Schüler im deutschen Bildungssystem. Wer mit den Werten von Unterordnung und Gehorsam aufwächst, dem fehlen wichtige Voraussetzungen für einen auf Selbstständigkeit angelegten Unterricht. Vor diesem Hintergrund erklärt sich auch das überangepasste Verhalten muslimischer Jugendlicher in den traditionell orientierten Koranschulen. Kein Lehrer einer öffentlichen deutschen Schule würde seine Pappenheimer im Unterricht dieser religiösen Lehreinrichtungen wiedererkennen. Alle, die im alltäglichen Unterricht »die Sau rauslassen«, wandeln sich hier zu braven Lämmchen, die angestrengt bemüht ihnen unverständliche Texte auswendig lernen. Dort wird mit einem für uns schon absurd anmutenden Gehorsam gelernt, gebüffelt und ein Verhalten demonstriert, von dem deutsche Lehrer nicht einmal träumen können.

Sollten sie auch besser nicht. Es wären wahrscheinlich Albträume. Denn hier wird das Gegenextrem zum deutschen Laisser-faire praktiziert. Und das, was wir als Albträume wahrnehmen, ist für viele dieser Kinder und Jugendliche, ob wir das nun gut finden oder nicht, das Versprechen auf Orientierung. Ich erinnere mich an Schüler, die mit leuchtenden Augen von den disziplinarischen Maßnahmen an libanesischen Schulen berichteten, die sie den von ihnen nur spöttisch kommentierten »Strafen« an unseren Schulen gegenüberstellten.

Nicht selten haben auch die Eltern dieser Kinder unrealistische Erwartungen für die berufliche Zukunft ihrer Kinder, speziell ihrer Söhne. Viele wünschen sich, dass ihre Sprösslinge Rechtsanwälte oder Ärzte werden, ohne allerdings die geringsten Voraussetzungen hinsichtlich Motivation und Lernbereitschaft für einen solchen Lebensweg mitzubringen. Die Erwartungshaltung richtet sich konkret auf die Schule und erwartet von dieser – orientiert an den traditionellen Erfahrungen aus ihren Heimatländern – auch die Erziehung ihrer Kinder. Eine doppelte Enttäuschung ist die Folge, wenn einerseits die kognitiven Fähigkeiten nicht das erwartete Leistungsniveau erreichen und andererseits die Erziehung aufgrund anderer Werthaltungen nicht erwartungsgemäß stattfindet. Im Ergebnis führt die reale Erfahrung des Scheiterns zu Enttäuschungen und Aggressionen sowie zu Schuldverschiebungen auf Lehrer, Schule und die ganze demokratische Gesellschaft. Dass die Söhne diese Haltung der Eltern übernehmen, ist wenig verwunderlich, entlastet diese Opferperspektive sie doch von einem Erwartungsdruck, dem sie nicht entsprechen können. Manche Integrationsverweigerung dürfte darin ihre Ursache haben.

Hier spiegelt sich die Widersprüchlichkeit, die sich in den unterschiedlichen Lebensformen der liberalen Gesellschaft gegenüber der traditionellen Familie zeigt. Überangepasstheit in der Familie, delinquentes Verhalten in der als regellos erlebten deutschen Öffentlichkeit. Sofern deren Regeln überhaupt ernst genommen werden, akzeptiert man sie nur halbherzig.

Oft wirkt das regellose Verhalten in die Familie zurück, weil diese in ihrer patriarchalischen Aufmachung an der konkreten Wirklichkeit versagt und kein überzeugendes Orientierungsmuster mehr bereitstellt. Hilflose Versuche der Väter, die traditionelle Ordnung mit Gewalt wiederherzustellen, korrespondieren dann mit kriminellen Verhaltensweisen der nach Anerkennung suchenden verunsicherten Söhne.

Dass auch manche Migranten die Idealisierung ihrer Herkunftskultur unerträglich finden, zeigte mir ein Gespräch mit einem türkischen Fuhrunternehmer, als ich mich mit ihm über die

2010 gehaltene Kölner Rede des türkischen Ministerpräsidenten Erdogan unterhielt. Er lebe seit über 30 Jahren mit seiner Familie in Deutschland und habe sich gut integriert. Jetzt komme dieser Mann, verbreite seine Thesen und setze den jungen Leuten Flöhe ins Ohr. Seine eigenen Söhne fingen plötzlich an, sich für diese Idee einer türkischen Identität zu interessieren. Er selbst finde so etwas furchtbar. Mit dieser Meinung ist der gute Mann weitaus realistischer als so manche deutschen Multikulti-Träumer, die sich mehr über die Integrationsanforderungen der Mehrheitsgesellschaft empören als über die Brandstiftungen türkischer oder arabischer Wortführer.

Natürlich ist der Rückgriff auf die Herkunftskultur für alle Migranten in den ersten Jahren ein Rettungsanker, um ihre bedrohte Identität zu bewahren. Wenn Vertrautes verloren geht, bekommt das Festhalten an kulturellen Eigenarten und Verhaltensweisen, an Traditionen und religiösen Vorschriften eine besondere orientierende Bedeutung. Das gilt umso mehr, je fremder sich die neue Lebensumwelt darstellt. Nur wird sich bei fortschreitender, gelingender Integration dieser ideelle Orientierungsrahmen zunehmend auf die private Ebene verlagern und die demonstrative politische Zurschaustellung einschränken. Geschieht das nicht, zementiert sich die kulturelle Zerrissenheit. Das hat vor allem negative Auswirkungen auf die Identitätsfindung junger Menschen. Die von manchen Multikulti-Anhängern favorisierte Doppelidentität ist sicherlich in intellektuellen Kreisen leichter praktizierbar, überfordert aber den normalen Migranten aus einfachen sozialen Verhältnissen. Dass nicht wenige türkische Jugendliche auf die Frage, ob sie sich eher als Türken oder Deutsche verstehen, das Türkische betonen, ist Ausdruck dieser Politik. Vor diesem Hintergrund verwundert es nicht, wenn zum Beispiel beim Länderspiel gegen die Türkei im Dezember 2010 Mesut Özil lautstark von den anwesenden Deutschtürken niedergepfiffen wurde. Nach einem Befund des Kriminologischen Forschungsinstituts Niedersachsens über die Integration muslimischer 14- bis 16-jähriger Jungen empfinden diese sich umso weniger als deutsch, je stärker sie ihrer Religion zuneigen. Darüber hinaus verbindet sich mit dieser Affinität eine erhöhte Akzeptanz von Machoverhalten und der Nutzung gewalthaltiger Medien. Die gegenüber dieser Aussage vorgebrachte Kritik, die »Religiosität« dieser Jugendlichen entspreche weder vertieften religiösen Kenntnissen noch verstärktem religiösem Verhalten, mindert keineswegs deren Problemgehalt. Religion, wie wenig tiefgehend auch immer sie von muslimischen Jugendlichen verstanden wird, zielt in diesem Zusammenhang auf Abgrenzung und Provokation.

Typisches Beispiel solcher Provokation war die Forderung eines Berliner Gymnasiasten nach einem eigenen Gebetsraum in der Schule. Von der Schulleitung war ihm, dem Sohn eines deutschen Konvertiten, dieser aufgrund negativer Erfahrungen versagt worden. Jahre vorher hatte es schon einmal einen inoffiziellen Gebetsraum gegeben, jedoch war das Experiment eingestellt worden, nachdem es zu einer Prügelei zwischen Anhängern der verschiedenen Religionsrichtungen gekommen war. Doch Schulfrieden hin oder her, die gesellschaftspolitische Naivität, die gelegentlich juristische Entscheidungen kennzeichnet, verschaffte dem Jungen in einem Gerichtsprozess erstinstanzlich das Recht auf ein ungestörtes Gebet in einem gesonderten Raum. Dass er diese Möglichkeit im darauffolgenden Jahr nur 14-mal nutzte, war allerdings ein wenig überzeugender Beweis seiner Religiosität. Immerhin – der Streit war losgetreten, und auch an anderen Schulen gab es nun Anträge auf Gebeträume. Erst zwei Jahre später wurde in dritter Instanz durch das Bundesverwaltungsgericht dem Spuk ein Ende bereitet.

Streng orthodoxe Religions- und Gesellschaftsvorstellungen wurden jahrelang durch Imame gefördert, die weder Kenntnis von noch Verständnis für die Grundlagen einer offenen, demokratischen Gesellschaft hatten. Dieser integrationshinderliche Zusammenhang sollte bedacht werden, wenn orthodoxe Muslime mit tatkräftiger Unterstützung deutscher Islamversteher Handlungsfreiheit für ihre konservativen Religionsauffassungen einfordern, was wiederum von Salafisten und anderen Brandstiftern mit klammheimlicher Freude dankend angenommen wird. Wollen wir bei den jungen Migranten ein Islamverständnis fördern, das nicht rückwärtsgewandt ist, sondern unsere freiheitliche Lebensform anerkennt, sollten wir nicht jene Kräfte unterstützen, die dem entgegenstehen.

Vor diesem Hintergrund ist es auch zu begrüßen, dass die Leitung der Technischen Universität Berlin sich Anfang 2016 entschlossen hat, den Gebetsraum für Muslime zu schließen, um dem staatlichen Neutralitätsgebot zu entsprechen. Einen »Raum der Stille« einzurichten, der allen religiösen Richtungen gemeinsam zur Verfügung stünde, wurde ebenfalls abgelehnt. Dies mag auch durch die negativen Erfahrungen anderer Universitäten mit Gebetsräumen bedingt sein. In Essen wurde der muslimische Gebetsraum geschlossen, nachdem sich nicht muslimische Kommilitonen über Repressalien beschwert hatten. Ihnen, den »Ungläubigen«, aber auch den muslimischen Studentinnen, war während der Gebetszeiten der Zugang zu den umliegenden Toiletten und zum Aufzug verwehrt worden. Gemäßigte muslimische Studierende beklagten, dass religiöse Eiferer vorschreiben wollten, was muslimisch korrekt sei. Nachdem die Universität diesem Treiben jahrelang hilflos gegenübergestanden hatte, kam es im Februar 2016 zu dem Beschluss, diesen Raum abzuschaffen. Ähnliche Entwicklungen waren auch an der TU Dortmund zu beobachten. Nachdem muslimische Studenten den dortigen »Raum der Stille« okkupierten, wurde das Experiment beendet.

Politiker betonen häufig, wie wichtig es sei, »dem Volk aufs Maul zu schauen«. In der Praxis hat es sich als weise erwiesen, nicht gegen die eigene Klientel zu arbeiten, sondern deren Bedürfnisse und Ansprüche zu berücksichtigen. Für Bildungspolitiker und Didaktiker gilt sinngemäß das Gleiche. So steht der Grundsatz »Die Schüler dort abholen, wo sie stehen« für fast alle pädagogischen Aktivitäten. Methoden und Inhalte sind demnach sinn- und erfolglos, wenn die Schüler keinen Zugang haben und sie ihnen fremd erscheinen. Umso erstaunlicher ist es, was dabei herauskommt, wenn Schüler und Politik einmal direkt aufeinandertreffen und Politiker nicht über Schüler, sondern mit ihnen reden. So berichtete der Berliner *Tagesspiegel* im September 2011 von einer Diskussion zwischen Berliner Politikern und Schülern aus dem Bezirk Wedding. Dieser innerstädtische Stadtbezirk ist wie das inzwischen überregional bekannte Neukölln und Kreuzberg durch eine hohe Zahl türkischer und arabischer Bewohner gekennzeichnet. Entsprechend ist die Zusammensetzung der Schülerschaft. Die Oberstufenschüler, überwiegend mit Migrationshintergrund, hatten sich monatelang mit dem Problem der Integration auseinandergesetzt und kamen zu einem eindeutigen Ergebnis: Die Politik sei seit Jahren auf dem Holzweg. Der Tenor der Diskussion war eindeutig: mehr Härte, mehr Konsequenz, mehr Strenge. Das zog sich durch alle Thesen.»Die meisten Schüler aus türkischen und arabischen Familien kommen mit der liberalen Haltung vieler Lehrer nicht klar«, hieß es, oder:»Wir sind vom Elternhaus mehr Strenge gewohnt.« Was die Schüler vorschlugen, ließ»manche Zuhörer … schon ein bisschen schlucken«. Lehrer sollten autoritärer sein, Schwänzen sollte am besten mit Kindergeldentzug bestraft werden. Die Justiz müsse kriminelle Jugendliche schneller und härter bestrafen, und schließlich, weil Deutschkenntnisse den Schülern zufolge entscheidend für alles Weitere seien, solle nicht nur der Kindergartenbesuch Pflicht werden, sondern auch die Eltern müssten dazu verpflichtet werden, Deutsch zu lernen.»Wenn der Vater kein Deutsch spricht, spricht die ganze Familie kein Deutsch«, sagte ein 18-jähriger Schüler. Und auf den Einwand des ehemaligen Berliner SPD-Bürgermeisters Walter Momper, der sich gegen zu viel Zwang aussprach und für freiwillige Bemühungen der Zuwanderer warb, beharrten die Schüler darauf, dass die Eltern notfalls sanktioniert werden müssten:»Sonst bringt das alles gar nichts.«

Wer mit Schülern im Unterricht über diese Probleme diskutiert, weiß seit Langem, wie sie selbst darüber denken und welche Erwartungen sie haben. Dieses Wissen scheint bei Politikern allerdings nur sehr begrenzt anzukommen. »Ich bin überrascht, welche Forderungen ihr stellt«, so reagierte die anwesende Grünenpolitikerin auf die Diskussion. Überrascht!? Nach über 20 Jahren Integrationsdiskussion? Ideologien sind bedauerlicherweise beharrungsstabil und werden auch solche Irritationen in der abgehobenen Sicherheit des erträumten Wolkenkuckucksheims überleben.

Hier entsteht ein Zielkonflikt für den liberalen, reformorientiert eingestellten Lehrer. Soll er mit Methoden, die er nicht für angemessen hält, Unterricht durchführen? Wie soll sich dabei ein fortschrittlicher, kritisch denkender und selbstständig handelnder Mensch entwickeln? Genau hier stellt sich die pädagogische Aufgabe, einen schrittweisen, an den jeweiligen Fähigkeiten orientierten Erfahrungswechsel einzuleiten. So wäre es durchaus lohnenswert, die Vorschläge der Schüler hinsichtlich ihrer Umsetzbarkeit in einer offenen Gesellschaft zu überprüfen und den Wunsch nach Strenge und Autorität, hinter dem sich nichts anderes als der Wunsch nach Orientierung verbirgt, in eine demokratisch angemessene Form zu übersetzen. Ich erlebe es seit Jahren, dass Äußerungen der Schüler, die in diese Richtung gehen, nicht wahrgenommen werden. Zu groß ist der Widerspruch zu den eigenen freiheitlichen Werten. Die Schüler dort abholen, wo sie stehen? An ihren Fähigkeiten anknüpfen? Aber bitte nur dann, wenn mein eigenes ideologisches Weltbild keinen Schaden nimmt.

Es wird sich durch solche Befragungen nicht viel ändern in den Meinungen und Ansichten der verantwortlichen Politiker. Zu festgefahren sind die ideologischen Gräben. Bei allem Verständnis vor der berechtigten Angst, durch das Offenlegen von Integrationshindernissen einer bestimmten Ethnie Vorurteile bei den sozial verunsicherten Schichten der heimischen Bevölkerung zu wecken – ich halte es für weitaus gefährlicher, bestehende Probleme unter den Teppich zu kehren oder durch ihre Leugnung angemessene Problemlösungsversuche zu verhindern.

Um dem entgegenzuwirken, versuchen inzwischen vermehrt

Sozialarbeiter, Pädagogen und Psychologen mit eigenem Migrationshintergrund, Lehrer über die Hintergründe der sogenannten Ehrenkulturen aufzuklären. Um zu verstehen, warum die Jungen sich oft wie Machos benehmen oder die »Ehren-, Nazi-, oder Diskriminierungskarte« ausspielen, sei es wichtig zu wissen, dass die Jugendlichen »in einem Korsett aus Tabus, Gehorsam und Bestrafung aufgewachsen sind. Ohne Raum für eigene Meinungen und ein starkes Selbstbewusstsein«, so der Psychologe Ahmad Mansour und der Pädagoge Yilmaz Atmaca im *Tagesspiegel*.

Doch finden solche Erkenntnisse wenig Widerhall in der öffentlichen Diskussion. Kulturspezifische Probleme gelten weiterhin als zweitrangig. Wenn aber den Bürgern immer wieder suggeriert wird, ihre alltäglichen Wahrnehmungen seien falsch, wenn ihre durch Erfahrungen begründeten Urteile ständig als Vorurteile entwertet werden und wenn ihnen dann letztendlich noch die Hauptschuld an den Integrationsdilemmata zugesprochen wird, dann sollte man sich nicht über eine zunehmende Verweigerungshaltung gegenüber dieser speziellen Migrantengruppe wundern. Darunter leiden dann nämlich auch jene, die vorbildhaft integriert sind. Die Klagen einer Kollegin, die seit Beginn der Neunzigerjahre voller Engagement an einer Grundschule mit wachsendem Zuwandereranteil gearbeitet hatte, brachte circa 15 Jahre später diese ganze Misere zum Ausdruck:

Sie könne es nicht mehr hören, diese Forderungen von Eltern, die sich überhaupt nicht um die schulischen Probleme ihrer Kinder kümmerten, nicht für regelmäßigen Schulbesuch, nicht für Schulmaterialien oder Hausaufgaben, nicht für ausreichende Verpflegung oder Sportsachen sorgten, die ihre Töchter nicht zum Schwimmen ließen und nicht auf Klassenfahrt, die nicht zu den Elternabenden erschienen, aber sich zu jeder beliebigen Zeit über die schlechten Ergebnisse ihrer Kinder beschwerten. Väter, die es ablehnten einer Lehrerin die Hand zu geben, fordernd und überheblich aufträten und Schule und Lehrer des Versagens beschuldigten. Und deren Kinder sich dann, die Verachtung der

Familien diesem Staat und der offenen Gesellschaft gegenüber spiegelnd, sich ebenso anmaßend und provokativ verhielten, laut und pöbelnd gegenüber Lehrkräften und Mitschülern, vor allem aber gegenüber Mädchen und deutschen Mitschülern. Besonders ärgerlich aber fand sie, dass man sofort als ausländerfeindlich in die rechte Ecke gestellt werde, wenn man sich dazu kritisch äußere.

Es ist keine gute Perspektive, wenn Kollegen, die noch Jahre vorher voller Freude und Elan mit diesen Kindern arbeiteten, sich dermaßen desillusioniert äußern. Viele Teilnehmer meiner Seminare berichteten mir Ähnliches. Das Verhalten dieser Kinder und Jugendlichen sei nur schwer auszuhalten und mache ein erträgliches Zusammenarbeiten oft unmöglich. Dass dies aber keinesfalls den betroffenen jungen Menschen anzulasten sei, wurde ebenfalls deutlich.

Hier ist eine verunsicherte Generation von Kindern und Jugendlichen auf der verzweifelten Suche nach verbindlicher Orientierung und Verlässlichkeit. Sie sind zerrieben zwischen den traditionellen, oft archaischen Wertvorstellungen ihrer Herkunftskultur, repräsentiert von den Eltern, der Familie, dem Clan, und den freiheitlich-liberalen, oft grenzenlos unverbindlich erscheinenden Vorstellungen einer offenen Gesellschaft, repräsentiert durch Schule und Öffentlichkeit. Orientierung, Normen und Werte verweigert ihnen unsere Gesellschaft. Dass die jungen Menschen diese dann aus anderen Zusammenhängen gewinnen, sollte niemanden verwundern.

Der im Juni 2010 verstorbenen Jugendrichterin Kirsten Heisig wurde vorgeworfen, in ihrem Buch mit falschen Zahlen zu operieren, die durch die Kriminalstatistik nicht gedeckt seien, und dass sie darüber hinaus keine Quellenangaben mache. Insbesondere ihre Angaben über kriminelle arabische Großfamilien seien zu pauschal und führten zu Vorurteilen. Laut dem Projektleiter des Deutsch-Arabischen Zentrums in Neukölln gebe es zwar solche Familien, aber das seien »nur Einzelne.«

Nur Einzelne? Ein marginales Problem? Anscheinend kennt

der Projektleiter des Deutsch-Arabischen Zentrums die Verhältnisse nicht genau. Seiner Aussage steht der Bericht des Magazins
Fakt vom 10. Februar 2012 gegenüber, in dem von zehn Familien
libanesisch-türkischer Clans aus Berlin-Neukölln berichtet wird,
aus denen über 1000 Mitglieder einschlägig aktenkundig seien.
Rund 70 Straftäter mit jeweils zehn Straftaten gehörten zu diesen
Familien. Die Söhne und Cousins dieser Clans terrorisierten in
den Schulen ihre Mitschüler. Fühlten sie sich beleidigt, könnten
sie sich darauf verlassen, dass die per Handy herbeigerufenen
Clanmitglieder ihre »Ehre« wiederherstellten. Der Integrationsbeauftragte des Bezirks Arnold Mengelkoch berichtete in der
Sendung, dass nicht nur Schüler, sondern auch Lehrer geschlagen würden. Er selbst sei, als er einen zwölfjährigen Drogendealer von ferne fotografierte, von Jugendlichen verfolgt und mit
dem Messer bedroht worden – eine Aussage übrigens, die dem
Integrationsbeauftragten die heftige Kritik einer grünen Bezirkspolitikerin einbrachte.

Der deutsche Strafvollzug, so der Kommentar eines libanesischen »Friedensrichters«, werde von den Clans als Kindergarten
wahrgenommen. Abschrecken könne er nicht. Zeitweilige Inhaftierungen würden hingenommen, ja häufig als familieninterner
»Ritterschlag« verstanden. Die Familie werde währenddessen
vom Staat versorgt. Zwischen 80 und 90 Prozent der Mitglieder
dieser Clans leben von Hartz IV.

Im Dezember 2015 bestätigt eine vom Berliner Senat in Auftrag gegebene Studie über Paralleljustiz, dass die Clans »ihre archaischen kulturellen Vorstellungen von ›Ehre‹ und Machtausübung rücksichtslos durch(setzen) und ein Klima der Angst
unter Tatopfern, Zeugen, in den Communitys und der Gesamtbevölkerung« verbreiten. Was bei den betroffenen Bürgern
längst zur Alltagserfahrung gehört, löste beim Berliner Justizsenator Überraschung darüber aus, »wie verfestigt das Problem«
bereits sei.

Der aus dem Libanon stammende Islamwissenschaftler
Ralph Ghadban geht im Frühjahr 2016 in Interviews im *Focus*

und im *Stern* über den Umgang mit arabischen Clans hart mit der deutschen Politik ins Gericht. Er sieht Versäumnisse, seit in den Achtzigerjahren Libanon-Flüchtlinge nach Berlin kamen. Mangelnde Kenntnisse der Clan- und Sippenverhältnisse, fehlende Integration in den Arbeitsmarkt und Rücksicht auf religiöse Befindlichkeiten, die dem Grundgesetz widersprechen, seien für eine verfehlte Integrationspolitik verantwortlich. Das habe die Flüchtlinge aus der Gesellschaft ferngehalten. Die so entstandenen Parallelgesellschaften verachten unsere Werte, und die Clanchefs nutzen die Religion zum Machterhalt. Nicht nur die eigenen Kinder wachsen in diese Strukturen hinein. Die Clans versuchen zunehmend, die vielen unbegleiteten minderjährigen Flüchtlinge mit Geld anzulocken und zu rekrutieren.

Junge Menschen, die unter solchen Verhältnissen leben, sind meist für unsere Gesellschaft verloren. Ich kenne Kollegen, die begeistert von ehemaligen Schülern berichten, die bemerkenswerte Karriere gemacht haben. Die Begeisterung des Kollegiums meiner eigenen Schule hielt sich dagegen in deutlichen Grenzen, als kürzlich über einen ehemaligen Schüler in den Medien berichtet wurde. Als Sprössling eines stadtbekannten arabischen Clans hatte er die familiären Karriereerwartungen voll erfüllt und steht unter Anklage, maßgeblich am Überfall auf ein großes Berliner Kaufhaus beteiligt gewesen zu sein. »Kann der Staat es zulassen, dass Kinder in diesen kriminellen Strukturen aufwachsen und sozialisiert werden?«, fragt deshalb der SPD Innenpolitiker Tom Schreiber und schlägt vor, »die Kinder bekannter arabischstämmiger Krimineller im Zweifel unter staatliche Obhut zu stellen«. Doch dieses Mittel gegen eine Kindeswohlgefährdung scheitert wohl meist an den hohen rechtlichen Hürden.

Dass die Gefahr riskanter Sozialisationsverläufe sich nicht auf kriminelle Großclans beschränkt, zeigte eine Befragung von Sekundarschulen im Berliner Bezirk Mitte. Bei einem Migrantenanteil von 80 Prozent beginnen hier von 1080 Schulabgängern nach der 10. Klasse nur 60 Schüler eine duale Ausbildung. Von den verbleibenden Schülern sind allein rund 500 arbeitslos oder in Überbrückungsmaßnahmen geparkt. Dass Jugendliche unter solchen Bedingungen zur Delinquenz neigen, dürfte wenig verwundern. Doch sichert der Beginn einer Ausbildung keineswegs eine erfolgreiche Perspektive. So berichtete eine Schule, dass 2014 von 120 Abgängern nur sechs eine Lehre zwar begonnen, aber vier von ihnen diese wieder aufgegeben hätten, »weil die Eltern nicht dahinterstanden oder weil es den Schülern zu anstrengend war«, so die Aussagen des Rektors. Von der Schule wurde dies vor allem deshalb als niederschmetternd empfunden, weil die Schüler »von hinten bis vorn gepimpt und beraten« worden seien. Wenn sie allerdings in ihren Familien »erfahren, dass sich auch ohne Arbeit ganz gut leben lässt«, sagte eine andere Schulleiterin, »sehen sie nicht ein, warum sie um sechs Uhr aufstehen und acht Stunden lang schuften sollen« (Schulforum Berlin 15.10.2015). Eine Sichtweise, die sich allerdings nicht auf Migranten beschränkt.

Das alles ist keineswegs ein Problem des Brennpunktbezirks Mitte, sondern ein berlinweites Phänomen. Nur 16 Prozent der Azubis haben laut einer IHK-Umfrage einen Migrationshintergrund, und das, obwohl ihr Anteil an den Zehntklässlern der Sekundarschulen mehr als 40 Prozent beträgt.

Lässt sich dieses Ergebnis wirklich dadurch verbessern, indem man jeder Schule einen Berufsberater mit voller Stelle zuweist, wie die Grünen fordern, oder indem der Senat versucht, mit der für Jugendliche mit Migrationshintergrund gedachten Kampagne »Berlin braucht Dich« die besten Betriebe der Stadt zu bewegen, »auch den schwierigsten Schülern eine Chance zu geben«? Solche Kampagnen gibt es, mit wenig Effizienz, schon seit 2006. Vielleicht stimmt einfach etwas nicht im Verhältnis des sogenannten »Forderns und Förderns«.

Aus den Fehlern der Vergangenheit zu lernen hieße vor allem, die Integration besonders der jungen Menschen von Anfang an voranzutreiben und Fördermaßnahmen mit gesellschaftlichen Forderungen verpflichtend zu verbinden. Doch das wird nicht immer leicht gemacht, denn nichts scheinen Multikulti-

Ideologen so zu fürchten wie den Einflussverlust der Herkunftskultur. Stehen Integrationsmaßnahmen in dieser Hinsicht unter
Verdacht, müssen die Initiatoren mit geballten Protesten rechnen. Ein typisches Beispiel wurde im Jahr 2006 bundesweit bekannt. Damals hatte es eine aufgeregte Diskussion um eine Entscheidung an der Weddinger Hoover Realschule gegeben. Die
Schule mit einem 90-prozentigen Schüleranteil fremdsprachiger
Herkunft hatte in einem Beschluss der Schulkonferenz, die pa-
ritätisch mit Lehrern, Eltern und Schülern besetzt ist, festgelegt,
dass innerhalb des Schulgeländes, also auch in den Pausen, nur
Deutsch gesprochen werden solle. Diese selbstauferlegte Regel
wurde ein Jahr lang praktiziert, bis das türkische Massenblatt
Hürriyet darüber berichtete. Seither wurde die Schule seitens
der Grünen, des Türkischen Bundes und anderer Verbände mit
Kritik überhäuft. Eine Diskriminierung fremdsprachiger Schüler
sei das. Der Bildungspolitiker Öcan Mutlu sah im Vorgehen der
Schule eine Verletzung des Grundgesetzes, und der Vorsitzende
der Türkischen Gemeinde Deutschlands Kenan Kolat unterstell-
te den Eltern gar, dass ihnen nicht bewusst gewesen sei, was sie
dort beschlossen hätten. Für den Sprecher des Türkischen Bundes Eren Ünsal war klar, dass das friedliche Zusammenleben
von Menschen unterschiedlicher Kulturen dadurch nicht gefördert werde.

Dass die Betroffenen, also die weit überwiegende Mehrheit
der Eltern und Schüler, die Sprachverpflichtung sehr hilfreich
und gut fand und auch ausgewiesene Fachleute wie der Jugend-
forscher Klaus Hurrelmann die Maßnahme in einem *taz*-Inter-
view befürwortete, war für die Kritiker wenig von Interesse. Als
dann, ein knappes Jahr später, die Hoover Schule für ihre mu-
tige Entscheidung mit dem Nationalpreis geehrt wurde, mussten sich die multikulturellen Bedenkenträger eines Besseren
belehren lassen. So berichtete die Schülersprecherin von Zeiten:
»Da haben wir ein Spiel gespielt: jemanden beleidigen in einer
Sprache, die er nicht versteht.« Dies habe sich geändert, seitdem
überwiegend Deutsch gesprochen werde. Es gebe jetzt weniger

Konflikte. Ein nachvollziehbares Argument. Dieses »Spiel« ist übrigens weit verbreitet, und die damit heraufbeschworene Situation kann sich umso problematischer gestalten, je unterschiedlicher die Herkunft der Schüler ist.

Fünf oder mehr verschiedene Herkunftsnationalitäten bei den Schülern meiner eigenen Klasse waren durchaus keine Seltenheit. Das dadurch mögliche Sprachengewirr hätte zwar einen Hardcoremultikulturalisten begeistert, wäre aber ziemlich verständigungsfeindlich gewesen. Von den Mobbinganlässen ganz zu schweigen. So wurde ein behinderter arabischer Schüler meiner Klasse von einem anderen Araber während der Hofpause permanent in arabischer Sprache bedroht und diskriminiert, was den anderen Klassenkameraden türkischer, serbokroatischer, polnischer und deutscher Sprache leider verborgen blieb. Erst als der bedrohte Schüler anfing, den Schulbesuch zu verweigern, kam nach intensiven Nachforschungen mit Unterstützung der Eltern die Ursache der Schulangst heraus. Eine Deutschpflicht nach dem Hoover-Vorbild auch in den Pausen hätte da einiges verhindert.

Fünf Jahre nach den politischen Aufregungen um die Hoover Schule berichtete die *Süddeutsche Zeitung*, die Sprachregelungen hätten sich als Erfolgsmodell etabliert und die Konflikte deutlich reduziert. Jeder neue Schüler müsse inzwischen eine Verpflichtung unterschreiben, überall auf dem Schulgelände Deutsch zu sprechen.

Die Verpflichtung auf den Gebrauch der deutschen Sprache als Mittel zur Konfliktdeeskalation? Vielen wird das nicht gefallen. Doch besteht der Verdacht, dass die Vorbehalte weniger in der Sorge um die Befindlichkeit der Schüler als vielmehr um einen möglichen Verlust nationaler Identität des Herkunftslandes begründet liegt. Der Vizepremier der türkischen Regierung Bekir Bozdag sah deshalb sogar in den Sprachkursen, die für Zuwanderer angeboten werden, eine Menschenrechtsverletzung. Auch so kann man Integrationsbemühungen torpedieren.

Die Neigung, sich auf die Herkunftskultur zu beziehen, ist besonders stark in der jüngeren Generation ausgeprägt. Wenn die Lebensweise der Eltern als überholt und erfolglos erkannt wird und gleichzeitig das Gefühl dominiert, von der Aufnahmegesellschaft in Alltag und Schule keine Anerkennung zu bekommen, besteht die Gefahr von Selbstausschlusstendenzen. Der Weg in eine Gemeinschaft und Zusammenhalt suggerierende Jugendgang ist dann nicht weit. Die *FAZ* berichtete im Mai 2015 von einer deutlich vermehrten »konfrontativen Religionsausübung« an einer Hamburger Gemeinschaftsschule mit zwei Dritteln Schülern türkischer, afghanischer, iranischer, arabischer und afrikanischer Herkunft. Da gehe es nicht mehr um gemeinsamen Schwimmunterricht oder Sexualkunde. Die Konflikte hätten eine andere Dimension, wenn Gebetsräume gefordert oder Schüler wegen ihrer Religion gemobbt würden und die Lehrer wegen endloser und provozierender Diskussionen überfordert seien. Aber dies ist nicht nur in Hamburg so. Auch in Berlin herrscht große Ratlosigkeit, wie mit islamistisch radikalisierten Jugendlichen umgegangen werden soll. Das Gleiche gilt für Nordrhein-Westfalen und Hessen. In allen diesen Bundesländern sind salafistische Gruppierungen überaus aktiv.

Mittlerweile brechen auch viele aus, die in gut integrierten Familienzusammenhängen groß geworden sind. Tatsächliche oder imaginierte Erfolglosigkeit wird dann leichtfertig auf die Herkunft bezogen. In dieser Opferrolle fällt die Ablehnung der Gesellschaft und ihrer freiheitlichen Werte nicht schwer. Einige suchen die Alternative inzwischen dort, wo die Welt eindeutig und klar erscheint: in der extremistischen Ausprägung ihrer Religion, bei Salafisten und ähnlichen Gruppierungen. Manche ziehen in den Bürgerkrieg. Radikale Imame in den Moscheen wirken nicht selten als Verführer. Der salafistische Prediger und Konvertit Pierre Vogel genießt inzwischen unter muslimischen Jugendlichen den Ruf eines Popstars. Die österreichische Autorin Petra Ramsauer sieht den sogenannten »Islamischen Staat« zu einem gewissen Teil als Ausdruck einer Protestbewegung von Jugendlichen, und der schon erwähnte Psychologe Ahmad

Mansour hält viele der Jugendlichen, für die der Islam Orientierung bietet und ihnen Anerkennung und Geborgenheit vermittelt, für potenziell verführbar durch Hassprediger. Die Beratungsstelle Radikalisierung vom Bundesamt für Migration nennt typische Verhaltensweisen. Für eine Radikalisierung sprechen neben dem häufigen Anschauen von Kampfvideos aus Syrien und dem offen geäußerten Wunsch, dort selbst aktiv mitzuwirken, vor allem Veränderungen im persönlichen Umfeld. Der Wechsel des Freundeskreises, demonstratives Einhalten von Glaubenspraktiken sowie ständige Konfrontation in der Familie, verbunden mit missionarischem Eifer, können Warnzeichen sein.

Die hier umrissenen Schwierigkeiten, die durch einen fremden, vordemokratischen Kulturhintergrund bedingt sind, kommen meist zu den allgemeinen Problemen im Umgang mit dissozialem Verhalten hinzu. Das macht die Sache nicht leichter. Es gilt also, jene Fehler zu vermeiden, die in der Vergangenheit einen positiven Erziehungserfolg verhinderten.

Darüber hinaus stellt sich, unabhängig von Herkunft, Kultur und religiöser Ausrichtung, grundsätzlich die Frage: Was brauchen Kinder und Jugendliche, die durch ihr Verhalten sich und anderen im Wege stehen? Für den Erziehungsprozess eine zentrale Fragestellung, wenn wir wollen, dass auch sie in Zukunft als selbstbewusste, soziale und rücksichtsvolle Bürger das Leben in unserer Gesellschaft mitbestimmen und nicht als abgehängte, depravierte Daueropponenten oder selbstbezogene, egoistische Hedonisten das Miteinanderleben unerträglich machen. Das folgende Kapitel versucht darauf eine Antwort zu geben.

III. WAS GEHEN KÖNNTE, ABER SELTEN LÄUFT

Erziehung ist die wirksamste Möglichkeit
um die Welt zu verändern.

Nelson Mandela

Erziehung ist vor allem Beziehungsarbeit,
in der jeder die Bedürfnisse und Rechte
des anderen respektieren lernt.

Axel Becker

16. WEGWEISER

Ein Neunjähriger, der schmerzhaft gegen das Schienbein des Lehrers tritt, als dieser ihn freundlich auffordert, die Pause zu beenden. Ein 15-jähriger Schüler, der auf einem Ausflug eine Holzlatte von einer Autobahnbrücke in den fließenden Verkehr wirft. Die Gruppe 14-Jähriger, die auf einer Klassenreise nachts ausbüxen, um Baumstämme auf die nahe Fahrbahn einer Landstraße zu legen. Der 14-jährige Schüler, der mithilfe von Klassenkameraden einen Mitschüler kopfüber in das Toilettenbecken taucht, um Geld zu erpressen. Der 15-Jährige, der durch sein Verhalten den Unterricht chaotisiert und sich weigert, die Klasse zu verlassen. Das 13-jährige Mädchen, das ihre Freundin zu einer Spritztour im Wagen ihrer Mutter einlädt, aber schon beim Ausparken scheitert, indem sie alle umstehenden Fahrzeuge demoliert. Ein 13-Jähriger, der durch Gesten und Kommentare deutlich macht, dass Lehrer ihm gar nichts zu sagen haben. Der 14-Jährige, der auf der Klassenreise droht, von einer Brücke zu springen, wenn ihm das heimlich von den Eltern zugeschickte zusätzliche Taschengeld nicht ausgehändigt wird.

Es sind nur wenige Spots aus meinem pädagogischen Alltag mit dissozialen Verhaltensweisen schwieriger Kids. Die Liste ließe sich ohne Schwierigkeiten fortsetzen. Manche Vorkommnisse lassen einen im ersten Augenblick hilflos zurück im Irrgarten möglicher Deutungen und Interpretationen. Andere sind pädagogischer Alltag. Doch immer steht man vor der Frage: Was tun?

Unabhängig von den Vorschlägen und Empfehlungen der unterschiedlichen psychologischen und pädagogischen Lehrmeinungen haben mir vor allem jene Erkenntnisse weitergeholfen, die wir als bestimmend für das Verhalten aller Menschen annehmen können. Wir können diese im alltäglichen Umgang beobachten und müssen oft feststellen, dass sie wenig berücksichtigt werden. Beginnen wir deshalb mit weitgehend unstrittigen Erkenntnissen, die uns helfen, unser eigenes Unverständnis gegenüber manchen Verhaltensweisen zu klären. Auch bekommen wir durch sie nützliche Hinweise für Präventionsmaßnahmen und einen konstruktiven Umgang in aktuellen Konfliktsituationen.

Die moderne Entwicklungspsychologie hat mithilfe der Gehirnforschung erheblich dazu beigetragen, den alten Streit zu entschärfen, ob Umwelt oder Anlagen für unser Verhalten verantwortlich sind. Auch wenn viele Menschen danach suchen – einen festgelegten Anteil von Ursachenbedingungen kann es nicht geben. Wir sollten uns also mit der allgemeinen Aussage zufrieden geben, dass dissoziales Verhalten und die Neigung zur Gewalt zum Teil genetisch und zum anderen Teil durch die Umwelt bedingt sind. Kommen in diesem Verhältnis viele ungünstige Faktoren zusammen, ist das Risiko groß, dass sich eine dauerhafte kriminelle Neigung entwickelt. Der Neurobiologe Gerhard Roth sieht hierfür in seinem Buch *Persönlichkeit, Entscheidung und Verhalten* laut einer von ihm zitierten neuseeländischen Langzeitstudie hauptsächlich folgende Faktoren: »Kriminalität der Eltern, Armut, überstrenge oder inkonsequente Erziehung, ein schwieriges Temperament und Hyperaktivität, frühzeitiger ›schlechter‹, das heißt krimineller Umgang und kognitiv-neurologische Störungen.« Diese zeigten sich vor allem durch »eine gewisse genetische Vorbelastung in Richtung auf eine leichte Erregbarkeit, mangelnde Impulshemmung, niedrige Frustrationsschwelle und Trotzverhalten«, verbunden mit typischen kognitiv-emotionalen Defiziten wie der »Unfähigkeit, das Verhalten anderer richtig zu deuten«. Vor allem aber, so Roth, finden sich fast immer deutliche Mängel in der frühkindlichen Bindungserfahrung, oft im Zusammenhang mit problematischen familiären und ökonomischen Bedingungen und gewalttätigen Erfahrungen in der Familie oder im sozialen Umfeld. Bestimmend für die soziale Entwicklung sei das Zusammentreffen dieser Probleme. Entsprechend sei auch die Chance auf eine positive Beeinflussung dieser Entwicklung von der Anzahl und dem Zusammenwirken der genannten Faktoren abhängig.

Somit ist vielleicht die Frage nach unserer angeborenen, »mitgebrachten« emotionalen Grundausstattung für unsere Problemstellung gar nicht so relevant. Bedeutsamer ist vielmehr, welche Bedingungen und Einflüsse die weitere Entwicklung vom Kleinkind zum Erwachsenen prägen. Es bedarf deshalb auch unterschiedlicher und wirksamer Hilfestellungen, um die weitere Entwicklung eventuell vorhandener negativer Verhaltensdispositionen sozial angemessen zu steuern.

Die Notwendigkeit verhaltenssteuernder Eingriffe wird verständlicher, wenn wir uns einigen biologischen Voraussetzungen zuwenden, die den Reifungsprozess des Gehirns kennzeichnen. In der späten Kindheit und der frühen Pubertät kommt es zu einschneidenden Veränderungen im Gehirn junger Menschen. Sie äußern sich in einem radikalen Abbau von Synapsen, die im bisherigen Leben der Kinder keine oder wenig Bedeutung erfuhren. Gestärkt werden dagegen jene, die häufig genutzt wurden und sich somit als nützlich erwiesen haben. Das Gehirn versucht also, im Sinne bisheriger Erfahrungen seine Effizienz zu steigern und ungenutzte Fähigkeiten auszusortieren. Dies zeigt die Bedeutung bisheriger und weitergehender Erfahrungen für die nun beginnende Verfestigung der Gehirnstruktur. Gab es Vernachlässigung, Gewalt und Diskriminierung, wurde betrogen, gestohlen, geschlagen, erpresst, beleidigt, und konnte man sich mit diesem Verhalten durchsetzen? Setzen sich diese Erfahrungen fort? Sind sie weiterhin von Erfolg gekrönt? Mal ganz naiv gefragt: Wenn Sie das Gehirn wären, welche Verhaltensdispositionen würden Sie wohl in so einem Fall favorisieren und stärken?

Doch noch andere Besonderheiten erweisen sich in der Pubertät als bedeutsam. Sie machen den Umgang mit den jungen, sich permanent selbst überschätzenden Energiebündeln nicht leichter. So ist das limbische System, das für Emotionen und Gefühle zuständig ist, ungewöhnlich entwickelt und aktiv, dagegen der Präfrontalkortex (der zur Stirn hin liegt), in dem Impulskontrolle, Planung und Vernunft verarbeitet werden, noch deutlich unterentwickelt. Er braucht erheblich mehr Zeit zum Reifen, was sich dadurch bemerkbar macht, dass Jugendliche besonders auf Emotionen ansprechen, die in ihren Dimensionen gar nicht intensiv genug sein können. Übertriebenes, überschäumendes Verhalten, Stimmungsschwankungen, Musik, die unter die Haut geht, Romantik und Kämpfe, der Extremismus der Gefühle und Stimmungen, all das bestimmt das Leben in der Pubertät. Nur leider ist dies alles auf sich selbst bezogen. Die Einschätzung der Bedürfnisse anderer Menschen, ihrer Gefühle und Ängste kommt dabei schlecht weg. Das, was den so anspruchsvoll sozialisierten Erwachsenen wichtig ist, soziales Verhalten und Empathie, findet wenig Raum in den jungen Köpfen, und wenn doch, dann im irrationalen Überschwang. Da ist die allerallerbeste Freundin, die man plötzlich hasst, weil man sich von ihr betrogen fühlt, oder der sonst immer zuverlässige Kumpel, den man jetzt verachtet, weil er bei einer hirnrissigen Aktion nicht mitmachen will, oder die Eltern, diese unendlich nervenden, hoffnungslos antiquierten Alten, die einem verbieten wollen, was doch gerade so alternativlos hip und angesagt ist. Ebenso schlechte Chancen ergeben sich für Versuche, rationale Diskussionen zu führen. Die Vernunft macht sozusagen Urlaub, weil sie in dieser Phase kein Zuhause im Hirn der jungen Menschen findet.

Verstärkt werden diese Prozesse durch den Vorgang der Myelinisierung. Als Ummantelung der Nervenzellen sorgt das Myelin für einen schnellen Transport der Nervenreize. Verhängnisvollerweise erfolgt eine frühe und verstärkte Myelinisierung genau in jenem Hirnareal, das für die emotionalen Reaktionen zuständig ist. Eine mögliche Erklärung für den Umstand, dass Jugendliche sofort reagieren und erst viel später, wenn überhaupt, über die Folgen nachdenken.

Was das alles bedeuten kann, habe ich miterleben können, als eine befreundete Kollegin ihrer 14-jährigen Tochter voller Vertrauen in die Selbstständigkeit des Mädchens die Wohnungsschlüssel für ein Wochenende überließ. Die Party soll bis in die Morgenstunden gedauert haben und kostete erst hinterher so richtig Geld. Solch einen Vertrauensbeweis sollte man tunlichst nur dann praktizieren, wenn die Renovierung der Wohnung ohnehin ansteht.

Viele Eltern beginnen das Abenteuer der Kindererziehung mit dem wohlmeinenden Hinweis aus dem Freundeskreis, dass »die ersten Jahre die schlimmsten« seien. Gut gemeint, aber oft weit gefehlt. Es kann noch schlimmer kommen, und gerade die Pubertät ist eine Zeit, in der manche Eltern den Zugang zu ihren Kindern verlieren. Sie ist deswegen so schwierig, weil hier ein unbändiges, emotional gesteuertes Bedürfnis nach Freiheit und Unabhängigkeit auf die Notwendigkeit trifft, dieses Verhalten gleichermaßen verstehend und begrenzend angemessen zu begleiten. Diese beiden sich gegenseitig widersprechenden Handlungsziele machen die Pubertät für Eltern, Pädagogen und alle, die mit Kindern und Jugendlichen zu tun haben, so schwierig.

Schon in den Sechzigerjahren waren an der Columbia-Universität in New York Untersuchungen zur Impulskontrolle von Kindern durchgeführt worden, die zeigten, dass diese bei den Kindern sehr unterschiedlich entwickelt war. Nur diejenigen, die über geeignete alternative Handlungsstrategien verfügten, konnten für einige Zeit ihre unmittelbaren Bedürfnisse zurückstellen. In neueren Untersuchungen des Max-Planck-Instituts für Kognitions- und Neurowissenschaften in Leipzig aus dem Jahr 2012 und 2013 von Nikolaus Steinbeis an 146 Schulkindern im Alter von sechs bis 13 Jahren ergab sich, welch große Schwierigkeiten Kinder haben, abstraktes Wissen über richtiges und falsches Handeln in die Tat umzusetzen. Unabhängig von der Intelligenz und der Empathie der untersuchten Kinder war die Willensstärke entscheidend für ihre Handlungen. Waren die Zentren im Stirnhirn, die für die Impulskontrolle verantwortlich sind, noch nicht ausgereift, blieb das angeeignete moralische Wissen für die

Handlungen weitgehend wertlos. Entsprechend lautete das Fazit der Forscher:»Es reicht eben nicht, Kindern etwas abstrakt zu erklären. Wir müssen mit ihnen Strategien einüben, wie sie ihre Impulse kontrollieren können und somit später auch als Erwachsene erfolgreich sein können.«

Die Ergebnisse dieser Untersuchungen korrespondieren mit den Erfahrungen in der Praxis. Wie viele Gespräche über Richtig und Falsch, über Gut und Böse führen Pädagogen jeden Tag. In wie viele Gesichter, die mit treuherzigem Augenaufschlag versichern, sich jetzt an die vereinbarten Regeln zu halten, schauen sie täglich? In den entscheidenden Situationen auf sich allein gestellt, fehlt die Impulskontrolle.

Dieser Erfahrung müssen sich auch andere Berufsgruppen stellen. Auf einer Tagung zum Thema Jugenddelinquenz berichtete ein Staatsanwalt davon, dass straffällige Jugendliche zur Strafvermeidung zu einem »normenverdeutlichenden Gespräch« geladen werden, in denen ihnen Ausmaß und Konsequenzen ihrer Taten aufgezeigt und sie eindringlich zu einem anderen Verhalten aufgefordert würden. Das ist lieb und an Naivität nicht zu übertreffen, wenn man bedenkt, wie viele »normenverdeutlichende Gespräche« diese Kinder und Jugendlichen allein schon täglich in der Schule über sich ergehen lassen müssen. Sie können oft besser als mancher Erwachsene über Sinn und Unsinn, Recht und Unrecht einer Handlung berichten. In der konkreten Situation wird ihnen das wenig helfen. Unabhängig davon, ob sie das Gehörte einsehen und sich vornehmen, beim nächsten Mal danach zu handeln, oder ob es ihnen, wie manche so treffend sagen, »am Arsch vorbeigeht«, was die Erwachsenen so predigen. Sie können es nicht, weil sie die Fähigkeiten dazu meist noch nicht entwickelt haben und ihnen keine geeigneten Handlungshilfen und Alternativen angeboten oder mit ihnen eingeübt wurden. Da helfen weder Appelle an die Freiwilligkeit und an die Vernunft noch härtere Strafen und lange Gefängnisaufenthalte.

Es wäre ein Fehler, aufgrund solcher Untersuchungsergeb-

nisse auf unveränderlich festgelegte genetische Entwicklungs-
stadien zu schließen, die unabhängig von Umwelteinflüssen und
sozialen Erfahrungen die Entwicklung bestimmen. Der Kinder-
und Jugendpsychiater Oliver Bilke, Chefarzt der Kinder- und
Jugendpsychiatrie in den Berliner Vivantes Kliniken, geht davon
aus, dass genetische Risiken sich nur auswirken, »wenn die Unterstützung in der frühen Kindheit nicht optimal ist«. In Studien
mit Kindern, die Probleme mit dem stimmungsausgleichenden
Botenstoff Serotonin und deshalb Schwierigkeiten mit ihrer Im-
pulssteuerung hatten, zeigte sich, dass die damit verbundenen
Risiken für Delinquenz, Aufmerksamkeitsstörungen oder auch
späteren Drogenkonsum nicht größer waren als bei genetisch
unauffälligen Kindern, wenn ihre Eltern darin geschult wurden,
den Nachwuchs bei der Regulation ihrer Emotionen zu unterstützen. Ist diese Unterstützung nicht gegeben, bleibt die Gefahr
groß, dass sich daraus später eine Störung des Sozialverhaltens
und der Empathiefähigkeit entwickelt.

»Solche Kinder können Gefühle wie Furcht und Abwehr bei
anderen nicht erkennen. Umgekehrt neigen sie dazu, die Welt
als feindselig und bedrohlich zu erleben, gerade weil sie sich nur
schlecht in andere hineinversetzen können. Wenn ein solches
schwieriges Naturell mit frühkindlicher Vernachlässigung und
Gewalt zusammenkommt, wenn in der Familie wenig gesprochen und schnell zugeschlagen wird, dann lernt das Kind schon
mit zwei, drei Jahren, dass es klüger ist, sich auf eine Gefahren-
situation einzustellen, als zu hoffen, dass sich alles im Guten klären lässt. Durch Medieneinflüsse und eine gewalttätige Atmosphäre auf dem Schulhof wird ein Kind in seiner Ansicht noch
bestärkt, dass Gewalt das einzige Mittel ist, zu seinem Recht zu
kommen«, so Oliver Bilke im Juli 2010 im *Tagesspiegel*.

Die Notwendigkeit, schon früh auf gefährdete Familien einzuwirken, sieht er deshalb als einen zentralen Weg, kriminelle
Entwicklungen bei den Kindern zu verhindern und somit spätere Heimaufenthalte zu vermeiden. Sein Vorschlag: Therapeu-
tenteams, die den Familien zwangsweise zur Seite gestellt wer-

den, um mit den Eltern und den Kindern gemeinsam vor Ort zu arbeiten. Auch sollten frühe Kindheit, späte Kindheit sowie Jugendalter als unterschiedliche Phasen betrachtet und entsprechend anders behandelt werden. Aus entwicklungspsychologischer Sicht wäre gerade die Gruppe der Zehn- bis 14-Jährigen gesondert zu betrachten. Sie könnten mit der Aussicht auf Belohnung oder unter Druck viele Aufgaben erfolgreich erledigen, würden aber aufgrund ihrer Fähigkeiten von den Erwachsenen oft überschätzt.»Sie können noch nicht abstrakt denken, eine intellektuelle Auseinandersetzung kann man mit ihnen noch nicht führen. Sie sind eine merkwürdige Altersgruppe, keine kleinen Kinder mehr, aber auch längst noch nicht erwachsen. Fragil, gefährdet und zugleich irritierend. Elfjährige leben ausgesprochen stark im Hier und Jetzt. Wenn man bei einem kriminellen Kind nicht an dieser Stelle eingreift und Beziehungen verändert, wird man nichts erreichen.«

Die Erfahrungen der Praxis legen ebenfalls eine Differenzierung der Forschungserkenntnisse hinsichtlich des Alters nahe. Dass bei pubertierenden und adoleszenten älteren Jugendlichen eine nur mangelhaft entwickelte Impulskontrolle nicht zur generellen Entschuldigung für jegliches dissoziale Verhalten taugt, kann jeder Pädagoge beobachten, wenn Problemschüler neu in eine Klasse kommen. Zu vermuten wäre, dass sie sofort mit ihren schwierigen Verhaltensweisen beginnen würden. Weit gefehlt. Es erstaunt immer wieder, wie diszipliniert sich diese Jugendlichen in den ersten Tagen verhalten. Erklärbar ist dies aufgrund der Verhaltensphasen, die ein Mensch durchläuft, wenn er sich in eine fremde Gruppe eingliedert. Zu Beginn steht die Beobachtung über das soziale Geschehen, über die soziale Position der einzelnen Gruppenmitglieder und über implizite oder explizierte Regeln. Erst wenn diese einigermaßen eingeschätzt werden können, beginnt der Neue, sich selber aktiver ins Geschehen einzubringen. Dies kann bei schwierigen Schülern ein bis mehrere Tage dauern. Dabei scheinen sie ihre ganze Energie darauf zu verwenden, sich selbst, das heißt ihre Ängste

und Aggressionen, zurückzunehmen. Erst danach, versehen mit
einer gewissen Sicherheit aufgrund ihrer gewonnenen Umwelt-
einschätzung, offenbaren sie ihre Probleme.

Eine weitere Erklärung für dieses Verhalten liefern neue-
re Erkenntnisse der Hirnforschung, nach denen zwei Hirnare-
ale für die Selbstkontrolle zuständig sind. Während dasjenige,
in dem die Situation beurteilt und Zurückhaltung angemahnt
wird, über längere Zeit aktiv bleibt, ermüdet das Areal, das die
Umsetzung steuert, nach einer gewissen Zeit. Seine Durchblu-
tung lässt nach. Die Notwendigkeit von Selbstkontrolle kann
zwar noch erkannt, nach einer gewissen Zeit aber nicht mehr in
ausreichendem Maße aufgebracht werden.

Solche vielfach zu beobachtenden Situationen verleiten häufig zu anfänglichen Fehleinschätzungen über das zu erwartende
Verhalten. Es erklärt auch, warum sich zum Beispiel unerfahre-
ne Jugendrichter in ihrer Beurteilung von dem kurzzeitigen Verhalten jugendlicher Delinquenten täuschen lassen und von ihnen mehr erwarten, als diese dauerhaft zu leisten imstande sind.

Am Merkmal der Überforderung von Kindern, verursacht
durch die Auflösung der traditionellen Hierarchie in der Familie,
setzt auch der Kinder- und Jugendpsychiater Michael Winterhoff
in seinem Buch *Warum unsere Kinder Tyrannen werden* an. Seine
Theorie: Weil Eltern von ihren Kindern geliebt werden wollen,
gehen sie ein partnerschaftliches Verhältnis mit ihren Kindern
ein und zwingen sie damit gleichsam in die Rolle von kleinen
Erwachsenen. Durch die Anerkennung als eigene Persönlichkeit
holt der Erwachsene »das Kind damit auf seine Ebene und ge-
steht ihm ausdrücklich zu, eine psychisch und emotional aus-
gereifte Person zu sein, die größten Anforderungen gewachsen
ist«. Damit »besteht die Gefahr, dass dem Kind durch dieses Verhalten des Erwachsenen sein natürliches Recht auf Orientierung
und Halt durch seine Bezugspersonen verweigert wird«.

Kindern die Anerkennung einer eigenen Persönlichkeit verweigern? Kinder und Jugendliche sollen überfordert sein durch
Freiheit und Selbstbestimmung und sich wider besseres Wissen

fehlverhalten? Eine Aussage, die allem Freiwilligkeitsoptimismus widerspricht. Doch versuchen wir es einmal mit ein klein wenig Selbstkritik. Wie oft verhalten wir Erwachsenen uns unvernünftig? Essen etwas, obwohl wir wissen, dass es uns nicht bekommt, trinken Alkohol als Verkehrsteilnehmer ... die Liste ließe sich endlos verlängern. Auch hierbei haben unsere Vernunft und unsere Impulskontrolle versagt, und das, obwohl wir davon ausgehen können, dass beides eigentlich ausreichend entwickelt ist. Wie viel problematischer ist es dann, wenn die neurologischen Voraussetzungen noch nicht vorhanden, unterentwickelt oder, aus welchen Gründen auch immer, schwer gestört sind?

Es kommt also darauf an, altersgemäße Handlungsstrategien zu entwickeln, die so ins Verhaltensrepertoire aufgenommen werden können, dass sie eine verlässliche, möglichst langfristige Kompensation für eine mangelhafte Impulskontrolle ermöglichen. Da das Problem der fehlenden Willensstärke der freiwilligen Aneignung dieser Handlungsstrategien entgegensteht, wird eine verantwortungsvolle Pädagogik sich damit auseinandersetzen müssen, verbindliche und verpflichtende Formen der Intervention zu entwickeln, die gleichzeitig mit dem Freiheitsanspruch dieser Gesellschaft kompatibel sind. Dies kann nur darin bestehen, eine möglichst breite Angebotspalette an Unterrichtsformen sowie Hilfs- und Fördermöglichkeiten, die sich an den jeweiligen Bedürfnissen der jeweiligen Schüler orientieren, anzubieten und umzusetzen und einseitige, ideologisch motivierte Festlegungen zu vermeiden. Keinesfalls aber kann man bei Kindern, auf die ein ganzes Konglomerat dieser Problembeschreibungen zutrifft, davon ausgehen, dass sich diese Probleme von selbst auswachsen oder sonst wie verlieren.

17. UNGEWOHNTE FORDERUNGEN

Unser Sohn spielt Gitarre. Er macht das ganz leidlich, hat aber erst mit 22 Jahren damit begonnen. Eine Karriere als Gitarrenvirtuose dürfte deshalb ziemlich unwahrscheinlich sein. Vor einiger Zeit bekamen wir den Vorwurf zu hören:»Hättet ihr mich früher mehr…« Ja, klar. Hätten wir mal mehr Druck ausgeübt, vielleicht gäbe er heute Konzerte.

Den Anflug eines schlechten Gewissens, den dieser Vorwurf auszulösen drohte, konnten wir mit dem Hinweis auf einen anderen Bereich begegnen, wo wir diese Konsequenz durchaus gezeigt haben. So hatte er mit fünf Jahren begonnen, Fußball zu spielen, verlor dann aber später aufgrund der Spiel- und Trainingsverpflichtungen die Lust am Verein. Ich erinnere mich an heiße Diskussionen, wenn ich ihn aus dem Schulhort abholte, um ihn zum Training zu bringen. Von»Mein Knie tut weh« bis zu»Wir haben so viele Hausaufgaben auf« war alles drin. Und ich, stur, wie ich war, beharrte auf der Verpflichtung. Heute spielt er mit viel Spaß als Erwachsener im Freizeitfußball und ist froh darüber, dass er es als Kind jahrelang trainiert hat.

Manche Eltern kennen solche Vorwürfe. Kaum ein Kind, das später ein Instrument spielt, wird dies immer freiwillig geübt und gelernt haben. Dazwischen lagen oft Tränen, Verweigerung und Wutausbrüche und später dann, als Erwachsener, die große Befriedigung, es geschafft zu haben.

Überrascht? Wohl kaum, wie ich vermute. Wir können uns viele alltägliche Lebenssituationen anschauen, in denen wir uns vorgenommen haben, unser bisheriges Verhalten zu verändern – ohne verbindliche Verpflichtungen werden wir in den meisten Fällen unser Scheitern betrachten. Denken Sie nur ans Abnehmen oder Joggen. Situationen, in denen wir wirklich unser Verhalten geändert haben, sind meist durch Notwendigkeiten bestimmt, die uns wenig oder kaum Alternativen lassen, in welcher Form auch immer. Mit anderen Worten: Verpflichtungen, die praktisch wohl immer als Druck erlebt werden, bringen die Sache voran. Eigentlich eine banale, selbstverständliche Erkenntnis. Umso unverständlicher, dass dies im Umgang mit Jugendlichen so wenig berücksichtigt wird. Noch unverständlicher, dass die Erwartung freiwilligen Handelns Jugendlichen gegenüber besteht, von denen wir wissen, zumindest aber annehmen können, dass ihre Fähigkeit zu eigenverantwortlicher Selbststeuerung kaum entwickelt ist.

Einige sogenannte Experten vertreten stattdessen sehr offensiv die Meinung, dass alles, was unter Druck stattfinde, sinn- und nutzlos sei. Nur freiwillige Maßnahmen hätten Aussicht auf Erfolg. Wenn dies wirklich so wäre, müsste man konsequenterweise den verpflichtenden Schulbesuch abschaffen. Als Zwangsveranstaltung hätte Schule ja doch keinen Sinn.

Es gibt in der Mediation, einer Konfliktlösungsmethode, in der durch ein bestimmtes Vorgehen den jeweiligen Gegnern Ursachen, Gefühle und Folgen des Konflikts deutlich gemacht werden, die Vorgabe, dass die Teilnahme nur auf freiwilliger Basis erfolgen könne. Bei der Arbeit mit Kindern und Jugendlichen sprechen manche Mediatoren in diesem Zusammenhang von einer »Freiwilligkeitsfalle«. Sie ergibt sich daraus, dass junge Menschen die Teilnahme an einer fremden Methode meist ablehnen werden, weil sie eher Nachteile für sich befürchten.

Schon daran wird deutlich, wie unsinnig es ist, Kindern und Jugendlichen, die nur einen eng begrenzten Erfahrungshintergrund haben, solch eine Freiwilligkeitsoption in Aussicht zu stellen. Warum sollten sie, die sich auf ein bestimmtes negatives Verhaltensmuster eingelassen haben, das ihnen Vorteile verschafft und deshalb für sie Sinn macht, freiwillig auf Forderungen eingehen, die ihnen womöglich diese Vorteile nehmen könnten?

Die Konsequenz aus diesem Dilemma heißt: Verpflichtung zur Teilnahme. Und dies bedeutet keineswegs, wie manche vielleicht vorschnell argwöhnen, den Verzicht auf Freiwilligkeit. Eine mögliche Lösung des Problems besteht darin, die Freiwilligkeitsoption auf das Ende des Prozesses zu verschieben. Konkret heißt das, an dem Prozess teilzunehmen, sich mit dem Verfahren auseinandersetzen (zu müssen), seine Vorteile kennenzulernen und erst anschließend zu entscheiden, wie man zu den erarbeiteten Lösungsvorschlägen steht. Nimmt man sie an oder lehnt man sie ab? Diese Entscheidung kann, orientiert an der altersgemäß entwickelten Einsichtsfähigkeit, durchaus freiwillig erfolgen. Bei Kindern und Jugendlichen ist so sichergestellt, dass Alternativen zu den bisherigen Verhaltensgewohnheiten kennengelernt werden und sich damit die Perspektive auf realistische Wege zur Verhaltensveränderung eröffnen kann.

In dem Vorgehen, eine Teilnahme verbindlich vorzuschreiben, schrittweise Erfahrungen machen zu lassen und Erkenntnisse zu gewinnen, liegt eine entwicklungspsychologisch taugliche Möglichkeit, auch Kinder und Jugendliche freiwillig entscheiden und handeln zu lassen. Dabei ist die Bedeutung selbstständiger Entscheidungsmöglichkeiten in der Entwicklung eines Kindes gar nicht hoch genug einzuschätzen, unterstützen sie doch den Prozess der Selbstwirksamkeit, die für eine positive Identität unerlässlich ist. So können Fähigkeiten entdeckt und ausprobiert und eigene Stärken entwickelt werden. Doch muss dies sinnvoll dem Stand der persönlichen Entwicklung angepasst werden. Auf keinen Fall dürfen freiwillige Entscheidungen, rein ideologisch motiviert, auf immer frühere Entwicklungsstufen von Kindern vorverlagert werden, um dann aufgrund fehlender Fähigkeiten Misserfolg um Misserfolg zu produzieren und eine gesunde Identitätsentwicklung zu verhindern. In diesem Sinne gilt es, die Freiwilligkeit vor ihren Gegnern, aber auch vor ihren falschen Freunden zu retten.

Dass Druck zu einer Verhaltensänderung bei dissozialen Vorkommnissen nicht durch häufig geforderte Straferhöhungen ausgeübt werden kann, liegt auf der Hand. Bei jeder neuen Straftat Jugendlicher, die uns in schöner Regelmäßigkeit durch die Medien mehr oder weniger sensationell aufbereitet präsentiert wird, lässt sich diese Forderung vernehmen. So verständ-

lich diese ist, angesichts der oft unfassbaren Sinnlosigkeit und
Brutalität von Gewaltexzessen – der erste Impuls auf solche Meldungen lässt wohl bei den meisten Menschen solche Reaktionen
entstehen –, sie ist ebenso sinnlos wie die Taten, auf die sie sich
bezieht. Liegt dem jeweiligen Verhalten oder der Straftat eine
Entwicklungsstörung zugrunde, und das ist bei Kindern oder
Jugendlichen meist der Fall, so kann die Strafe bis ins Unendliche erhöht werden. Eine Änderung des Verhaltens wird nicht
eintreten, weil Handlungsalternativen nicht gelernt wurden, die
Fähigkeit dazu also nicht vorhanden ist.

Dass immer mehr Kinder und Jugendliche Entwicklungsver-
zögerungen aufweisen und diese oft bis ins Erwachsenenalter
beibehalten, ist ein nicht zu unterschätzendes Problem für die
Legitimation eines entwicklungspsychologisch orientierten Umgangs in der Jugendstrafjustiz. Mag es bei Kindern noch nachvollziehbar sein, dass sie zu vielem noch nicht in der Lage sind, so
erscheint es vielen Menschen unverständlich, dass ein straffällig
gewordener, ignoranter, testosterongeschwängerter 20-jähriger
Großkotz in Wahrheit auf der psychosozialen Entwicklungsstufe
eines Kleinkindes steht und gar nicht fähig ist, den sozialen Anforderungen der Gesellschaft zu genügen. Doch rechtfertigt solch
eine Entwicklungsverzögerung durchaus die häufig praktizierte
Vorgehensweise, straffällig gewordene junge Erwachsene nach
dem Jugendstrafrecht zu verurteilen. Das mag zwar im Alltags-
bewusstsein nur wenig Zustimmung finden, ist aber sinnvoll und
logisch.

Nur, wer A sagt, muss auch B sagen. Eine Entwicklungsstörung zu konstatieren und den Betreffenden mit einer Verwar-
nung zu entlassen oder in die Beliebigkeit einer Bewährungsstrafe zu schicken, ist nicht weniger »unmenschlich« als eine
pervertierte »Strafsucht«. Das Versagen ist vorprogrammiert.
Freiwillig kann und wird hier gar nichts passieren.

Nun wäre es fast absurd, allen Politikern zu unterstellen, sie
durchblickten diese Zusammenhänge nicht. Zu offensichtlich
zeigen sich diese Umstände bei jedem neuerlichen Misserfolg.

Es liegt wohl eher daran, aus der Not eine Tugend zu machen. Erfolgreiche Prävention erfordert einen Aufwand an Zeit und Personal, dessen Kosten kein Finanzminister ohne Widerstand zugestehen wird. Ähnlich sieht es bei einem nachholenden sozialen Lernen aus. Auch dies bedeutet einen unkalkulierbaren finanziellen Einsatz, dessen Erfolg keineswegs sichergestellt ist. Da ist es einfacher und billiger, die Verantwortung auf die Betroffenen abzuschieben und mit scheindemokratischer Pose zu verlangen: Wir leben in einer freiheitlichen Gesellschaft ohne Zwang. Also seht mal zu, wie ihr klarkommt. Mit dieser Praxis verbindet sich für die politischen Entscheidungsträger ein weiterer Vorteil. Man macht sich nicht die Hände schmutzig mit Interventionen und Aktivitäten, denen der Geruch des Autoritären anhaftet. Die Angst vor dem Vorwurf der Schwarzen Pädagogik vordemokratischer Zeiten lässt manchen demokratischen Politiker vor dem Einsatz konsequenter, verbindlicher Maßnahmen zurückschrecken. Nur: Müssen wir wirklich eine Rückkehr undemokratischer Erziehungstraditionen fürchten?

Der Regisseur Michael Haneke hat mit seinem Film *Das weiße Band* exemplarisch vorgeführt, was Schwarze Pädagogik bedeutet und wo sie hinführt. Es ist eine befehlende, gewalttätige, oft mit sadistischen Anteilen gepaarte Erziehungspraxis, die im vorgeblichen Anspruch auf eine (regel)gerecht orientierte Erziehung hierarchisch unterdrückende, antiemanzipatorische Werte vermittelt. Vor allem aber arbeitet die Schwarze Pädagogik mit einem Menschenbild, das perspektivlos ist. In dieser Sichtweise werden Menschen durch Etikettierungen in ihrer jeweiligen Existenz festgeschrieben. So, wie sie jetzt sind und sich verhalten, werden sie bleiben. Veränderungen sind ausgeschlossen. Schon der Umstand, dass in der heutigen Pädagogik Person und Verhalten getrennt werden und Letzteres als grundsätzlich veränderbar und entwicklungsfähig begriffen wird, macht die Differenz zu diesen Anschauungen aus der pädagogischen Steinzeit deutlich.

Doch stellt sich die berechtigte Frage nach alternativen, effektiven Vorgehensweisen. Wenn neurologische und psychologische Entwicklungsbedingungen neben den sozialen Verursachungen einen Mangel an psychosozialen Fähigkeiten bewirken, der verursachend für delinquente, dissoziale Verhaltensweisen ist, schließen sich freiwillig zu erfüllende Verhaltensauflagen ebenso aus wie harte Bestrafungen. Was aber dann? Wie kann sie aussehen, die Alternative zu falsch verstandener Liberalität oder straflüsternen Racheaktionen?

18. EINE VERLÄSSLICHE BEZIEHUNG ALS VORAUSSETZUNG

Es war von Weitem zu sehen und vor allem zu hören. Außer sich vor Wut schrien sich die beiden Jugendlichen an. Nur mit Mühe gelang es einigen Klassenkameraden, die Kontrahenten zurückzuhalten. Völlig außer Atem erreichte ich die Streitenden. Von der anderen Seite näherte sich eine Kollegin. Der Junge, der mir am nächsten stand, war 17 Jahre alt und etwa so groß wie ich selbst, doch kennzeichnete ihn der nicht unwesentliche Unterschied, dass seine Statur häufiges Training in der Muckibude verriet. Er schrie mit hochrotem Kopf sein Gegenüber an: »Ich bring' dich um. Ich mach' dich fertig.«

Wie ich es in den Trockenübungen in meinen Seminaren beibrachte, stellte ich mich vor ihn, brüllte »Stopp!«, um ihn aus seinem Wuttunnel herauszuholen, in dem er nur noch seinen Gegner wahrnahm. Dann breitete ich die Arme aus und versuchte, ihn zurückzudrängen, während ich unablässig beruhigend auf ihn einsprach. Er versuchte erfolgreich, an mir vorbeizukommen. Ich packte zu, hielt ihn an der Jacke fest. Wir fielen beide auf den Boden. Gleichzeitig kamen wir auch wieder hoch. Ich drängte ihn weiter zurück. Er schrie weiter, begann vor Wut mit der Faust gegen die Hauswand zu schlagen, während er brüllte. Immer und immer wieder, bis das Blut von seinen Fingern tropfte. Etwa 100 endlose Meter bis zur nächsten Straßenecke schaffte ich auf diese Weise mit ihm, dann war der »Hörreiz« der beiderseitig gebrüllten Beschimpfungen so weit reduziert, dass die Provokation verblasste. Es dauerte trotzdem fast noch 20 Minuten, bis ich den Jungen allein lassen konnte.

Warum schlug er gegen die Hauswand? Warum nicht mich? Ich war es doch, der ihn abhielt von seinem Aggressionsbedürfnis, von der Befriedigung, seinen Gegner schlagen zu können. War es mein etwas missglückter Versuch, zu deeskalieren? Wohl kaum. In der anonymen Öffentlichkeit hätte mir mein Verhalten nur ein blaues Auge oder eine gebrochene Nase eingebracht.

Ich kann es nicht beweisen, aber ich bin überzeugt davon, dass eine gute Beziehung mich vor einer schlechten Erfahrung bewahrte. Denn ich kannte den Jungen gut. Er war Jahre vorher längere Zeit Schüler meiner Klasse gewesen, und bei allen Schwierigkeiten, die wir zusammen durchgemacht hatten, war immer eine gewisse gegenseitige Akzeptanz geblieben. So war ich mir ziemlich sicher: Mich wird er nicht schlagen. Diese Vermutung war die Basis für mein Eingreifen.

Die Geschichte war damit übrigens noch nicht beendet. In einer Klasse jüngerer Schüler, die dieses Vorkommnis von fern beobachtet und uns beide zu Boden gehen sahen, entstand das hartnäckige Gerücht, ein Lehrer sei verprügelt worden. Ich nahm das zum Anlass, von dem betreffenden Jungen zu fordern, dieses Gerücht auszuräumen, indem er mit mir in die Klasse gehe, die Situation richtigstelle und sich öffentlich entschuldige. Er brauchte mehrere Aufforderungen, und es dauerte eine ganze Woche, dann war er dazu bereit, die Verantwortung für sein Verhalten auf diese Weise zu übernehmen.

Sie haben gar keine andere Chance. Egal, wo und wie Sie es mit welcher Altersgruppe zu tun haben, ob als Lehrer, Eltern oder Erzieher. Wenn Sie Einfluss auf die Ihnen anvertrauten Kinder und Jugendlichen gewinnen möchten, müssen Sie versuchen, eine gute Beziehung aufzubauen. Ansonsten bleiben Forderungen und Begrenzungen äußerliche Gehorsamkeitsübungen ohne Hoffnung auf nachhaltige Wirkung.

Pädagogische Arbeit ist vor allem Beziehungsarbeit. Wenn diese gelingt, stellt sie die wichtigste Voraussetzung für eine erfolgreiche Arbeit mit verhaltensschwierigen Kindern und Jugendlichen dar. Sie schafft auf der Grundlage des Vertrauens die beste Voraussetzung dafür, dass die angebotenen Normen und Werte akzeptiert werden. Ohne eine gute Beziehung bleibt alles oberflächlich und wenig verlässlich.

Eine gute Beziehung bedeutet natürlich auch einen stressfreieren und lustvolleren Umgang miteinander, was sich beim Lernen in größerer Motivation und besseren Erfolgen zeigt und das soziale Klima für alle Beteiligten in positiver Weise beeinflusst. Das darf keinesfalls mit »lieb Kind machen« verwechselt werden. Gerade wenn es schwierig wird, wenn die Frustrationen zunehmen und vieles nicht gelingt, zeigen sich die Vorteile einer guten Beziehung. Sie erweist sich als Toleranzpuffer, bevor es zu Wutausbrüchen kommt, und ist oft die einzige zuverlässige Interventionsgrundlage. Auf dieser Basis kann man ungeliebte Einschränkungen nicht nur aussprechen, sondern auch durchsetzen, ohne gleich mit fundamentalistischem Widerstand konfrontiert zu werden.

Das ist keinesfalls selbstverständlich. Gleichgültigkeit, mangelnde Präsenz oder fehlende Ausdauer können sich als hinderlich erweisen. Denn Zeit ist die Grundvoraussetzung, damit sich eine tragfähige Beziehung entwickeln kann, die nicht nur für Sonnenscheinstunden taugt, sondern auch an schlechten Tagen belastbar ist. Das ist ein Grund, warum kurzfristige Aktivitäten und Interventionen oft so wenig nachhaltig effizient sind.

Das hört sich ja nun alles gut an, aber wie soll es denn gehen? Wie stellt man eine gute Beziehung her?

Auf die Bedeutung eines positiven Bindungsaufbaus in der frühen Kindheit wird häufig hingewiesen. Störungen in diesem Prozess erhöhen das Risiko späterer Verhaltensauffälligkeiten und Beziehungsprobleme zwischen Eltern und Kind. Deutlich werden solche Schwierigkeiten meist, wenn die Unterstützung sozialer Dienste in Anspruch genommen wird. Auf einer Tagung über Erziehungsprobleme beklagte der Referent, dass bei jungen Müttern, die Hilfen zur Erziehung bekämen, oft ein Mangel in der Fähigkeit zu beobachten sei, Blickkontakt zu ihren Babys herzustellen, Mimik und Lautäußerungen aufzunehmen und zu imitieren und dadurch die Emotionen zu spiegeln. Der Kontakt zwischen beiden bleibe äußerlich, fast »geschäftsmäßig«. Eine schlechte Voraussetzung für einen Beziehungsaufbau. Was normalerweise vorausgesetzt werden konnte, musste erst eingeübt werden.

Pädagogen, die einem fremden Kind oder Jugendlichen gegenüberstehen, bieten sich hier einige Anregungen für einen positiven Beziehungsaufbau. In der Praxis der Mediation nimmt das Spiegeln, die Rückmeldung, wie Äußerungen, Gefühle und Stimmungen wahrgenommen werden, einen großen Raum ein. Auf diese Weise können Bedürfnisse und Interessen zwischen den Beteiligten vermittelt und verstanden werden.

Unabhängig von aktuellen Interessenlagen kann davon ausgegangen werden, dass für alle Individuen bestimmte Grundbedürfnisse gelten, deren Berücksichtigung für jede erfolgreiche pädagogische Tätigkeit Voraussetzung ist. Ich habe sie im Zusammenhang mit meinen Seminaren in der Schulmediation kennengelernt und sie im jahrelangen Lehreralltag immer wieder bestätigt bekommen. Während sie jedoch in der normalen pädagogischen Arbeit nicht immer explizit werden, sind sie in der Interaktion mit verhaltensschwierigen Kindern und Jugendlichen unverzichtbar.

19. UNVERZICHTBAR: GESICHERTE GRUNDBEDÜRFNISSE

Wir verstehen Menschen und ihre Handlungen oftmals erst, wenn wir mehr über ihre Bedürfnisse und Antriebe wissen. Schauen wir uns menschliches Verhalten an, werden wir feststellen, dass unsere Verhaltensweisen durch Bedürfnisse motiviert sind, die sich auf bestimmte Ziele richten. Haben wir Hunger und Durst, so werden wir essen und trinken wollen, um satt zu werden.

Bei einem quengelnden Kleinkind werden wir zuerst Müdigkeit oder einen Nahrungsmangel vermuten und liegen damit selten falsch. Lassen wir das Kind allein, äußert es seinen Unmut durch Schreien und Weinen, bis die betreuende Person wieder auftaucht und das Bedürfnis nach Geborgenheit und Sicherheit zufriedenstellt. Doch die Anwesenheit allein wird nicht ausreichen. Das Bedürfnis dazuzugehören lässt sich nur durch Zuwendung und gemeinsame Beschäftigung befriedigen. Also werden wir mit dem Kind spielen, ihm vorlesen, mit ihm singen, bis auch dieses Bedürfnis befriedigt ist und sich das Kind allein beschäftigt.

Doch von wegen allein. »Mama, guck mal!«, ertönt es, und Mama schaut, wie Klötzchen um Klötzchen ein Turm entsteht. »Mama, Papa, schaut mal!«, ruft es auf dem Spielplatz, und alle anwesenden Mamas und Papas schauen, ob es ihr Sprössling ist, der dort auf der obersten Sprosse des Klettergerüstes steht und ruft und auf ein Zeichen der Anerkennung für seine Leistung wartet. Geht das Kind in die Grundschule, sieht die Sache nicht viel anders aus. Hunger und Durst zeigen sich durch Quengelei, mangelnder Schlaf wird nicht selten in überdrehtes Verhalten münden. Je nach Entwicklungsstand und Reife wird das Grundschulkind die entsprechenden Bedürfnisse sprachlich artikulieren und deren Befriedigung anstreben.

Abenteuerliche Ausflüge in die Welt außerhalb des Zuhauses

werden immer wieder durch die Sicherheit gebende Rückkehr in den Kreis der Familie unterbrochen. Gespräche und Erzählungen über die Erlebnisse und Erfahrungen dieser kindlichen Ausflüge bestätigen das Gefühl der Zugehörigkeit. Lob und Anerkennung werden von Eltern, Lehrern, Verwandten und Nachbarn geleistet. Sie sind das Salz in der Suppe des immer vielfältiger werdenden Alltags.

Kommt das Kind in die Pubertät, wird es zum Jugendlichen, können die rein körperlichen Bedürfnisse nach Versorgung zwar gelegentlich kurz zurückgestellt werden, bleiben aber handlungsleitend, was alle Eltern bestätigen, die einen aus der Schule, vom Sport, aus der Freizeit zurückkehrenden Teenager schon in der Tür rufen hören: »Hab' ich einen Hunger. Was gibt's denn heute?« Hinzu kommt in dieser Phase der beginnende Geschlechtstrieb. Die Dominanz, mit der er sich bemerkbar macht, zeigt sich durch die teilweise Verlagerung der Bedürfnisbefriedigung auf die Peergroup und noch ausgeprägter, je nach Alter, auf das andere Geschlecht. Sich mit der Freundin oder dem Freund auszutauschen bekommt einen zentralen Stellenwert. Telefonieren, Simsen, in sozialen Netzwerken unterwegs sein – das sind die Abenteuerreisen der heutigen Jugend. Die Bedeutung gleichaltriger Freundschaftsgruppen nimmt zu. Auch wenn das Bedürfnis nach Sicherheit noch gelegentlich im Rahmen der Familie befriedigt wird, übernimmt die Peergroup immer häufiger diese Aufgabe. Die Anerkennung durch die Gruppe und ihre Mitglieder wird immer wichtiger. Was alle anderen sagen, vornehmlich die »Alten«, Eltern, Lehrer und übrige Erwachsene, ist nur »Gelaber«, dem man die eigenen Ansichten und Werte entgegenstellt und an dem man sich, im günstigsten Fall, reiben kann. Alles, was man tut, bekommt wirkliche Bedeutung erst durch die Anerkennung der Gruppe.

Bloß nicht außerhalb stehen und aus den Riten und dem Verhaltenskodex der Gruppe ausgeschlossen werden. Es kann kein größeres Unheil geben, als auf der Suche nach Orientierung und Identität plötzlich allein dazustehen. An der Gruppe kann man sich orientieren, man kann sich in ihr verstecken, und man kann sich in der Deckung der Gruppe ausprobieren, ohne das ständig reglementierende Insistieren der Eltern, das so furchtbar auf die Nerven geht. Hier gibt es eine neue Moralinstanz, der man folgen kann, denn man ist nicht allein. Die anderen machen genau das Gleiche.

In den Seminaren zur Schulmediation ist eine Unterrichtseinheit grundlegenden Bedürfniskategorien, neudeutsch »Basic Needs« genannt, gewidmet. Was verbirgt sich dahinter?

Das Konzept der Basic Needs wurde von dem amerikanischen Psychologen Abraham Maslow entwickelt und beschreibt eine Hierarchisierung von individuellen Bedürfnissen, deren Befriedigung vom Individuum angestrebt wird, um einen Zustand innerer Ausgeglichenheit herbeizuführen. Entstanden ist eine sogenannte »Bedürfnispyramide«, die eine Reihenfolge beschreibt, in der die Bedürfnisse befriedigt werden. Erst wenn ein Bedürfnis weitgehend gesättigt ist, tritt eine gewisse Beruhigung ein, und der Mensch kann sich der Befriedigung des nächsthöheren Bedürfnisses zuwenden. Dabei ist allerdings nichts gesagt über die Dimension des jeweiligen Bedürfnisses, das sich von Individuum zu Individuum unterscheidet. Auch muss es nicht zu einer vollständigen Befriedigung des jeweiligen Bedürfnisses kommen, bevor das nächsthöhere ins Auge gefasst wird. Nur muss es irgendwie berücksichtigt sein, denn in der Praxis bewegt sich jeder auf verschiedenen Bedürfnisstufen. Dabei gilt, dass der Mensch in seiner individuellen Entwicklung keine dieser Stufen überspringen und auslassen kann, ohne in irgendeiner Weise Frustrationen hervorzurufen, was sich dann zumeist in auffälligem oder gestörtem Verhalten manifestiert.

Um es zusammenzufassen: Verhalten wird durch den Wunsch bestimmt, unerfüllte Bedürfnisse zu befriedigen. Dabei sind es vor allem vier Bedürfniskategorien, die sich in allen Altersstufen gleichermaßen als handlungsleitend erweisen: physiologische Grundbedürfnisse sowie die psychologischen und sozialen Bedürfnisse nach Sicherheit, Zugehörigkeit und Anerkennung. Das

ist nicht bloße Theorie. Untersuchungen haben ergeben, dass das
Gehirn in einer Art Belohnungssystem bei der Befriedigung dieser Bedürfnisse die Produktion von Botenstoffen wie Dopamin,
Serotonin und Oxytoxin anregt, was wir als Gefühle von Glück
und Befriedigung erleben.

»Erst kommt das Fressen, dann kommt die Moral«, heißt es
bei Bertolt Brecht und im Volksmund. Ohne Befriedigung der
physischen Grundbedürfnisse wie Essen, Trinken, Schlafen,
Gesundheit und Streicheleinheiten steht die Einhaltung morali-
scher Ansprüche auf sehr wackligen Beinen. Konstruktives Verhalten kommt dabei schnell unter die Räder. Jeder kennt gereizte
Mitmenschen, die mürrisch und unwirsch, immer am Rande eines Streits reagieren, wenn sie nicht ausreichend geschlafen oder
gegessen haben oder von Schmerzen und dergleichen geplagt
werden. In Politik und Wirtschaft macht man sich diese Erkenntnis zunutze, indem vor wichtigen Verhandlungen ein Geschäfts-
essen stattfindet, das dazu beiträgt, die Verhandlungspartner in
eine aufgeschlossene, kooperative und konstruktive Stimmung
zu versetzen.

Während der erwachsene Mensch aber mit zeitweiligen Defiziten in seiner Bedürfnisbefriedigung zurechtkommt (sofern
er über eine ausreichende Frustrationstoleranz und Impulssteu-
erung verfügt), spielt bei Kindern eine möglichst weitgehende,
unmittelbare Befriedigung der jeweiligen Bedürfnisse eine größere Rolle. Ein hungriges Kleinkind wird sich nur schwer zum
Spielen animieren lassen, und wenn, dann nur mit deutlichen
Störungen im Verhalten. Auch ein Grundschulkind ist schnell
abgelenkt, sobald die physiologischen Grundbedürfnisse keine
ausreichende Befriedigung erfahren. In der Schule kann jeder
Lehrer ein Lied davon singen, dass Lernstörungen und Verhaltensauffälligkeiten unter diesen Bedingungen zunehmen, und
noch in der Pubertät sind Konzentrationsmängel, Gereiztheit
und unterschwellige Aggression nicht zu übersehen.

Als wir das erste Mal bei den Schülern unserer 7. Klasse
nachfragten, wer noch nicht gefrühstückt habe, waren wir noch

überrascht. Ungefähr ein Drittel der Schüler gaben an, mit leerem Magen in die Schule gekommen zu sein. Sie führten dazu die unterschiedlichsten Begründungen an. Von großer Eile bis zur Appetitlosigkeit am frühen Morgen war die Rede, und viele Begründungen klangen durchaus überzeugend. Das hätte uns mit unserem Sohn auch passieren können. Nur – er hätte dann ein üppiges Essenspaket für ein nachholendes Frühstück in der ersten Pause dabeigehabt, und das fehlte bei vielen unserer Schüler. Das Schnorren bei anderen, besser versorgten Klassenkameraden gehörte bei einigen zum täglichen Überlebenstraining, oder sie holten sich Süßigkeiten aus der Schulcafeteria. Als Gegenmaßnahme führten wir bei den Klassen mit einem hohen Anteil an Hungrigen das gemeinsame Kurzfrühstück vor der Pause ein. Manchmal griffen die Lehrer dann auch selbst zum Portemonnaie, um ein Brötchen in der Cafeteria zu spendieren, bevor der Hunger in Aggression umschlug.

Dass die zur Fastenzeit des Ramadan erwachende Religiosität muslimischer Kinder und Jugendlicher nicht gerade zu guter Laune und Lerneifer beiträgt, werden ebenfalls viele Pädagogen bestätigen können. Auch die bei manchen türkischen und arabischen Familien auffällig häufig vorherrschende Sitte, bis tief in die Nacht Gäste zu empfangen und sie eventuell noch von ihren Kindern bewirten zu lassen, wirkt sich im Unterricht zumindest durch Müdigkeit, wenn nicht gar durch eine aggressive Stimmung aus. Meine Kollegin hat in solchen Fällen mit einer Yogamatte und der Bereitstellung eines leeren Klassenraums zum Nachschlafen dafür gesorgt, dass das innere Gleichgewicht wiederhergestellt wurde.

Die Schule hat wenig Einfluss auf diese Art des Umgangs in den Familien. Was bleibt, sind Appelle und die Hoffnung auf Einsicht sowie ein möglichst unorthodoxer Umgang mit den Folgen solcher Versäumnisse, auch wenn dazu die Möglichkeiten innerhalb des schulischen Organisationsrahmens nicht immer gegeben sind. Hier wären die Institutionen der Jugendfürsorge gefordert, die jedoch mit ihren auf freiwillige Mitarbeit zielenden Hilfen nur wenig Möglichkeiten zur Intervention haben, solange nicht eine umfassende Vernachlässigung nachgewiesen werden kann.

Aber schauen wir weiter als nur zu den Eltern und Familien, die die Grundversorgung ihrer Kinder vernachlässigen. Auch gut ernährt und materiell versorgt tragen viele Wut und Aggressionen mit sich herum. Denken wir nur an das Phänomen der Wohlstandsverwahrlosung, wenn Kinder und Jugendliche, die anscheinend alles haben, auffälliges delinquentes und destruktives Verhalten zeigen. Der Armutsfaktor macht manches plausibel – erklären kann er nicht alles.

Das Sicherheitsbedürfnis im Konzept der Basic Needs wird in unserer materiell orientierten Welt meist in ebendieser Weise verstanden. Sicherheit des Arbeitsplatzes, des Einkommens – Kategorien der Erwachsenenwelt. Kindern wird diese Welt meist mittelbar durch die Reaktionen und Verhaltensweisen der Erwachsenen zugetragen. Sorgen und Nöte um das Haushaltsgeld, die Miete, Anschaffungen, Kredite, Schulden äußern sich in Stress, Streit, Depressionen bis hin zu Trennungen und dem Zerfall der Familien und beschädigen damit oft das, was Sicherheit für Kinder bedeutet: Geborgenheit.

Diese äußert sich in Verlässlichkeit und Vertrauen und der Gewissheit, dass die Personen, die das Kind versorgen, die es trösten und bei denen es Schutz finden kann, auch immer in dieser verlässlichen Weise zugegen sind. Davon kann heute längst nicht mehr ausgegangen werden. In einem Gespräch über unsere mittlerweile erwachsenen Kinder berichtete mir ein Freund, dass von den Ehepaaren aus der Kitagruppe seiner Tochter 15 Jahre später kein Paar mehr zusammen sei. Zugegeben, dies ist ein Beispiel aus dem städtischen Umfeld Berlins. Hier feiern Hedonismus und Spaßgesellschaft ganz andere Feste als in ländlichen Gegenden unserer Republik. Aber auch dort hat sich der Stachel des Individualismus in Form von Selbstverwirklichung längst durchgesetzt – nicht immer zum Wohl aller Familienmitglieder. Dabei ist weniger die Form des elterlichen Zusammenlebens von

Bedeutung, ob auf herkömmliche Art verheiratet oder in einer alternativen Lebensweise gebunden, ob leibliche Eltern oder nicht, als vielmehr die Konstanz, die den Kindern geboten wird. Nun gehen Kinder mit dem Auseinanderbrechen der Familie und den dabei zwangsläufig entstehenden Verlusten ganz unterschiedlich um. Die rationale Einsicht aber, die dann von ihnen erwartet wird, spiegelt wohl eher den Rechtfertigungswunsch der selbstverwirklichungsfixierten Erwachsenen. Mit Kompensationen, meist aus der unendlich verfügbaren und verführenden Warenwelt, werden die Verluste überspielt und verbleiben im Dunkeln des Unbewussten, um erst in späteren Jahren durch allerlei Verhaltensauffälligkeiten fröhliche Urständ zu feiern.

Dazu passt, dass von interessierter Seite den Kindern heute schon in jungen Jahren die Identität von Erwachsenen regelrecht aufgeschwatzt wird. In der Modeindustrie, der Musikindustrie, den Medien und anderen öffentlich wirksamen Bereichen wird es vorgemacht. Minderjährige fungieren als Leitfiguren, geben den Ton an, sollen Selbstbewusstsein und Selbstbestimmung suggerieren. Im Modebereich galt zum Beispiel vor ein paar Jahren der Blog der gerade einmal elfjährigen Amerikanerin Tavi Gevinson als stilgebend, und die Branche feierte sie als Wunderkind.

Nun bräuchten uns solche Parallelwelten wenig zu interessieren, wenn da nicht der Vorbildcharakter wäre, dem viele Eltern und auch Kinder und Jugendliche selbst verzweifelt nacheifern. Da bleibt es nicht aus, wenn diese Kinder überschätzt und überfordert werden. Wenn dann, wie bei einer unserer Schülerinnen geschehen, eine alleinerziehende Mutter mit ihrer zwölfjährigen Tochter die Probleme ihrer wechselnden Männerbekanntschaften bespricht und das Mädchen, völlig durch den Wind, nur noch mit sexistischen Äußerungen um sich wirft, ist das nur die Spitze des Eisbergs. Geborgenheit war für dieses Mädchen offensichtlich nicht zu finden, und »sicher« ist hier nur, dass die Mutter nach der nächsten gescheiterten Männerbekanntschaft ihre Tochter weiterhin als »Freundin« missbraucht.

Die heute vorherrschende Neigung, im Interesse der berufli-
chen Verwirklichung Kinder immer früher, möglichst schon im
ersten Lebensjahr ganztags in einer Krippe zu entsorgen, geht in
die gleiche Richtung. In einer Langzeitstudie des amerikanischen
National Institute of Child Health and Human Development hat
sich gezeigt, dass eine zu lange Betreuung in der Krippe besonders bei Jungen zu deutlichen Verhaltensproblemen führt.
Damit soll keineswegs die engagierte und kompetente Arbeit
von Krippenerzieherinnen schlechtgemacht werden. Sie sind für
die Folgen einer an wirtschaftlichen Belangen orientierten Politik nicht verantwortlich zu machen. Nur kann nicht übersehen
werden, dass arbeitsorganisatorische, wirtschaftliche und andere Gründe bei der Krippenerziehung nicht die gleiche Kontinuität ermöglichen, die ein intaktes familiäres Umfeld leisten kann.
Schichtdienst, Krankheitsvertretungen und allein die Anzahl der
Kinder, die von einer einzigen Erzieherin betreut werden müssen, bringen Unruhe in die Situation. Nach einer Studie der Ber-
telsmann Stiftung von 2013 betreut in Berlin eine Erzieherin in
der Krippe durchschnittlich sieben Kinder und in den östlichen
Bundesländern sechs. Empfohlen sind drei. Nur wenige westliche Bundesländer nähern sich diesem Wert an. Erreicht wird er
in keinem.

Das klingt alles sehr konservativ. Aber es sollte sich niemand
darüber wundern, wie konservativ Kinder in ihren Ansprüchen
sein können. Auch sollten wir uns eingestehen, dass die Forderungen nach Mobilität und zeitlicher Effizienz ökonomische Kategorien sind und keinesfalls pädagogische oder psychologische.
Viele Kinder werden dabei überfordert. Ihnen wird eine psychische Robustheit zugesprochen, die sie noch gar nicht haben können. Sie brauchen die konstante Betreuung durch eine Person,
um Bindungsfähigkeit aufbauen zu können und dadurch jene
Sicherheit zu gewinnen, mit der man sich die Welt als selbstbewusste Persönlichkeit aneignen kann.

Kinder, denen diese Möglichkeit versagt bleibt, werden auf
einer weitergehenden Bedürfnisstufe versuchen, ihre Mängel zu

kompensieren. Der Mangel an Sicherheit kann dazu führen, dass es in späteren Jahren zu einer übertriebenen Suche nach Zugehörigkeit kommen kann, oftmals leider in sozial problematischen Kreisen wie in Jugendbanden oder extremistischen Gruppierungen. Die Realisierung dieses Zugehörigkeitsbedürfnisses kann durch den Ausschluss und die Ausgrenzung anderer versucht werden – das berüchtigte Mobbing bei älteren Kindern und Jugendlichen und später bei Erwachsenen hat hier oft seine Ursache.

Noch häufiger aber wird sich der Mangel an Geborgenheit und Zuwendung auf der Bedürfnisstufe der Anerkennung ausleben und dabei durchaus Suchtcharakter annehmen. Der Hirnforscher Joachim Bauer hält die Suche nach Zuwendung, Aufmerksamkeit und Anerkennung für eines der stärksten Handlungsmotive des Menschen. Durch ihre Befriedigung kommt es zu einer Freisetzung von Neurotransmittern wie Dopamin und anderen körpereigenen Opiaten, was sich in Glücksgefühlen manifestiert. Wird bei einem emotional vernachlässigten Kind dieses Bedürfnis nicht befriedigt, führt im späteren Leben die vergebliche Suche nach Kompensation des Mangels häufig zu Ersatzsüchten. Das kann auf physiologischer Ebene durch das Konsumieren von Alkohol und harten Drogen erfolgen, indem diese Ersatzstoffe die entsprechenden Rezeptoren der Nervenzellen besetzen, aber auch auf psychischer Ebene durch Kauf- oder Spielsucht, verbunden mit fantasierter gesellschaftlicher, in Peergroups durchaus realer sozialer Anerkennung und Statuszuwachs.

Neurologische Basis für eine angemessene Verarbeitung von Zuwendung und Anerkennung sind die Spiegelneuronen. Schon im Babyalter steuern sie die gefühlsmäßige Übereinstimmung zwischen Kind und Eltern durch die Nachahmung von Blicken, Bewegungen und Lauten. Sie sorgen dafür, dass in einem langwierigen Prozess im Gehirn der Kinder die Fähigkeit zu einer intuitiv richtigen Interpretation der Gefühle eines Gegenübers heranreift. In dieser durch die Spiegelzellen bedingten

Fähigkeit sehen Hirnforscher die Grundlage von Empathie und moralischen Einstellungen. Erst wenn man sich in andere hineinversetzen kann, wenn man nachempfinden kann, wie der andere fühlt und empfindet, können sich moralische Vorstellungen entwickeln. Kinder, denen diese Erfahrungen durch vernachlässigende Erziehung verwehrt bleiben, sind aufs höchste gefährdet, zu gefühlsarmen, rücksichtslosen und eventuell gewalttätigen Menschen heranzuwachsen. Die verzweifelte Suche nach Zuwendung in Form von Anerkennung wird ein Großteil ihres Lebens bestimmen und sie nach immer neuen Kompensationshandlungen suchen lassen.

Das Vertrackte ist: Auch ein Übermaß an oft falsch verstandener Zuwendung, was sich meist als Verwöhnen zeigt, kann zu einer Fehlsteuerung der Bedürfnisse führen. Wer nie gelernt hat, die Spannung zwischen seinen Bedürfnissen und ihrer Befriedigung wenigstens eine gewisse Zeit lang auszuhalten, wer alles immer und sofort befriedigt haben möchte, dem fehlen ebenfalls bedeutsame Voraussetzungen für angemessenes soziales Verhalten. Das zeigt sich besonders bei der immer häufiger beobachteten »Wohlstandsverwahrlosung«: Kinder, die nach neuester Mode gekleidet und mit allen aktuellen Konsumgütern gut versorgt, wenig Empathie und Frustrationstoleranz zeigen und sich aggressiv und fordernd verhalten. »Sie haben doch alles«, ist in solchen Fällen ein schnell gefälltes Urteil. Weit gefehlt. Der Zustand der materiellen Überversorgung bei gleichzeitiger emotionaler Unterversorgung ist zunehmend in unserer gesellschaftlichen Mitte zu beobachten. Konsum ersetzt die fehlende Zuwendung, Grenzen im Verhalten werden nicht kennengelernt. Jeder, der mit diesen Kindern zu tun hat, wird die Erfahrung gemacht haben, wie nachlässig sie mit hochwertigen Konsumgütern umgehen. Was soll's auch. Geht heute etwas kaputt, ist morgen der Ersatz da. Die Gefahr psychischer Störungen ist bei dieser Haltung groß; die Eltern sind hilflos. Das spiegelt sich in einer kontinuierlich steigenden Nachfrage bei den »Hilfen zur Erziehung«. Jeder zweite Sachbearbeiter in den sozialen Diensten nennt dafür als Hauptgrund das Erziehungsversagen der Eltern, so die *Stiftung Erziehungshilfe* 17/2013.

Dass diese Probleme alle Bevölkerungsschichten betreffen, zeigen die Biografien junger Stars, die doch angeblich auf der Sonnenseite des Lebens beheimatet sind. Sie machen dieses zur Sucht gewordene, verzweifelte Ringen um Aufmerksamkeit und Anerkennung und die Gefahren, die sich daraus für das Individuum ergeben, deutlich. Von Amy Winehouse, Britney Spears, Michael Jackson und Justin Bieber – Beispiele gibt es viele. Das muss nicht immer so sein, aber es ist auffällig häufig so.

Grundsätzlich lässt sich festhalten, dass es zu Frustrationen kommt, wenn sich die angeführten physiologischen, sozialen und psychischen Bedürfnisse nicht befriedigen lassen. Diese Frustrationen zeigen sich in gestörtem Verhalten, das den Umgang mit Jugendlichen oft so schwer macht. Es äußert sich in Form verbaler und körperlicher Aggressionen, aber auch in regressiven Verhaltensweisen, in Flucht- und Vermeidungsverhalten, Schwänzen sowie in den verschiedensten Formen der Drogen- oder Alkoholsucht. Dabei können die negativen Folgeerscheinungen einzeln oder zusammen in den unterschiedlichsten Ausprägungen auftreten und oft den ganzen weiteren Lebensweg bestimmen. Auch das Abdriften in radikale und extremistische Gruppierungen hat hier seine Ursache. Beispielhaft sei der Berliner Exrapper Denis Cuspert genannt, der sich den Dschihadisten des Islamischen Staats angeschlossen hatte und durch menschenverachtende Propagandavideos von sich reden machte. Sozialarbeiter und Freunde aus seiner Jugendzeit berichten von einer suchthaften Suche nach Ruhm, gepaart mit einer kindlichen, undisziplinierten Persönlichkeit. Die Ermittler, die seine Beteiligung an den extremistischen Verbrechen untersuchten, sehen deshalb weniger die Ideologie des Islamismus als Grund für seine Radikalisierung als vielmehr die Suche nach Zusammengehörigkeit in der Gruppe und die damit verbundene Chance auf Anerkennung. Eine Motivation, die in unterschiedlicher Ausprägung bei vielen jungen Mitgliedern extremistischer

Gruppierungen zu vermuten ist, unabhängig davon, ob sie religiös, nihilistisch, rechts- oder linksgestrickt sind.

Wenn wir auf dem Weg zur Selbstwirksamkeit, die jedes Individuum anstrebt, solche Fehlentwicklungen vermeiden wollen, werden wir diese Zusammenhänge berücksichtigen müssen. Sicherheit, Zugehörigkeit und Anerkennung sind als Grundlage einer gelungenen Beziehung unverzichtbar. Erst auf dieser Basis können Regeln akzeptiert werden, die von jungen Menschen oft als unerträgliche Einschränkung ihrer individuellen Freiheit angesehen werden.

20. REGELN UND RITUALE ALS ORIENTIERUNGSHILFEN

Im Film *Rhythm is it* gibt es mehrere Szenen, in denen einige jugendliche Teilnehmergruppen für ihr Verhalten viel Kritik seitens des Choreografen einstecken müssen. Was andere in relativ kurzer Zeit zuwege brächten, dauere bei ihnen unverhältnismäßig lange. Ständige Unterbrechungen durch momentane Stimmungen, Streitereien, Lustlosigkeit und egoistische Regungen behinderten die Zusammenarbeit und ein erfolgreiches Ergebnis.

Diese jungen Menschen hatten bisher kaum gelernt, sich auf gemeinsames Arbeiten einzulassen und augenblickliche individuelle Impulse, Wünsche und Empfindungen im Interesse des gemeinsamen Ergebnisses zurückzustellen. Ich habe es selbst immer wieder erlebt, wie diese Probleme die Gruppe sprengen, wenn verhaltensschwierige Schüler etwas Unbekanntes einüben sollen und sie mit neuen, ungewohnten Situationen und Anforderungen konfrontiert sind. Es war keineswegs der Schwierigkeitsgrad der anstehenden Aufgaben, es war ganz konkret der Mangel an Selbstdisziplin, der alles zu einem mühevollen Prozess machte. Das Verhalten brauchte Struktur, und diese konnte nur durch Regeln, die allen bekannt waren und an die sich alle hielten, realisiert werden.

Regeln standen in den vergangenen Jahrzehnten nicht gerade hoch im Kurs. Obwohl momentan der Ruf nach einer Renaissance dieser verachteten Spezies wieder lauter wird, gilt nach wie vor: Wer sich für zu viele Regeln einsetzt, gerät schnell in den Verdacht, ein Betonkopf zu sein. Regeln sind unbeliebt, schränken sie doch unseren freien Willen, unsere Handlungsfreiheit und oft auch unsere aktuellen Bedürfnisse ein. Brauchen wir sie denn wirklich? Können wir denn nicht ohne sie auskommen, unser Verhalten nach Vernunft und der jeweiligen Notwendigkeit ausrichten? Als freie Menschen sollten wir schließlich frei entscheiden können.

Es wäre schön, wenn dies gelänge. Von den alten Anarchisten um Bakunin, unorthodoxen Studenten der Achtundsechzigergeneration bis hin zu selbstorganisierten Gruppen der unterschiedlichsten gesellschaftlichen Bereiche – alle haben davon geträumt. Doch die Aussichten sind schlecht. Nicht nur, dass die verschiedenen Lebenssituationen immer neue Entscheidungen erforderlich machen. Wir wären aufgefordert, für jede neue Entscheidung aktuell und persönlich Verantwortung zu übernehmen. Damit sind alle überfordert. Das gilt für Erwachsene, und es gilt in noch größerem Maße für Kinder und Jugendliche.

Regeln werden also gebraucht. Sie sollen Sicherheit im Verhalten vermitteln, indem nicht jeder Einzelfall neu diskutiert werden muss. In diesem Sinne erweisen sie sich als ein geeignetes Mittel, um das Grundbedürfnis nach Sicherheit und Verlässlichkeit zufriedenzustellen. Doch nicht nur das. Auch die Erfahrung, wenn ich mich an die Regeln halte, gehöre ich dazu, gewährleistet, dass ein weiteres Grundbedürfnis befriedigt wird.

Doch wie sichern wir, dass Regeln dabei nicht missbraucht werden? Gerade diktatorische Regime arbeiten ja mit einem strengen Regelsystem und gewähren ihren Anhängern damit die nötige Sicherheit und das Gefühl der Zugehörigkeit. Und auch in demokratischen Gesellschaften warten die Ordnungsfanatiker und Bürokraten in den Ämtern und Institutionen nur auf die Gelegenheit, die Bürger mit Verordnungen und Vorschriften zu beglücken, deren Sinnfälligkeit sich meist darin erschöpft, die Menschen zu verärgern. Leider überträgt sich die daraus resultierende Abneigung nur zu oft auf geregeltes Verhalten überhaupt. So bewirken autoritätsgläubige Ordnungsfanatiker bei vielen Menschen eine Haltung, die regelnde Eingriffe in das soziale Geschehen ablehnt. Eine verhängnisvolle Wechselwirkung. Im Prozess der Erziehung verpflichtet uns dieser Umstand geradezu, Regeln nicht einfach vorzugeben, sondern – dem jeweiligen Entwicklungs- und Reflexionsstand entsprechend – zusammen mit Kindern und Jugendlichen zu erarbeiten.

Wenn Sie jetzt befürchten, dass dabei nichts Vernünftiges herauskommt – dem ist nicht so. Hier sind die jungen Menschen tatsächlich Experten ihres Lebens. Sie wissen nämlich ganz genau, was notwendig ist, um ihrer Lieblingsbeschäftigung ungestört nachgehen zu können. Nur muss eine Zielvorstellung vorgeben werden. Ein Ballspiel unterliegt nämlich anderen Prämissen und erfordert andere Regeln als ein Aufenthalt in einem Kino. Notwendige Einschränkungen werden somit einsichtig, die Selbstverantwortung gefördert und die Bereitschaft gestärkt, die Regeln zu akzeptieren – schließlich hat man sie ja selbst mit geschaffen. Das gilt in Familien ebenso wie in der Öffentlichkeit, auf der Arbeits- oder Ausbildungsstelle wie in der Schule.

Da wir es im Fall von verhaltensschwierigen Kindern und Jugendlichen meist mit Entwicklungsstörungen oder -verzögerungen zu tun haben, sollten Regeln noch andere Bedingungen erfüllen, die oft nicht genügend berücksichtigt werden.

Aufgrund der eingeschränkten Fähigkeiten, die es erst noch zu entwickeln gilt, sollten zum Anfang nur wenige, einfache und erfüllbare Regeln formuliert werden. Hier werden die Ansprüche von Eltern wie von Lehrern häufig viel zu hoch gestellt. Auch sollten Regeln in ihrer Formulierung möglichst Gebote und keine Verbote enthalten und mit »Ich« oder »Wir« beginnen. Auf diese Weise wird die Identifikation mit der Regel gefördert und die angebotene Verhaltensalternative auf das eigene Handeln bezogen. Zusätzlich wäre dies dann noch als Erinnerungshilfe sichtbar aufzuschreiben.

Eine Kollegin unseres Teams hat viel Zeit darauf verwandt, für jeden Schüler eine wichtige Verhaltensregel zu formulieren und gut sichtbar auf den Tischen zu befestigen. Für die Schüler war dies äußerst hilfreich und auch für die Kollegen eine geeignete Hilfe, die individuellen Trainingsziele der jeweiligen Kinder zu berücksichtigen. Je kleinschrittiger, konkreter, eindeutiger und für alle Beteiligten nachvollziehbarer eine Regel formuliert ist, umso größer ist ihre Realisierungschance.

Kaum eines der Kinder kann zum Beispiel mit dem Satz »Verhalte dich vernünftig« viel anfangen. Vielleicht ist es ja für diesen jungen Menschen »vernünftig«, zu Hause bei der Verteilung irgendwelcher Sachen sofort zuzulangen und möglichst viel zu ergattern, weil er sonst zu wenig oder gar nichts mehr bekommt, oder er muss sich unmittelbar und das möglichst lautstark bemerkbar machen, weil er sonst kein Gehör findet. »Vernünftiges Verhalten« kann daher, je nach Kontext, in der Familie, in der Schule oder in der Freizeit, etwas völlig anderes bedeuten. Jugendliche, die gelernt haben, sich den Unterrichtsnormen gut anzupassen, »vergessen« in der Freizeit alle diese Verhaltensnormen sehr schnell wieder. Aber genau dieses Verhalten ist für sie, aus ihrer Perspektive, »vernünftig«. Es beginnt meist schon, wenn sie in der Gruppe das Schulgelände verlassen. Die Sprache ändert sich, nimmt wieder den Ton an, der in der Peergroup üblich ist. Schüler, die Lehrern, Erziehern, Eltern eben noch freundlich grüßend begegnet sind, kennen plötzlich keine Rücksicht mehr, treffen sie auf andere Bürger. Diese Erfahrung haben Sie als Passant vielleicht auch schon gemacht. Auf dem Gehsteig hat sich eine Gruppe Jugendlicher versammelt und versperrt den Weg. Und je näher Sie kommen, umso deutlicher können Sie an Körpersprache und Ausdrucksweise der jungen

Leute erkennen, dass man Sie ignorieren wird. Es wird lauter gegrölt und gelacht. Man wendet Ihnen den Rücken zu. Denn Sie und Ihre Bedürfnisse sind jetzt für die Gruppenmitglieder völlig ohne Bedeutung. Nun gilt wieder das Recht des Stärkeren, mit dem man die Position und Zugehörigkeit in der Gruppe demonstriert. Dem unbedarften Bürger bleiben in solchen Situationen nicht viele Alternativen. Die Bitte, den Weg frei zu machen, beinhaltet das Risiko einer Auseinandersetzung, und konfliktvermeidendes stillschweigendes Durchschlängeln ist für viele ebenfalls keine Option. Auch wenn es ärgerlich ist – wechseln Sie lieber die Straßenseite, denn diese Situation ist kein geeigneter Moment, Regeln durchzusetzen. Durch das Vermeiden einer Auseinandersetzung, die Sie wahrscheinlich nur verlieren würden, verhindern Sie darüber hinaus auch, dass die Jugendlichen ihr unsoziales Verhalten als Erfolgserlebnis verbuchen können.

Der Wechsel zwischen den verschiedenen Sozialkulturen macht es für viele Kinder und Jugendliche mit Entwicklungsstörungen zusätzlich schwierig, sich auf neue Verhaltensweisen einzulassen. Durch pädagogische Einflussnahme können wir diese Bedingungen nicht ändern; im besten Falle vielleicht günstig beeinflussen.

Hierbei zeigt sich durchaus die Bedeutung eines Konzepts der Lebensweltorientierung, das die Angehörigen anderer Lebenszusammenhänge als »Experten ihres Lebens« versteht, und auch die systemische Sichtweise bestätigt, dass auffälliges Verhalten – hier unter schulischen Mittelschichtsnormen – seine Auffälligkeit in einem anderen Sozialkontext verliert. Was in dem einen Umfeld als Störung verstanden wird, erweist sich im anderen als sinnvoll. Nur muss dieser Sinngehalt dann begrenzt werden, wenn es um das soziale Zusammenleben verschiedener Sozialmilieus geht, das nun einmal, ob wir es wollen oder nicht, gemeinsamer Regeln bedarf.

Doch wie steht es mit dem dritten Grundbedürfnis, der Suche nach Anerkennung? Das Lob sollte nicht zu kurz kommen, wenn die jeweiligen Regeln tatsächlich eingehalten und erfüllt wurden. Das ist nicht unbedingt selbstverständlich, fällt es uns doch meistens schwer, regelkonformes Verhalten als besonders lobenswert anzuerkennen. Für Kinder und Jugendliche, die damit Probleme haben, ist dies jedoch eine besondere und deshalb beachtenswerte Leistung. Allerdings sollte man auch hierbei realistisch bleiben, denn übertriebenes Lob wird sehr schnell nicht mehr ernst genommen.

Alle Veränderungen des gewohnten Ablaufs können für verhaltensschwierige Schüler besondere Anforderungen darstellen. Was bei einem durchschnittlich entwickelten Kind vielleicht einer kurzen Erinnerung an die entsprechenden Regeln bedarf, macht hier schon ausführlichere Erläuterungen erforderlich. Was ist anders? Auf was musst du besonders achten? Was machst du, wenn du Schwierigkeiten hast? Wer könnte dir helfen? Wie verhältst du dich gegenüber deinen Mitschülern? Je nach Situation sollten alle möglichen Verhaltensoptionen, die man von diesem Schüler kennt oder zu erwarten hat, angesprochen und entsprechende Alternativen abgefragt werden. Dazu gehört auch das Aufzeigen von Konsequenzen, wenn das Verhalten den Erwartungen nicht entspricht. All das sollte von dem betreffenden Schüler nochmals selbst zusammengefasst und mit einer Zusage beendet werden.

Vielleicht denken Sie jetzt:»Wie kleinkariert ist das denn?« Sicherlich. Aber nur ein solches Vorgehen bietet Orientierung und Sicherheit. Mit jedem Erfolg wird echte Anerkennung möglich, und man ist einen Schritt weiter auf dem Weg zum selbstständigen und selbstverantwortlichen Handeln.

Dieser kleine Praxisexkurs macht vielleicht schon deutlich, wie viel besonderer Aufmerksamkeit und Hilfestellungen Kinder bedürfen, die häufig durch Verhaltensprobleme auffallen. Da regelt sich nichts von allein oder durch das Zusammensein mit anderen Kindern.

Ebenso hilfreich bei der Einübung regelgerechten Verhaltens ist eine weitere, im Verlauf der studentischen Wertediskussion der Achtundsechziger in Verruf gekommene Verhaltenskategorie: ständig wiederkehrende Handlungsweisen, durch die man sich einer ordnenden Gemeinsamkeit versichert – Rituale. Auch diese sind durchaus kritisch zu betrachten. Schon immer galten Rituale als ideales Werkzeug, um Menschen zu beeinflussen. Hierarchisch und autoritär genutzt, hat es der Faschismus in deren Missbrauch zur Meisterschaft gebracht. In ihrem positiven Sinne kehrten sie in den letzten Jahren, unter anderem über die reformpädagogische Diskussion um die Laborschule Bielefeld und angeregt durch deren Leiter Hartmut von Hentig, wieder in Schule und Unterricht zurück. Denn durch die zunehmende gesellschaftliche Orientierungslosigkeit und Verhaltensunsicherheit im Verlauf der Globalisierung gewinnen Rituale erneut an Bedeutung, um den Individuen Orientierung und psychischen Halt zu geben.

Wie aber kann ein Prozess, der auf Offenheit, Selbstbestimmung und individuelle Entscheidungskompetenz abzielt, durch Rituale, sich regelmäßig wiederholende Verhaltensabläufe gefördert werden? Auch hier müssen wir entwicklungspsychologisch denken. Der scheinbare Widerspruch löst sich nämlich auf, wenn klar wird, dass es zum Erwerb dieser Kompetenzen bestimmter Voraussetzungen und sicherer Strukturen bedarf, die genügend Raum und Zeit für diese Entwicklung bereitstellen. Genau diese Bedingungen können Rituale liefern.

Wer Kinder dabei beobachtet, wie sie begeistert einmal erlernte Handlungsmuster immer wieder durchspielen, sich an den Wiederholungen erfreuen, sich von pompösen Aufmachungen beeindruckt, spielerisch beeinflussen lassen, dem wird klar, welche Steuerungsmacht damit verbunden ist. Die Suggestionswirkung archaischer Initiationsriten der Naturvölker ist hier nur ein Beispiel. Wir haben diese naive Gläubigkeit verloren. Ab einem bestimmten Alter schaltet sich in unserer verwissenschaftlichten Welt (meistens) die Rationalität dazwischen, und das ist auch gut so als Vorbeugung gegen extremistische oder fundamentalistische Einstellungen. Andererseits hilft die Suggestionswirkung, soziale Verhaltensweisen zu etablieren, auf deren

Basis dann eine kritische Reflexion altersentsprechend erfolgen kann.

Eines der mittlerweile am häufigsten praktizierten Rituale ist der Morgenkreis, der eine ideale Möglichkeit bietet, durch die Weitergabe eines »Gesprächsballs« das Einhalten einer Reihenfolge bei Diskussionen und Wortbeiträgen einzuüben. Allein dieses wenig spektakuläre Ritual ist ein wichtiges Mittel gegen das ständige Dazwischenrufen und die Tendenz, dem anderen das Wort abzuschneiden, wodurch belastende Situationen und Anlässe zum Streit entstehen.

Wer glaubt, bei älteren Schülern sei solch ein geregelter Gesprächskreis überflüssig, der sei hier eines Besseren belehrt. Kommunikative Grundkompetenzen sind auch bei ihnen leider allzu selten vorhanden. Dass bei verhaltensschwierigen Kindern und Jugendlichen sogar der Rückgriff auf altersmäßig längst überholte Handlungsmuster wirksam werden kann, konnte ich am Beispiel eines jugendlichen Schülers erleben.

Ein Unterrichtsvormittag in einer 8. Klasse in einer Förderschule. Ein Junge türkischer Herkunft ist mit seiner Konzentrationsfähigkeit am Ende. Er ruft dauernd dazwischen, nervt Mitschüler und Lehrer. Alle Hilfsangebote bleiben uneffektiv. Um einen anstehenden Streit zwischen diesem Jungen und seinen Mitschülern die Spitze zu nehmen und mehr aus Verzweiflung denn aus gezielter Absicht, stehe ich auf, nehme einen Schlüssel in die Hand, während ich zu ihm gehe, und indem ich den Schlüssel vor seinem Mund in der Luft drehe, erkläre ich, dass ich ihm hiermit für den Rest der Stunde den Mund verschließe. Er lacht, und alle anderen lachen mit, die Situation ist entschärft, Humor hat auch diesmal geholfen.

Der Unterricht läuft weiter. Da keine Störungen mehr erfolgen, habe ich den Vorfall schon aus meinem Gedächtnis gestrichen. Als die Stunde endet und alle die Klasse verlassen, um in die Hofpause zu gehen, steht er plötzlich vor mir, schaut mich aus großen Augen an. Als ich nicht reagiere, tippt er mit den Fingern auf seinen Mund. Natürlich. Wenn etwas verschlossen wurde, muss es auch wieder aufgeschlossen werden. Mein Schlüssel vor seinen Lippen gedreht, löst das Problem. Der Junge war 14 Jahre alt!

Der Förderung kommunikativer Kompetenzen für die Streit- und Konfliktaustragung dient die Schulmediation. Unter der Berücksichtigung der Grundbedürfnisse von Sicherheit, Zugehörigkeit und Anerkennung werden gegenseitiges Verstehen und Akzeptieren eingeübt. In einem ritualisierten Verfahren der Konfliktvermittlung erleben Kinder und Jugendliche hierbei Wertschätzung und Selbstwirksamkeit. Mit der wechselseitigen Darlegung eines Konfliktablaufs und der Spiegelung der unterschiedlichen Sichtweisen durch den Mediator werden Unterschiede und Gemeinsamkeiten deutlich, deren Hintergründe in einer weiteren Phase erhellt werden. Bestimmte Gesprächstechniken offenbaren Gefühle, Bedürfnisse und Wünsche, die das Handeln im Konflikt bestimmen. Vor allem die Techniken des Spiegelns sowie des Perspektivwechsels bieten die Möglichkeit, sich in den Kontrahenten hineinzuversetzen, die Motive seines Handelns zu verstehen und auf dieser Grundlage eine Lösung anzubahnen. Hilfreich sind Gesprächstechniken der gewaltfreien Kommunikation, die Vorwürfe und Beschuldigungen vermeiden. Hierzu gehört zum Beispiel die oft zitierte ICH-Botschaft im Gegensatz zur DU-Beschuldigung. Häufig geübt, können sich solche Kommunikationstechniken als alltägliches Verhalten etablieren. Als Grundlage einer gewaltfreien Schulkultur sind Mediation und die mit ihr verbundenen Gesprächsabläufe unverzichtbar. Ortrud Hagedorn hat mit ihrem Buch *Mediation – durch Konflikte lotsen* hilfreiche Praxisbeispiele aufgezeigt.

Wie solche Methoden wirken, verdeutlicht folgender Fall, der anfänglich wenig Hoffnung auf Verständigung zuließ. Es ging um den Streit zweier Mädchen aus unterschiedlichen Klassenstufen, und er betraf auch mich, insofern eine der beiden eine Schülerin meiner Klasse war. Oft in Streitigkeiten verwickelt, verband sich bei ihr damit die Neigung, über die jeweilige Kontrahentin unsägliche Gerüchte in die für solche Nachrichten sehr empfängliche Welt der weiblichen Schülerschaft zu verbreiten. Es galt also schnell zu handeln. Ich holte beide zum Gespräch. Anlass des Streits waren, wie so oft, gegenseitige Beleidigungen und Schmähungen. Sie müssen heftig gewesen sein, veranlassten sie doch meine 14-jährige Schülerin, ihrer 17-jährigen Kontrahentin gezielt in den Bauch zu treten, was diese mit einem heftigen Schlag beantwortete. Auch wenn ein solcher Tritt an sich schon eine tolerable Grenze überschreitet, kam hier ein unheilvoller Umstand eskalierend hinzu. Das getroffene Mädchen war nur wenige Zeit vorher am Blinddarm operiert worden. Eine Ausgangssituation, die die üblichen Beweggründe für eine Streitschlichtung weit übertraf. Als wir im Verlauf der schwierigen und von gegenseitigen Aggressionen unterbrochenen Konfliktverhandlung zur Erhellung der Gefühle kamen, die den Streit begleiteten und dann eskalieren ließen, stand der Satz des verletzten Mädchens plötzlich im Raum: »Ich hatte Todesangst.«

Wie konnte diese Dimension der Angst meiner Schülerin bewusst werden? Während ich noch Fragen stellte und überlegte, kam die Lösung von ihr selbst. Still geworden, erklärte sie, dass sie solch ein Gefühl kenne. Ihre Mutter habe mit ihr die Türkei verlassen, als sie ein kleines Mädchen war. Eine Blutrache in der Familie sei der Grund gewesen. Sie habe deshalb als kleines Kind auch solche Ängste gehabt. Da war es, das Gemeinsame im trennenden Streit. Ich musste dieses Konfliktgespräch gar nicht zu Ende führen. Die beiden begannen, sich über ihre Gefühle auszutauschen. Alles darüber hinaus wäre nur Formalismus gewesen.

Doch nicht nur in der Schule oder anderen institutionellen Arbeitsfeldern erweisen sich die Kriterien der Mediation als hilfreich. Eltern, die über Kenntnisse solcher Methoden verfügen, haben eine realistische Chance, Krisenzeiten mit ihren Kindern besser zu meistern. Ein uralter Erziehungsbestseller, die *Familienkonferenz* von Thomas Gordon, erläutert solche Vorgehensweisen für den familiären Alltag. Die eingeübten Gesprächstechniken können eine Grundlage bilden für eine vor allem in angelsächsischen Ländern gepflegte Art des Debattierens, indem durch Rede und Gegenrede mit wechselnden Rollen das Verständnis für unterschiedliche Positionen gefördert wird. Eine unverzichtbare Kompetenz für die demokratische politische Bildung, vor allem in einer Zeit, in der die öffentliche Kommunikation zunehmend durch Pauschalisierungen, Shitstorms, Totschlagsargumente und Hassmails geprägt ist.

Rituale sind vor allem dort von Bedeutung, wo sozial förderliches Verhalten internalisiert werden soll. Das beginnt schon bei Gruß- und den so vielfach geschmähten Höflichkeitsformen. Schulen, insbesondere in der heutigen Form als Großorganisationen, sind relativ anonyme Institutionen. Das überfordert oft das kindliche Orientierungsvermögen und lässt Gefühle der Isolation entstehen. Dagegen kann schon eine namentliche Begrüßung durch einen Lehrer Wunder wirken. Es ist gewiss keine Einbildung zu beobachten, wie besonders Grundschüler – und nicht nur diese – selbstbewusst weiterlaufen, nachdem sie morgens vom aufsichtführenden Lehrer namentlich begrüßt wurden. Sie empfinden sich plötzlich wahrgenommen, sie gehören dazu. Wenn sich dabei sogar, wie bei uns häufig geschehen, die Schulleitung beteiligt, ist die Wirkung noch um einiges nachhaltiger. Eine Banalität? Sicher. Doch zugleich ein bedeutungsvolles und leider nicht allzu häufig praktiziertes Ritual.

Es gibt viele Situationen, die ein gemeinsames Verhalten notwendig machen. Lehrer, die zulassen, dass bei Unterrichtsbeginn die Schüler mit den unterschiedlichsten Tätigkeiten beschäftigt sind, brauchen sich nicht zu wundern, wenn ihnen keine Aufmerksamkeit geschenkt wird, ja sie manchmal sogar völlig ignoriert werden. Mein Rat: Fokussieren Sie die Aufmerksamkeit. Stellen Sie sich auf einen fest verabredeten Platz, machen Sie eine allen bekannte Geste, und warten Sie, bis jeder, aber auch wirklich jeder, alle anderen Aktivitäten eingestellt hat. Danach folgt die gegenseitige Begrüßung. Machen Sie einen solchen Unterrichtsstart zur Gewohnheit. Nicht nur Ihre Nerven, auch Ihre Schüler werden es Ihnen danken.

So unterstützen Rituale besonders Verhaltensweisen, die einer dauerhaften Einübung bedürfen. Sie sind leider in vielen Familien und auch in den Schulen aus der Mode gekommen. Heute ist man spontan, folgt den momentanen Bedürfnissen. Wie langweilig wirken da sich ständig wiederholende Rituale. Gerade in Familien kann ein Ausweg sein, sie in spielerische Aktivitäten einzubinden, die den Spaß in den Mittelpunkt stellen und die Gleichförmigkeit vergessen lassen.

Aber auch in heißen Konfliktsituationen, wenn die Emotionen überschäumen, rationale Überlegung und nüchterne Distanz verloren gegangen sind und jede weitere Diskussion nur den Konflikt verschärfen würde, können sich Rituale als nützlich erweisen. Eine vereinbarte Auszeit, ein vertrauter Raum für den Rückzug, ein Zuhörer für eine Aussprache, eine bestimmte Musik – all das kann deeskalierend wirken und helfen, mental wieder zur Ruhe zu kommen. Wenn es zum Familienritual gehört, einem Kind vor dem Schlafengehen noch etwas vorzulesen, sollte auch ein Tag voll Streit und Ärger diese Gewohnheit nicht unterbrechen. Lesen Sie einfach vor, und vermeiden Sie es, die anstehenden Probleme anzusprechen. Signalisieren Sie, dass Sie als Familie zusammengehören. Ihr Kind und wahrscheinlich auch Sie selbst werden dann besser schlafen, und am nächsten Tag sieht oft alles ganz anders aus.

Neben dem Kommunikationsverhalten können auch Äußerlichkeiten eine ritualisierte Wirkung hervorrufen. Identitätsstiftend und die Gemeinsamkeit fördernd bietet sich die gemeinsame Schulkleidung an. Man muss sich nur vor Augen führen, wie viel Wert Kinder auf äußerliche Erkennungszeichen legen. Gemeinsame Kleidung reduziert die Konkurrenz der Schüler um Mode und Marken und damit auch einige relevante Anlässe für das Mobbing. Wer jetzt an englische Internatsverhältnisse denkt, ist nicht ganz auf der Höhe der Zeit. Die Schulkleidung sollte von den Schülern mit ausgewählt, vielleicht auch entworfen werden. Dazu bieten sich Design-Wettbewerbe im Kunstunterricht und andere Kreativaktivitäten an. Doch machen wir uns nichts vor.

Die Idee einer gemeinsamen Schulkleidung wird in unserer individualisierten, auf Marken und Design orientierten Konsumgesellschaft nur schwer realisierbar sein. Ein Anfang wäre schon eine Teilfestlegung, etwa auf einheitliche Sportkleidung mit T-Shirts samt einem (selbst entworfenen) Schulemblem. Ideal, wenn sich Regeln und Rituale auf Bekanntes und Anerkanntes beziehen lassen. Gerade Jungen gegenüber können sie gut mit dem Hinweis auf den Fußball begründet werden. Die Konfliktregelung mit gelber und roter Karte ist für die meisten einsichtig und ohne Diskussionen einsetzbar. Das setzt allerdings voraus, dass solche Verhaltensmuster auch konsequent angewandt werden und die sich daraus ergebenden Folgen eindeutig und bekannt sind. Das allerdings ist längst nicht immer und überall der Fall.

21. KONSEQUENZEN – UNGELIEBT UND DOCH NOTWENDIG

Eine junge Familie mit Kleinkind im Wohnwagen auf einem Campingplatz. Die erste Reihe vorn zum Strand ist besonders begehrt, und als das junge Paar zum Mittagsschlaf für das müde Töchterchen vom Baden zurückkehrt, hat sich dort eine Gruppe Jugendlicher eingerichtet, direkt neben dem Caravan. Eigentlich kein Problem, doch herrschen in den verschiedenen Generationen oft unterschiedliche Vorstellungen über die Nutzungsart von Ruhe- und Aktivitätszeiten. Schon die Erfahrungen der Mittagspause bringen die Eltern auf die konstruktive Idee, es vor der drohenden nächtlichen Party mit Argumenten zu versuchen. Und es hat tatsächlich funktioniert. Die Jugendlichen waren keineswegs rücksichtslos, sondern vielmehr gedankenlos. Wer wollte ihnen den Mangel an Einfühlsamkeit in überschwänglicher Ferienstimmung verübeln? Sie ließen sich davon überzeugen, dass eine feierfreudige Jugendgruppe sich in ungünstiger Nachbarschaft zu einer Familie mit Kleinkind befindet. Die jungen Leute hatten ein Einsehen und zogen um. So, wie es mir eine Bekannte berichtete, wünscht man sich den Ausgang vieler Konflikte.

Argumente und Erklärungen haben durchaus Sinn, bevor eine Situation zum Problem wird. Das gilt besonders für Freizeitaktivitäten und Alltagssituationen, bei denen anzunehmen ist, dass sozial weniger selbstständig aufgewachsene junge Menschen vom Anspruch der Rücksichtnahme überfordert sind. Nur haben solche Bemühungen eine Grenze in verpflichtenden Gruppensituationen wie der des Schulunterrichts, wo die Regeln schon bekannt und eingeführt sein sollten.

Alles ist gemeinsam erarbeitet, es wurde diskutiert und begründet, alle waren einverstanden, die Regeln wurden verständlich formuliert, zur Erinnerung auf ein Plakat gemalt und für alle sichtbar aufgehängt. Und doch scheinen am darauffolgenden Tag Ali oder Paul alle Absprachen vergessen zu haben.

Ob wir es wollen oder nicht, wir stehen nicht selten vor der Tatsache, dass die vernünftige Erklärung, der partnerschaftliche Dialog, das in bester Absicht gegebene Versprechen nicht ausreichen. Doch bevor wir uns gezwungen sehen, zu anderen Maßnahmen zu greifen, sollten wir uns überlegen, woran es gelegen haben könnte, dass auf die gute Absicht keine gute Tat folgte.

Möglicherweise wurden die Regeln nicht richtig verstanden. Vielleicht wurden nicht genügend Verhaltensalternativen aufgezeigt und vor allem noch nicht eingeübt. Vielleicht waren es aber auch zu viele Regeln auf einmal, die Fülle wirkte überwältigend, die Anforderungen waren zu hoch. Vielerlei Begründungen sind denkbar, wenn der Erfolg ausbleibt.

Vielleicht aber wollen Ali und Paul auch einfach nicht, weil das Verhalten nach den gemeinsam erarbeiteten Regeln nicht nur ungewohnt, sondern mühsam ist und wenig Befriedigung verspricht. Vielleicht macht die Provokation auch einfach mehr

Spaß, und die möglichen Konsequenzen werden nicht ganz ernst genommen. Spätestens hier sollte angedacht werden, was beim Missachten von Regeln passiert, denn ohne Kenntnis der potenziellen Folgen ist die beste Regel sinnlos. Dafür werden übrigens die Kinder und Jugendlichen selbst sorgen. Sie sind meist sehr begierig darauf zu erfahren, welche Konsequenzen es gibt. Und die Erwachsenen sollten sich nicht wundern. Was die jungen Leute manchmal vorschlagen, deckt sich selten mit den Vorstellungen einer liberalen Pädagogik.

Die Vorschläge geben allerdings auch einen Eindruck von dem, was Kinder und Jugendliche für wirksam halten. So sind es vor allem Einschränkungen der Freiheit und des Konsums, die genannt werden. Waren es früher eher das Nachsitzen und die damit verbundene Strafarbeit in der Schule sowie der Stubenarrest und das Fernsehverbot in der Familie, so haben sich mit der Entwicklung der neuen Medien die Schwerpunkte verändert. Neben dem weiterhin aktuellen Ausgehverbot sind es Einschränkungen der Handy-, Spielkonsole-, MP3-Player- und Computernutzung und somit eine Begrenzung der Kommunikation mit Freunden und der Clique. Seit dem Siegeszug der Smartphones wird ein zeitweiliger Entzug dieser Geräte von vielen als härteste Bestrafung angesehen. Da haben die jungen Leute allerdings wenig zu befürchten. Denn viele Eltern halten den Entzug dieser Geräte für eine unverhältnismäßige Einschränkung.

Wenn wir sie wirklich erreichen wollen, sollten wir diesen Gesichtspunkt im Auge behalten, denn auch hier gilt, sie dort abzuholen, wo sie stehen.

Als ideale Form, auf Fehlverhalten zu reagieren, gilt der Rückgriff auf die logischen Folgen. Wer nicht pünktlich ist, kann an der Veranstaltung nicht teilnehmen, wer Sachen mutwillig zerstört, muss sich so lange einschränken, bis er den Ersatz abgezahlt hat. Es geht also um Konsequenzen, oder wie viele Kids sagen würden: Es geht um Strafe. Wir Erwachsenen mögen in ängstlicher Vermeidung emanzipationsfeindlichen Sprachge-

brauchs den Begriff »Strafe« umgehen und an deren Stelle von
Konsequenzen sprechen – bei Kindern oder Jugendlichen kommen Konsequenzen immer als Strafe an. Ein Begriff also, der
noch mehr Ablehnung erfuhr und weiterhin erfährt als »Regel«
oder »Ritual«. Strafe legt schon vom Begriff her Misshandlung
nahe, sie ist hierarchisch ausgerichtet, man erleidet sie, und sie
kann Verhalten nicht ändern. Zudem gibt es Untersuchungen
aus dem englischsprachigen Raum, wonach sich delinquentes
Verhalten in Schulen verstärkt, wenn die Verhaltensregelung
überwiegend mit Strafen erfolgt.

Damit sind die hauptsächlichsten Einwände gegen die Strafe
als Erziehungsmittel beschrieben. Doch kann der Strafaspekt oftmals eine sinnvolle und notwendige Ergänzung unzureichender
Konsequenzen sein.

Wir sind in unserer Gesellschaft ständig von Strafen umge-
ben. Es gibt das Strafgesetzbuch, es gibt Gefängnisstrafen und
Ordnungsstrafen oder einen Strafbefehl. Sie alle gelten jedoch
als rechtsstaatlich legitimiert, sofern sie nicht missbraucht werden. Auch viele Eltern werden ihr Erziehungsverhalten mit Strafen ergänzen. Insofern gehört die Strafe zu unserer gesellschaftlichen Wirklichkeit, und sie ist tatsächlich hierarchisch geprägt.
Die Betroffenen haben kaum eine Möglichkeit, ihr zu entgehen.
Insofern haben die Kritiker recht.

Auch im nächsten Punkt muss man ihnen zustimmen. Strafe
kann Verhalten nicht ändern. Sie zeigt, was nicht gemacht werden darf, weist aber keinen Weg zu alternativen Verhaltensweisen. Einem Kind oder Jugendlichen aber, der keine Vorstellung
von diesen Alternativen hat, wird die Strafe als ausweglose Konsequenz erscheinen. Strafen allein helfen also nicht weiter.

Trotzdem haben sich Strafen im kollektiven Gedächtnis, entgegen allen theoretischen und praktischen Erkenntnissen, als
angeblich wirksames Mittel der Verhaltenssteuerung etabliert.
Dies wird am ständig wiederkehrenden Ruf in der Öffentlichkeit nach härteren Strafen deutlich. Als Folge um das Für und
Wider von Strafe verlor sich leider auch das Bewusstsein für

ihre konstruktive Funktion. Denn Strafen können inakzeptables Verhalten unterbrechen und dadurch den Weg für neue alternative Verhaltensformen frei machen. Genau hierin liegt ihre Bedeutung. Sie sind damit immer gebunden an neu zu lernendes Verhalten. Fehlt dieses Angebot, wird Strafe missbraucht als Rache. Strafe hat pädagogisch nur einen Sinn, wenn das alte inakzeptable Verhalten durch sie beendet wird, damit Wege, die zur Verhaltensänderung angeboten werden, beschritten werden können. Nur so kann sie die Voraussetzung für positive Veränderungen schaffen. Insofern bietet Strafe eine Verhaltenskrücke und reduziert sich auf jene härteren Fälle, in denen die Bereitschaft fehlt, sich auf alternative Verhaltensangebote einzulassen. Überall dort, wo diese Angebote angenommen werden, ist Strafe überflüssig. Sie sollte immer nur das letzte Mittel sein.

Aber auch dann noch ist die Anwendung von Strafe nicht unbedenklich. Sie bleibt an bestimmte Voraussetzungen gebunden, die gut überlegt sein sollten. Die wichtigsten seien hier genannt.

Strafe sollte möglichst unmittelbar auf das zu bestrafende Verhalten erfolgen, um effektiv zu sein. Schon wenn mehrere andere Vorfälle zwischen Tat und Strafe liegen, ist kaum mehr ein Sinnzusammenhang herstellbar. Die verstorbene Jugendrichterin Kirsten Heisig hat auf diese Notwendigkeit verwiesen.

Strafe muss wirksam sein und von dem Betroffenen auch als Strafe wahrgenommen werden. Wird sie nicht ernst genommen, verliert sie ihre Wirkung. Das betrifft auch sich langsam steigernde Strafen, die durch einen Gewöhnungseffekt an Wirkung verlieren. Hier besteht das Problem der richtigen Dosierung. Auch eine harte Strafe für schwere Taten muss immer die Perspektive auf Veränderung bieten.

Hat man sich einmal zu strafendem Verhalten entschlossen, muss es konsequent angewandt und vor allem auch beibehalten werden. Ein zu früher Abbruch wirkt als Verstärkung des Fehlverhaltens.»War wohl doch nicht so schlimm …« Ebenso kann grundsätzlich gelten, dass eine Strafe auch vollzogen werden muss, wenn sie angekündigt wurde. Hierbei ist vermutlich der häufigste Schwachpunkt zu finden. Ein folgenschwerer Fehler, denn eines kann als gesichert gelten: Wer mit nicht akzeptablem Verhalten, sei es nur unsozial oder auch schon strafbar, Erfolg hat, lernt, dass dies das richtige Verhalten ist. So bewahrheitet sich auch hierbei: Sich nachsichtig zu verhalten ist zwar gut gemeint, aber noch lange nicht gut gemacht.

Die emotional geprägte Ablehnung, die viele Menschen gegenüber der Anwendung von Strafe haben, gibt Anlass, eine weitere Voraussetzung pädagogischen Handelns zu betonen, die gerade im Zusammenhang mit Bestrafungen von Bedeutung ist. Ich möchte sie als grundsätzliche, nicht verhandelbare Regel der Pädagogik bezeichnen. Aufgrund der ungleichen Machtverteilung zwischen Erziehenden und den jeweiligen Kindern und Jugendlichen verbietet sich jegliche Beschämung oder Diskriminierung, jedes absichtsvolle und bewusste Lächerlichmachen eines jungen Menschen. Versuchen Sie einmal zurückzudenken, was Ihnen von Ihrer Kindheit und Jugend in Erinnerung geblieben ist. Unter vielem anderen werden es solche Situationen von Scham und Peinlichkeit sein, denen man hilflos ausgeliefert war und die einen oft ein Leben lang verfolgen.

Das ist nun ziemlich viel, was hier als Handlungsvoraussetzung zusammengetragen wird: eine gelingende Beziehung, die viel Zeit braucht, um sich zu entwickeln, und die Sicherheit, in der dies stattfindet, das Gefühl der Zugehörigkeit und vor allem der Anerkennung, als wichtigstes Bollwerk gegen das Gift der Entmutigung. Das alles auf der Grundlage eindeutiger und nachvollziehbarer Regeln, die durch eine Vielzahl von Ritualen eingeübt werden können. Und nicht zuletzt Konsequenzen als Grenzen setzende Orientierung sowie das Angebot, alternative Handlungsmuster zu erlernen.

Wie so etwas annähernd erfolgreich verlaufen kann, konnten wir mit einem Mädchen erleben, das wir fast aufgegeben hätten.

Nennen wir sie Tani. Ein munteres Mädchen mit arabischen Wurzeln. Die Munterkeit Tanis machte allerdings vielen zu schaffen, die mit ihr zu tun hatten, und traf nicht überall auf Begeis-

terung. Tani galt als schwierig. Aber auch wer Tani nicht näher
kannte, hätte doch gewusst, wer gemeint war. Der Grund war
sehr ersichtlich: Tani saß oft vor der Klassentür im Flur und wurde deshalb von allen gekannt. Sie saß dort nicht allein. Meistens
wurde sie begleitet von einer Einzelfallhilfe, die mit ihr ein klärendes Gespräch führte oder versuchte, das nachzuholen, was
offensichtlich im Verlauf des Unterrichts an Tani vorbeigegangen
war.

Als lernbehinderte Integrationsschülerin kam Tani zu uns in
die Klasse, als sie sechs Jahre Grundschule absolviert hatte und
der Übergang zur Oberschule anstand. Der Vater, Akademiker
und arabischer Herkunft, stand grundsätzlich ablehnend der
weiterführenden Beschulung seiner Tochter in einem sonderpä-
dagogischen Oberschulzweig gegenüber. Bisher war der Familie
die Schmach erspart geblieben, die Lernbehinderung der Tochter
offensichtlich werden zu lassen. Als Schülerin einer Integrations-
grundschulklasse war für niemanden Außenstehenden ihr Status
erkennbar. Wir wussten nicht, wie das Mädchen in der Familie
dargestellt wurde, aber dass ihre Leistungen nicht dem Niveau
einer Übergangsklasse einer Grundschule entsprach, hätte für jeden ersichtlich sein müssen. Die Eltern hätten sich ein Verbleiben
in einer »normalen« Klasse gewünscht, unabhängig von den tatsächlichen Lernfortschritten. Wahrscheinlich waren es Berichte
und Schilderungen aus den umliegenden weiterführenden Schulen, welche die Eltern doch zur Entscheidung für die Sonderschu-
le veranlassten. Dazu mag beigetragen haben, dass auch ihnen bei
aller wohlwollenden Sicht nicht verborgen blieb, wie provozierend und störend das Verhalten ihrer Tochter gleichermaßen für
Erwachsene und Mitschüler war. Allerdings sahen wir unter den
speziellen Lernbedingungen wenig Hoffnung auf Veränderung.

Nach einem Jahr verzweifelter Versuche mit den üblichen
Interventionen gingen wir zum Großangriff über. Wir eröffne-
ten den entsetzten Eltern, dass Tani nicht in der Lage sei, die
Beschulung über den ganzen Vormittag durchzustehen. Sie hätte allenfalls die Konzentrationsfähigkeit für zwei Stunden, und

diese beiden Schulstunden könnten auch nicht zu Beginn des Schultages liegen, wo die Anforderungen an Konzentration und Verhalten am höchsten seien. Tani könne erst nach der ersten Hofpause in die Schule kommen und müsse diese dann nach zwei Schulstunden wieder verlassen. Wichtig sei dabei, dass sie wirklich erst nach der Pause erscheine, um gar nicht erst in Konflikte mit anderen Schülern verwickelt zu werden.

Die Eltern wehrten sich vehement, stimmten dann aber doch zu, weil sie sich durch viele Verhaltensbeispiele letztlich von uns überzeugen ließen, dass über zwei Unterrichtsstunden hinaus kein Lernzuwachs zu erwarten war.

Verbunden mit dieser zeitlichen Einschränkung wurde eine enge Zusammenarbeit mit einer Verhaltenstherapeutin angestrebt, bei der Tani in Behandlung war. Alle Aufgaben und Arbeitsschritte, die Tani mit Erfolg gemeistert hatte, wurden der Therapeutin täglich mitgeteilt, sodass sie die Möglichkeit hatte, mit Belohnungen in ihren Therapiestunden zu reagieren. Wir bekamen wiederum am Tag darauf die Mitteilung über kleine Verhaltenserfolge Tanis, die nun wir zum Anlass nehmen konnten, auf den Zusammenhang von Verhalten und Belohnung hinzuweisen und entsprechend zu reagieren. Die Eltern wurden während dieser Zeit verpflichtet, auf die Hausaufgaben zu achten, aber gleichzeitig das Mädchen nicht mit Extraaufgaben zu überfordern.

Es war eine anstrengende Zeit. Neben allen anderen Schülern, die ebensolche Zuwendung brauchten, richteten wir den Fokus auf Tani. Nach einem Vierteljahr erhöhten wir die Unterrichtszeit. Nur langsam und kleinschrittig, aber stetig. Zwischendurch hatten wir immer wieder mit dem Widerstand der Eltern zu kämpfen, die befürchteten, Tani versäume zu viel Unterrichtsstoff. Irgendwann kamen wir auf vier Unterrichtsstunden. Es gab auch vorübergehende Misserfolge, aber die Erfolge waren in der Überzahl, und so kämpften wir uns immer weiter voran, bis Tani ihre Selbstkontrolle so weit entwickelt hatte, dass sie einen ganzen Unterrichtstag durchstehen konnte.

Tani war und blieb eine lernbehinderte Schülerin. Ihre Schwächen bei den Kulturtechniken waren nicht zu beheben. Aber ihr Verhalten hatte sich gewandelt. Als sie in der 9. Klassenstufe ein dreiwöchiges Praktikum ihrer Wahl in einer Kindertagesstätte absolvierte, zeigte sich die Kitaleiterin begeistert. Zwar werde Tani nie den erwarteten theoretischen Anforderungen entsprechen können, die eine Erzieherausbildung heute verlange, ihr Umgang und ihr Gefühl für kleine Kinder seien jedoch ungemein hilfreich auch für die anderen Kollegen gewesen. Als Tani später im berufsvorbereitenden Lehrgang ihr letztes Schuljahr in der Schulcafeteria absolvierte, galt sie bei den Kunden als freundliche und höfliche Schülerin. Genau darin lag ihre Chance, die sie von anderen unterschied, die vielleicht bessere Leistungen beim Lesen, Schreiben und Rechnen aufwiesen.

Möglich geworden war dies, indem wir uns über Formalien hinwegsetzten, eine unorthodoxe Lösung initiierten und konsequent praktizierten, die Eltern trotz ihres Widerstands einbezogen, mit anderen Fachstellen, hier der Therapeutin, zusammenarbeiteten und ein Übermaß an Zeit und Energie investierten, was allerdings sicherlich zulasten anderer Schüler ging und für uns nur leistbar war, da wir im Team zusammenarbeiteten.

Wie oft solch ein Prozess mit einer Intensität, die hier nur angedeutet werden kann, über mehrere Monate praktizierbar ist, ohne die jeweils anderen Schüler zu vernachlässigen, ist letztlich davon abhängig, wie viele Ressourcen zur Verfügung stehen. In jedem Fall aber erfordert ein solch nachhaltiger Erziehungsprozess Zeit, Geduld, personale Kontinuität und sehr viel Frustrationstoleranz. Darüber hinaus bedarf es der Bereitschaft, unkonventionelle Wege zu gehen, auch entgegen eventuell gegenteiliger offizieller Vorgaben der Schulbürokratie, was wiederum eine Schulleitung voraussetzt, die bereit ist, solche informellen Vorgehensweisen mitzutragen.

Weitaus häufiger als im geschilderten Fall wird sich die Anforderung, konsequent zu handeln, in alltäglichen, kurzfristigen Situationen stellen. Das ist nicht weniger mühselig. Schülergruppen, die beim Raumwechsel lärmend durchs Treppenhaus toben, sind von einer anschließenden Strafpredigt wenig beindruckt. Es sieht schon ganz anders aus, wenn man gemeinsam mit ihnen den Weg zurückgeht und die ganze Aktion wiederholt, vielleicht sogar ein drittes Mal. Auch wenn die heiß geliebte Sportstunde dadurch eventuell ausfällt. Solche Aktionen vermitteln vielleicht gerade deshalb einen nachhaltigen Eindruck. Wenn Schüler in derartige Aktionen selbst mit eingebunden sind, ist die Wirkung natürlich viel eindringlicher. Ist die Klasse während des Unterrichts laut und unruhig, muss nicht unbedingt der Lehrer Ruhe einfordern. Ein Schüler, möglichst aus der Gruppe der Störer, kann mit der Aufgabe betraut werden zu entscheiden, wann die Bedingungen für eine störungsfreie Fortsetzung des Unterrichts gegeben sind, vielleicht sogar aus der Perspektive des vorne stehenden Lehrers. Ein derartiger Perspektivwechsel macht ihm ohne viele Worte deutlich, was notwendig ist.

Man kann es auch durch Extragratifikationen erreichen. Wir versuchten es mit einer verabredeten Extrapause. Zehn Minuten zur Belohnung, wenn sich alle an die Vorgabe halten, dabei so ruhig zu sein, dass sich niemand (einschließlich der Lehrer) gestört fühlte, ansonsten würde sofort weitergearbeitet. Langsam, aber stetig beginnt solch ein Programm zu wirken, und die zehn Minuten werden wirklich nach einigen misslungenen Versuchen erreicht. Vor allem: Das eingeübte Verhalten wirkt über diese Pause hinaus. So kann Eigenverantwortlichkeit gefördert werden.

Wer jetzt Sorge hat, dass bei allen diesen Maßnahmen zu viel Unterrichtszeit verloren gehe, darf sich nichts vormachen. Wie viel Unterrichtszeit geht wohl verloren, wenn man sich ständig gegen Lärm und Unruhe wehren muss? Hier, wie für alle vermeintlich zeitraubenden präventiven Maßnahmen sollte man sich immer bewusst machen, wie kurzsichtig solch ein Denken ist:»Wir haben keine Zeit, die Zäune zu reparieren, weil wir ständig die Schafe einfangen müssen.« Ein bedenkenswerter Spruch, den ich an der Pinnwand eines Schulpsychologen fand. Er sollte sich an der Mitteilungstafel manch zaudernder Lehrerkollegien, aber auch in vielen Familien finden.

22. WOMIT WIR SCHWIERIGKEITEN HABEN: KONFRONTATIONEN

Erfahrene Segler kennen solche Situationen. Wenn der Zustand des Schiffes und die Fähigkeiten der Mannschaft den Wetterverhältnissen nicht entsprechen, bleibt das Schiff im Hafen. Es wäre zu gefährlich auszulaufen, könnte Kopf und Kragen kosten. Auch in den Bergen weiß man: Ohne die entsprechende Ausrüstung geht niemand in die Wand. Und was für den Sport gilt, hat nicht weniger Bedeutung für den Beruf. Das richtige Werkzeug ist vonnöten, muss der Aufgabe und der Situation angepasst sein. Sogar wenn Sie als Hobbyhandwerker unterwegs sind, werden Sie die Erfahrung machen, dass bei Ihren Basteleien meist nicht viel herauskommt, wenn Sie nicht über das richtige Handwerkszeug verfügen. Nicht so bei Pädagogen, wenn es um den Umgang mit verhaltensauffälligen Heranwachsenden geht. Hier heißt die Devise »professionelle Hilflosigkeit«.

Die Aufgaben werden immer schwieriger, die Ansprüche immer höher, die Reformvorhaben immer illusionärer, die Zahl der Burn-out-Erkrankungen immer häufiger. Proportional dazu reduzieren sich die Möglichkeiten, dem Problem wirkungsvoll zu begegnen. Ein Schulwissenschaftler schrieb einmal, dass man den Lehrern zwar alle effektiven Möglichkeiten der Intervention nehmen könne, sich dann aber nicht wundern dürfe, welche Folgen dies habe. Das bedeutet auch: Wenn immer mehr junge Menschen Verhaltensstörungen zeigen, kommen wir nicht umhin, das Handlungsrepertoire um effektive Methoden zu ergänzen.

Im pädagogischen Alltag haben sich vor allem jene Vorgehensweisen als erfolgreich erwiesen, die von den Entwicklungsproblemen der Kinder und Jugendlichen ausgehen und präventiv versuchen, alternative Verhaltensweisen aufzuzeigen. Der Ansatz der Entwicklungs-Therapie/Entwicklungs-Pädagogik, kurz ETEP, ist hier ein Beispiel. Der Blick richtet sich auf die Stärken des Kindes, die Förderung berücksichtigt dem Alter angemessene Entwicklungsschritte. So werden Erfolge ermöglicht. Voraussetzung sind die Diagnose des Entwicklungsstandes und ein darauf aufbauender Förderplan. Lernanlässe sind so zu gestalten, dass die angebotenen Verhaltensalternativen angenommen und langfristig trainiert werden können. Das Fehlverhalten selbst steht nicht im Mittelpunkt, womit verhindert werden soll, dass sich bei den Betroffenen ein negatives Selbstbild entwickelt: »Ich mache immer alles falsch. Ich bin schlecht.« Statt des Vorwurfs: »Du läufst schon wieder durch die Klasse und störst alle anderen«, sollte besser der Verhaltenshinweis: »Wir sitzen alle auf dem Platz und sind leise«, erfolgen. Nicht leicht übrigens für uns Erwachsene, sich diese Sichtweise anzueignen, sind wir doch schnell mit Vorwürfen bei der Hand. Aber wir rufen damit Widerstand hervor, denn seien wir ehrlich: Wer hört schon gerne Vorwürfe?

Doch auch Kinder müssen lernen, sich damit auseinanderzusetzen. Eine hilfreiche Methode, schon Kinder im Grundschulalter an eine konstruktive Verhaltenskritik zu gewöhnen, bietet die spielerische Übung »Kalte/Warme Dusche«. Sie trägt viel dazu bei, der Selbstwahrnehmung der Kinder eine realistische Basis zu geben. Der Ablauf:

Zu Beginn muss der Kandidat, der sich freiwillig dafür gemeldet hat, den Raum verlassen, und auch später ist seine Rolle eher passiv. Besprechen Sie nun mit den übrigen Schülern dessen positive und negative Verhaltensweisen. Dabei geht es nur um Verhalten, das veränderbar ist. Jeder Schüler soll sich eine positive Verhaltensweise merken, zwei oder drei Schüler je eine negative. Nun wird der Kandidat in die Mitte des Kreises geholt und muss sich reihum kommentarlos das Lob der Schüler, aber auch die zwei oder drei kritischen Bemerkungen anhören. Anschließend darf er dazu Stellung nehmen, und die Kinder können gemeinsam erarbeiten, wie ihm geholfen werden kann, die kritisch bewerteten Verhaltensweisen zu verändern. Alle Teilnehmer lernen sich dadurch besser kennen, Unterschiede und Gemeinsamkeiten werden deutlich, konstruktive Kritik wird ausgesprochen. Schon dadurch wird deutlich, worin der soziale Effekt dieser Übung liegt, vor allem wenn sie mit wechselnden Kandidaten dauerhaft ins wöchentliche Ritual einer Klassenratssitzung, Nachbesprechung oder eines Wochenrückblicks übernommen wird. Ich habe mir übrigens angewöhnt, meine halbjährlichen Seminare für Lehrer mit dieser Übung zu beenden, und ich habe durch die »Duschen«, die ich bekam, viel gelernt.

Besonders mit zunehmendem Alter reicht es nicht, allein mit positiven Verhaltensangeboten zu operieren. Die wirklich delinquenten Schüler entziehen sich in der Regel diesen pädagogischen Interventionsmöglichkeiten, die ein einzeln Unterrichtender im Klassenverband realisieren kann. Sei es, dass sie die Bemühungen ignorieren, sie lächerlich machen oder offensiv ablehnen – ihr Widerstandspotenzial ist so groß, dass wir mit unseren guten Absichten scheitern. Oft sind es endlose Diskussionen, die das Selbstverständnis liberaler Pädagogen provokativ herausfordern und sie unter Rechtfertigungsdruck setzen.

Die bei diesen Jugendlichen vorzufindende Neigung zu Selbsttäuschung, Leugnen oder Rechtfertigen des eigenen negativen Verhaltens macht eine bewusste, grundsätzliche Auseinandersetzung mit dem Fehlverhalten erforderlich. Nur so kann selbstverantwortliches Verhalten entwickelt werden. Dies allerdings lässt sich nicht so nebenbei realisieren, wie es vielleicht manche Bildungstheoretiker vom gemeinsamen Lernen in Bezug auf störendes, dissoziales Verhalten erwarten. Um die anderen Schüler und sich selbst zu schützen und zu entlasten oder auch nur um den Unterricht überhaupt weiterführen zu können,

bleibt in der Praxis oft nichts anderes übrig, als den Störer zu iso-
lieren, konkret: ihn aus dem Raum zu schicken. Pädagogisch ist
dies eigentlich nicht vorgesehen, steht im Konflikt mit der Auf-
sichtspflicht und gilt vielen als erzieherische Bankrotterklärung.
Praktisch ist es häufig das einzige Mittel, eskalierende Situationen zu unterbrechen und den Unterricht halbwegs erfolgreich
zu Ende zu bringen. Die Betroffenen lungern dann vor der Klasse, im Flur oder Treppenhaus, manchmal auch im Amtszimmer
des Rektors herum. Verschwendete Zeit.

Meist wird versucht, den jeweiligen Schüler nach einer Be-
ruhigungspause erneut zu integrieren und am Ende der Stunde, sofern die Zeit vorhanden ist, ein kurzes klärendes Gespräch
zu führen, gegebenenfalls auch eine Strafe auszusprechen. Das
wahrt zumindest den Schein einer intervenierenden pädagogischen Bemühung. Gemessen an den bisher aufgezeigten Maßstäben des Umgangs mit schwierigem Verhalten, erweist sich
die Maßnahme des bloßen »Hinausstellens« jedoch als wenig
sinnvoll. Das Zugehörigkeitsgefühl wird durch einen Akt der
Ausgrenzung verletzt. Statt anerkannt zu werden, sieht sich der
Betreffende vor den Augen der Klasse als Verlierer. Und wer
weiß schon, was der Schüler draußen, außerhalb der Klasse an-
stellt? Die Aktion empfindet er als Bestrafung, eine wirkliche
Auseinandersetzung mit seinem Verhalten findet nicht statt. Vor
allem aber bekommt er keine alternativen Verhaltensangebote,
die ihm helfen könnten, zukünftige Eskalationen dieser Art zu
vermeiden.

Also in der Klasse behalten, den Konflikt weitertreiben, die
Gefahr physischer und psychischer Verletzungen eingehen, der
versammelten Mannschaft eine spannende Vorführung zu den
verschiedenen Möglichkeiten der Verweigerung, der Beleidigungen, der Provokation, des aggressiven verbalen, eventuell
körperlichen Widerstands bieten und den Unterricht in den
Wind schreiben? Auch keine Lösung.

Wie wäre es in diesem Fall mit dem Eingeständnis einer unbequemen Wahrheit? Dass dieser delinquente Schüler nämlich

nicht mehr weiter am Unterricht teilnehmen kann, dass es weder für ihn noch für die anderen Schüler einen Sinn ergibt, unter diesen Bedingungen weiter anwesend zu sein, dass er eine Belastung, vielleicht sogar Gefahr für das soziale Miteinander darstellt, dass ihm Grenzen aufgezeigt werden müssen und dass er dringend Hilfe braucht, um einen anderen Weg für sich zu finden. Das Eingeständnis, dass es richtig ist, ihn in dieser Situation von den anderen Schülern zu trennen und dass dafür gleichzeitig angemessene pädagogische Möglichkeiten bereitgestellt werden müssen, die ihm helfen, diesen anderen Weg zu gehen. Genau hier hapert es gewaltig.

Konkret bedeutet dies nämlich, den betreffenden Schüler aus der Klasse zu nehmen und gleichzeitig sicherzustellen, dass alle oben beschriebenen Anforderungen erfüllt werden. Ihm eine deeskalierende Pause gönnen, um ihn nicht in den Augen der Mitschüler als dauernden Querulanten erscheinen zu lassen, die verschiedenen Sichtweisen des Konflikts mit ihm zu erarbeiten und die entsprechenden Regeln zu verdeutlichen. Ihn für sein Verhalten in die Verantwortung nehmen, an seine Stärken anknüpfen und alternative Verhaltensmuster in kleinen Schritten mit ihm entwickeln und einüben – erst auf dieser Grundlage ergibt sich eine Chance zur nachhaltigen Reintegration in die Klassengemeinschaft.

Solche Prozesse werden sich häufig wiederholen, bis sie zu nachhaltigen Erfolgen führen. Eltern oder Schulleitung, Familienhelfer oder Therapeuten müssen an diesem Prozess mitarbeiten. Das erfordert viel Zeit, Geduld und einen langen Atem und stellt keinesfalls sicher, dass sich der Erfolg auch wirklich einstellt. Aber auf diese Weise ließe sich immerhin ein realistischer Versuch begründen, der immer wieder die Chance auf eine konstruktive Reintegration in die Gruppe eröffnet, gleichzeitig diese Gruppe aber auch vor unzumutbaren Belastungen schützt. Voraussetzung dafür ist allerdings, dass man sich zu dieser Vorgehensweise bekennt und sie nicht informell mit mehr oder weniger schlechtem Gewissen und wenig nachhaltig praktiziert.

Als ich im Jahre 2002 solche alternativen Vorgehensweisen am Beispiel der »Trainingsraummethode« während eines Studientages an einer Berliner Gesamtschule vorstellte, erntete ich lautstarke Ablehnung. Bei diesem Programm wird der störende Schüler einmal ermahnt und im Wiederholungsfall mit einem Informationszettel in den Trainingsraum geschickt. Dort hat er die Aufgabe, mithilfe eines Pädagogen sein Störverhalten zu reflektieren und Verhaltensalternativen zu erarbeiten. Unpädagogisch, ja unmenschlich sei eine derartige Vorgehensweise, die mit solchen »Isolierungs«-Methoden arbeite. Man dürfe diese Schüler nicht in dieser Weise »aussondern«. Schließlich könnten sie nichts dafür, dass ihre Lebensumstände sie zu diesen Verhaltensweisen gebracht hätten. Sie gehörten zur Klassengemeinschaft, und nur dort könne dieses Problem gemeinsam bearbeitet und gelöst werden.

Jahre später, nach dem Rütli-Brandbrief und vielen Eskalationen an Brennpunktschulen, stellten wir in unseren Fortbildungsseminaren eine deutlich erhöhte Nachfrage nach einem entsprechend konfrontativen Vorgehen fest. Die Kollegen waren mit ihren gut gemeinten Ansprüchen zu oft an Grenzen gestoßen. Die Realität erforderte mehr als fromme Wünsche und wolkenreiche Worthülsen.

Die Realisierung des Trainingsraummodells ist leider an bestimmte Voraussetzungen gebunden, die über individuelles Engagement hinausgehen, denn ohne ausreichende personelle Ressourcen ist da wenig zu machen. Wir hatten es versucht, hatten komplizierte Pläne entworfen, wann wer in welcher Springstunde für den Dienst der Trainingsraumbetreuung zur Verfügung stehen könnte. Wie eventuell unbetreute Stunden durch die Mitarbeit des Sekretariats oder der Schulleitung aufzufangen wären. Je komplizierter die Organisationsplanung, desto unwahrscheinlicher eine realistische Umsetzung, halten sich die Konfliktanlässe junger Menschen doch nur selten an vorgegebene Zeiten und Organisationsstrukturen. Nötig wäre eine ständige und dauerhafte personelle Besetzung des Trainingsraums.

Wie aber überzeugt man ablehnende Beamten der Schul- und Finanzbehörde von der Notwendigkeit solcher Einrichtungen? An dieser Stelle lohnt es, das hochgelobte finnische Beispiel anzuführen. Dort sind es Lehrerassistenten und andere professionelle Berufsgruppen, die sich mit einem schwierigen Schüler in schwierigen Situationen beschäftigen, sie für eine Zeit lang in speziellen Lerngruppen beschulen und für eine positive Reintegration sorgen, damit der Lehrer nicht von seiner originären Aufgabe des Unterrichtens abgehalten wird. In unserer Bildungsrepublik gibt es diese nicht, und die Stunden der Unterrichtshelfer, die zumindest zeitweise den schwierigsten Schülern zur Seite standen, sind etwa in Berlin massiv gekürzt worden. Ebenso ergeht es seit Jahren der Schulsozialarbeit. Deutsche Lehrer bleiben bei solchen Problemen auf sich allein gestellt, zumal nicht zu erwarten ist, dass unter der zukünftigen Perspektive eines von oben verordneten Inklusionsverständnisses, bei dem alles gemeinsam zu erfolgen hat, solche speziellen Methoden akzeptiert werden. Darüber hinaus steht vielen Pädagogen mit der Toleranzfalle noch ihre eigene Ideologie im Wege. Aufgrund der richtigen Erkenntnis, dass der junge Mensch für die Ursachen seines Verhaltens nicht verantwortlich ist, unterbleibt dann ein regulierendes Eingreifen, wenn es, gemessen an den Maßstäben des Pädagogen als unangemessen hart und unterdrückend empfunden wird. Dabei wird allerdings übersehen, dass es vor allem die eigenen Empfindungen und Wertmaßstäbe sind, die diese Handlungsabstinenz begründen. Die betroffene Zielgruppe empfindet dies ganz anders.

Ahmet Toprak, der sich seit Jahren praktisch und theoretisch mit gewaltpräventiven Ansätzen auseinandersetzt, beschreibt dies in seinem Buch *Jungen und Gewalt* am Beispiel türkischer Jugendlicher. Diese Jungen legen Nachgiebigkeit, Verständnis und freiwillige Entscheidungsoptionen als Schwäche aus. »Die meisten Jugendlichen wissen sehr wohl, wie die Pädagogen ›funktionieren‹, weil sie ›pädagogentrainiert‹ sind. Die Devise der Jugendlichen heißt: ›Ich erzähle ihm meine schlechte und traurige

Kindheit, schon habe ich meine Ruhe.‹ Gerade der verständnisvolle Ansatz der Pädagogen wird von Jugendlichen missbraucht und gegen sie verwendet, weil den Jugendlichen die kognitiven Hypothesen der Pädagogen vertraut sind.« Die Jugendlichen wissen genau, wie schwer es vielen Pädagogen fällt, dem Widerstand gegen eine Verhaltensaufforderung nicht mit endlosen Begründungen zu begegnen, sondern mit dem wenig empathisch klingenden, aber oft hilfreichen und sinnvollen Satz:»Weil ich es sage!« Auch wenn es uns gar nicht gefällt: Nicht einer einvernehmlichen Lösung eines Konfliktes durch die Konfliktparteien erweisen sie Respekt, sondern Entscheidungen auf Grundlage von Machtpositionen, die nur schwer mit unseren freiheitlichen Vorstellungen in Einklang zu bringen sind:»Dieser Stil wird im Allgemeinen bei problematischen Jugendlichen und im Besonderen bei türkischen Jungen gut angenommen, weil er bei Wettstreit, Unnachgiebigkeit und Härte, worauf diese Jungen großen Wert legen, ansetzt. Unnachgiebigkeit ist das oberste Prinzip, das die Jugendlichen in der Erziehung, vor allem im Kontext der Freundschaft und Familienehre, erfahren.«

Wenn es den freiheitlich-liberal gesinnten Zeitgenossen bei diesen Aussagen auch gruselt – bei der Kritik solcher Erkenntnisse werden oft Ergebnis und Voraussetzung verwechselt. Die Fähigkeit zu selbstständiger, freiwilliger Entscheidung soll das Ergebnis eines pädagogischen Prozesses sein, als Voraussetzung dieses Prozesses kann man sie nicht erwarten.

Toprak empfiehlt bei Regelübertretungen die Methode der konfrontativen Gesprächsführung. Sie ist dadurch gekennzeichnet, dass sie sich ausschließlich auf die Tatsache der Regelverletzung bezieht und Entschuldigungen, Ausreden oder Ablenkungen nicht gelten lässt. Damit entgeht man der Toleranzfalle und nötigt den betroffenen Jugendlichen zu einer Auseinandersetzung mit seinem Verhalten. Wer zu spät kommt, kann sich nicht damit entschuldigen, dass es zu Hause noch viel zu erledigen gab. Wer gewalttätig wird, kann nicht vorgeben, provoziert worden zu sein. Die Regeln verlangen, anders zu reagieren.

Dann muss man eben früher aufstehen oder sich besser im Griff haben. Das schließt keinesfalls aus, sich mit etwaigen Ursachen und möglichen Hilfen zu beschäftigen. Nur sollte dies an einem anderen Ort und zu anderer Zeit erfolgen. Voraussetzung für einen dauerhaften Erfolg sei, so Toprak, dass diese Methode bei den betreffenden Jugendlichen konsequent auch bei alltäglichen »Harmlosigkeiten« angewandt werde. Das aber fällt nicht nur vielen Pädagogen unendlich schwer.

Konfrontativ lassen sich auch Rechtfertigungen von Gewalt angehen, die sich auf Ehrbegriffe beziehen. Die fast in jeder Auseinandersetzung zwischen Kindern und Jugendlichen inflationär gebräuchliche Begründung »Der hat meine Mutter beleidigt« gehört dazu. In hartnäckigen Fällen bietet sich hier eine gute Gelegenheit, Eltern in den Erziehungsprozess einzubinden und zu demonstrieren, dass sie und die Lehrer in der Ablehnung von Gewalt an einem Strang ziehen. Es bleibt wenig übrig von dieser »Rechtfertigung«, wenn der gewalttätige Schüler im Beisein aller Beteiligten von seiner Mutter hören muss, dass sie sich keineswegs von den pubertären Äußerungen irgendwelcher Mitschüler beleidigt fühle.

Manchmal reicht schon die Ankündigung, die Mutter in Gegenwart des Schülers anzurufen, um genau dies zu erfragen. Das Aggressionspotenzial gegenseitiger Beschuldigungen ist danach meist erheblich geringer, was für die Aufarbeitung des Konflikts sehr hilfreich sein kann. Auch Beleidigungen gegenüber Erwachsenen, unter denen gerade Lehrerinnen oft zu leiden haben, lassen sich auf diesem Weg effektiv und nachhaltig entgegenwirken. Wer im Beisein der Eltern, des Rektors und der betroffenen Kollegin seine Beleidigungen – die oft weit unter der Gürtellinie angesiedelt sind – wiederholen muss, wird solche Situationen in Zukunft mit großer Wahrscheinlichkeit vermeiden. Voraussetzung ist natürlich, dass die Eltern tatsächlich mit den Präventionszielen der Schule übereinstimmen. Auch sollte sichergestellt sein, dass sie nicht zu einer gewalttätigen Erziehungspraxis neigen. Besteht in dieser Hinsicht ein Verdacht, muss auf solche Maßnahmen verzichtet werden. Zu hart, zu autoritär, zu demütigend? Vorbehalte dieser Art reihen sich ein in eine falsche Toleranz, die alles Verhalten nachsieht, aber alle Folgen übersieht. Und die zeigen sich meist sehr schnell und nachteilig, wenn die Jugendlichen den Schonraum Schule verlassen.

Natürlich setzt es einige Selbstkritik voraus. Doch wer sich einmal dazu durchgerungen hat, wird sich eingestehen müssen, dass jeder von uns, ob unbeteiligter Bürger oder Angehöriger einer Berufsgruppe, die sich professionell mit diesem Thema beschäftigt, immer und immer wieder in eine Toleranzfalle tappt. Das Ergebnis zeigt sich in Zaudern und Unsicherheit, in Uneindeutigkeit bis hin zum Verzicht, überhaupt regelnd einzugreifen. Jugendliche spüren dies sofort und missverstehen es als Akzeptanz ihrer Grenzüberschreitungen und als Schwäche der liberalen Erziehung.

Doch nicht nur bei den Jugendlichen wirkt sich falsch verstandene Toleranz tatverstärkend aus. Auch bei den verantwortlichen Erwachsenen entstehen durch diese Handlungseinschränkung, wenn sie dauerhaft erfolgt, Gefühle von Frust, Unzulänglichkeit und Hilflosigkeit, was sich bei der Zuspitzung eines Konflikts ganz entgegen der eigentlichen Absicht in ungerechtem Verhalten oder überzogenen Reaktionen äußern kann. Wahrscheinlich sind viele Konflikteskalationen auf dem Boden solcher Frustrationen entstanden. Der interkulturelle Dialog ist besonders davon betroffen.

Um diese Folgewirkungen der Toleranzfalle zu vermeiden, gilt es, akzeptierende und konfrontative Maßnahmen, trotz scheinbar gegensätzlicher Intentionen, als sich gegenseitig ergänzende Handlungsoptionen zu begreifen und anzuwenden. Das ist in der ideologiegeladenen Diskussion um die richtige Erziehung nicht gerade leicht.

Darüber hinaus ist es angebracht, sich einmal mit dem eigenen Aggressionspotenzial zu beschäftigen. Manche Zeitgenossen, oft Angehörige der Mittelschicht, vermitteln durch ihr Auftreten und Sprechen den Eindruck völliger Aggressionslosigkeit. Das gilt nicht nur für Pädagogen, sondern auch für Eltern. Man kann sie schon im Kindergarten beobachten, wenn sie mit pikiertem Gesichtsausdruck und voller Abscheu die Gummischwertkämpfe der Jungen verfolgen und jede Rangelei mit Entsetzensschreien kommentieren. Friedensbewegt bis in den Alltag? Ich bin da skeptisch. In den wenigsten von uns verbirgt sich eine Mutter Teresa. Dieselben Leute, die eine demonstrative Friedfertigkeit zur Schau stellen, fallen oft verbal giftig übereinander her, wenn es gilt, sich gegen andere durchzusetzen. Nichts gegen Emotionen und Empörung. Man sollte sich dieser Regungen nur bewusst sein. Es liegt nahe, dass man dann eventuellem Fehlverhalten besser vorbeugen kann. Ob als professioneller Pädagoge oder als Eltern eines »schwierigen« Kindes – stellen Sie sich einfach einmal die Frage: Welche Verhaltensweisen bringen mich auf 180?

Ich selbst habe die Erfahrung gemacht, sehr emotional zu reagieren, wenn Schwächere drangsaliert werden. Kann so etwas zum Problem werden? Empörung ist ja durchaus sinnvoll als Antrieb, um überhaupt tätig zu werden. Auch wirkt es auf junge Menschen authentisch und deshalb sehr überzeugend. Aber wo Licht ist, ist eben auch Schatten, und der zeigt sich, wenn man überreagiert und unfair wird. Es wird mir immer in Erinnerung bleiben, wie ich einen 16-Jährigen mit völlig unqualifizierten Bemerkungen heruntergeputzt habe, weil er einen schwerstbehinderten Klassenkameraden durch verbale Provokationen zum Weinen brachte. Auch wenn es die Situation vielleicht nahelegt, gerecht ist das nicht und schon gar nicht professionell. Mit konstruktiver Konfrontation hat das nichts zu tun. Ich habe mich dafür entschuldigt, wenngleich mir das schwerfiel, und ich habe dem Jungen gegenüber begründet, warum ich so emotional reagierte. Die Entschuldigung wurde übrigens nach einem sehr verständnisfördernden Gespräch angenommen.

Auch daraus kann man lernen. Eine Auseinandersetzung in

emotional aufgeheizter Stimmung führt zu nichts, außer zu gegenseitigen Beschuldigungen oder Machtkämpfen. Nehmen Sie sich die Zeit, um Ihre Erregung abzukühlen. Das gilt natürlich nicht nur für Erwachsene. Kinder und Jugendliche brauchen solche Deeskalationsphasen meist noch viel nötiger.

Eine hilfreiche Möglichkeit besteht in manchen Situationen auch darin, jugendliche Machos mit ihren eigenen Ansprüchen und Selbstbildern zu konfrontieren. Die vorgebliche Selbsteinschätzung als »stark« oder »cool« verträgt sich zum Beispiel schlecht mit dem Drangsalieren von Schwächeren. Ein behinderter Junge unserer 8. Klasse suchte eine Zeit lang die Toilette immer nach Beginn der Unterrichtsstunde auf. Zur Rede gestellt, warum er dazu nicht die Pausen nutze, erfuhr ich, dass er sich nicht an den Zehntklässlern vorbeitraute, deren Klasse auf dem Weg lag. Das Problem ließ sich leicht lösen. Ich schnappte mir den Leithirsch dieser Klasse. Nach einer Lobesrede über alle seine positiven Fähigkeiten endete ich mit dem Satz: »Hat so ein starker Typ wie du es eigentlich nötig ...?« Unser behinderter Schüler konnte seitdem unbehelligt an der Klasse vorbeigehen.

Doch sind solche Erfolge eher in der kurzfristigen Kommunikation zwischen Lehrer und Schüler zu erwarten. Dagegen können im privaten Kreis der Familie die Probleme, über Jahre angewachsen, zu einem dauerhaften Machtkampf führen, der sich darin erschöpft festzustellen, wer aus den Auseinandersetzungen als Sieger hervorgeht. Es entsteht ein Teufelskreis von Eskalation, der entweder die gegenseitige Feindseligkeit bis hin zu gewalttätigen Handlungen verstärkt oder, sofern die Eltern nachgeben, die jungen Menschen in ihren dissozialen Verhaltensweisen bestätigt. Drohungen und Beschuldigungen, ebenso wie Diskussionen, Predigten und Bitten der Eltern werden wegen der emotionalen Verstrickung besonders von Jugendlichen als Versuch gewertet, die beginnende Eigenständigkeit einzuschränken, und führen zu gesteigerter Opposition.

Um dem Einflussverlust der Eltern entgegenzuwirken, ist es wichtig, die gewohnte Struktur und ihre Regeln in der Familie beizubehalten und dem Jugendlichen zu signalisieren, dass sie auch gegen seinen Willen zu ihrer Erziehungsverantwortung stehen. Die Nachricht: Wir sind für dich da und wir müssen als Eltern so handeln, vermittelt diese Verantwortung als authentischen Versuch, die Beziehung nicht abbrechen zu lassen. Auch wenn es nicht leichtfällt – Eltern sollten sich nicht scheuen, professionelle Hilfe in Anspruch zu nehmen, wenn sie nicht mehr weiterwissen. Doch können die Verhältnisse so verstrickt sein, dass vernünftige Reaktionen weder von den Erwachsenen und schon gar nicht von Kindern oder Jugendlichen zu erwarten sind. Eine Lösung scheint dann oft nur durch eine zumindest zeitweise Trennung möglich. Das fällt, verständlicherweise, allen Beteiligten sehr schwer.

23. HEIMUNTERBRINGUNG ALS NOTBREMSE

Er besuchte unsere Klasse im 7. Schuljahr. Aufgrund seines Alters hatte er eine Menge Erfahrungen gesammelt, die er für sich selbst als nützlich erachtete und die es kurzfristig gesehen sicherlich auch waren, die aber leider auf wenig Zustimmung in seiner Umgebung stießen. So ließ er sich von seinen Mitschülern mit Frühstück und anderen Nützlichkeiten versorgen, was diese allerdings nicht freiwillig taten, sodass sie frühzeitige Erfahrungen damit machten, abgezockt zu werden. Regeln, die er nicht selbst setzte, waren für ihn nur schwer erträglich. Es gab Vorfälle mit der Polizei. Auch zu Hause lief es nicht rund. Die Eltern waren mit vielfältigen Angeboten des Jugendamtes konfrontiert, doch überwog durchgehend das Gefühl der Überforderung. Als er in ihrer Abwesenheit die Wohnung anzündete, zogen sie die Reißleine. Der Junge kam ins Heim, weit, weit weg von Zuhause.

Keine schöne Erfahrung. Weder für ihn noch für alle anderen

Beteiligten. Wir alle machten uns Vorwürfe. Hatten wir immer richtig reagiert? Wäre so etwas vermeidbar gewesen? Es gibt darauf keine eindeutige Antwort. Eindeutig war nur, dass der Junge bei einer Fortsetzung seines Verhaltens unweigerlich in eine kriminelle Karriere hineingewachsen wäre. Einige Jahre später traf ihn zufällig ein Kollege und musste erstaunt hören, dass er diese Zeit als schwer und belastend erlebt hatte, aber mittlerweile selbst als notwendig und richtig einschätzte. Der Heimaufenthalt habe ihn vor Schlimmerem bewahrt.

Denkt man die Notwendigkeiten im Umgang mit den ganz Schwierigen, den straffällig gewordenen Jugendlichen – und mittlerweile oft auch Kindern –, konsequent zu Ende, kommt man zu der unbequemen Erkenntnis, dass es ein Fehler sein kann, abzuwarten, ob jugendtypisches Fehlverhalten von allein vergeht. Das betrifft den Verzicht auf verpflichtende Hilfsangebote im Kindesalter, umfasst die Praxis, mehrfach straffällig gewordene Minderjährige weiterhin unkontrolliert in den Familien zu belassen, und das hilflose Weiterreichen von einer Schule zur nächsten, bezieht sich aber auch auf Bewährungsauflagen, die aufgrund mangelnder Fähigkeiten nicht erfüllt werden können. Nur manchmal eskalieren Situationen so, dass sie zu konsequentem Handeln zwingen. Wenn sie dann in Haftstrafen enden, wird klar, dass man viel früher hätte eingreifen müssen. Doch tut man sich von verantwortlicher Seite schwer, hierbei effektiver tätig zu werden. Schon die begriffliche Antiquiertheit von »Erziehungsmaßregeln« oder »Zuchtmitteln« – so heißen die Maßnahmen, die einer Jugendstrafe vorangehen – wirken abschreckend. Konkret betrifft dies, wie im ersten Kapitel schon diskutiert, besonders die Scheu vor der Unterbringung in »geschlossenen« Heimen.

Die Vorstellung der Heimunterbringung ist geprägt durch staatlich sanktionierte Menschenrechtsverletzungen, die den Erziehungsalltag in diesen Einrichtungen während des Nationalsozialismus und der DDR, aber auch in den Anfangsjahren der Bundesrepublik bestimmten. Zeitzeugen fordern zu Recht, dass die Öffentlichkeit über die damaligen Zustände informiert wird, damit so etwas nie wieder passieren kann: »Und dann steht der Hausvater in der Tür, alter SS-Mann, nun Diakon. Er ist dicklich wie immer, trägt Stiefel wie immer und läuft mit der Peitsche herum. Er hat seine Uniform an, die ist vom Krieg übrig. Im Entengang sollen die Jungen um den Tisch watscheln, wer nicht mehr kann und umfällt, lernt die Peitsche näher kennen.« So beschreibt ein Zeitzeuge im *Tagesspiegel* seine Erlebnisse in einem Kinderheim in den Fünfzigerjahren. Da wurde geschlagen, fixiert, eingesperrt, bedroht, Nahrung verweigert, unterdrückt und ausgebeutet. Die Rangkämpfe der Jugendlichen wurden genutzt, um das Unterdrückungssystem zu perfektionieren. Da gab es Strafräume, mit Pritschen ausgestattete lichtlose Verliese, in die weggesperrt wurde, wer sich diesem perversen System nicht unterwarf. Es gab keine Kontrolle dieser Praktiken, und was bekannt wurde, deckte sich oft mit den offiziellen Erziehungsvorstellungen der damaligen Zeit, in der noch bis in die Siebzigerjahre hinein die körperliche Züchtigung von Kindern sogar in der Schule erlaubt war. Es zeigt die grundsätzliche Problematik der Erziehung in jener Zeit. Eine Pädagogengeneration, teilweise Heimkehrer aus Kriegsgefangenschaft, die, zwar physisch befreit, noch für lange Zeit Gefangene ihrer Einstellungen und Erfahrungen blieben, meist sozialisiert und geprägt durch autoritär-diskriminierende Wertvorstellungen des Nationalsozialismus.

So waren es vor allem die Kampagnen der außerparlamentarischen Opposition, die die Missstände und Misshandlungen in diesen als Straflager geführten Einrichtungen offenlegten. Im Ergebnis wurden die geschlossenen Heime schon ab Ende der Siebziger abgeschafft und diese Entwicklung 1990 auf Gesetzesebene nachvollzogen. »Wegsperren« galt als eine Maßnahme, die sich nicht mit freiheitlichen und auf Freiwilligkeit beruhenden Erziehungsauffassungen vertrug. Nur ist die Zeit nicht stehen geblieben. Die Pädagogengeneration von heute hat sich verändert, ist anders sozialisiert und lebt mit Wertvorstellungen, die stark durch die Generation der Achtundsechziger geprägt sind. Die Kontrollsysteme funktionieren und sind sensibilisiert, wie zuletzt die Vorkommnisse in den Brandenburger Haasenburg-Heimen zeigten.

Was in den heutigen geschlossenen Heimen – die es 2010 nur in den vier Bundesländern Bayern, Baden-Württemberg, Nordrhein-Westfalen und Brandenburg gab und mittlerweile auch in Niedersachsen, Hessen, Rheinland-Pfalz und Berlin – straffälligen Kindern und Jugendlichen vermittelt wird, unterscheidet sich in erheblichem Maße von deren alltäglichen Erfahrungen. Nach festen Regeln und Ritualen werden Verhaltensweisen eingeübt und Grenzen gesetzt, die den meisten unbekannt sind. Vom gemeinsamen Aufstehen über die Körperpflege, das gemeinsame Frühstück, die Mithilfe beim Haushalt, den verpflichtenden Schulbesuch, das Anfertigen der Schularbeiten bis zum gemeinsamen regelkonformen Sport und Spiel, zur Gartenarbeit oder zur Tierpflege. Einschließlich der für diese Kinder seltenen Erfahrung, auch gelobt zu werden.

Es ist eine ungewohnte Welt, die den Kindern und Jugendlichen dort für die Dauer ihres Aufenthaltes gegenübertritt. Sie kann aber nur wirksam werden, wenn der Kontakt zum gewohnten Umfeld für eine längere Zeit unterbrochen wird und die zumeist schwer bindungsgestörten jungen Menschen auf diese Weise die Möglichkeit erhalten, eine positive Beziehung aufzubauen. Zudem erarbeiten Psychologen mit den Jugendlichen unterschiedliche Strategien zur Konfliktbewältigung. »Freigang« könnten sich die Jugendlichen nach einer gewissen Einführungszeit durch gutes Verhalten erarbeiten, so der Leiter einer bayrischen Einrichtung. Die Aufenthaltsdauer dort liege bei anderthalb bis zwei Jahren. Laut einer Studie verlaufe die Entwicklung bei 70 Prozent nach einem Jahr positiv.

»Wir vermitteln andere Werte, das ist entscheidend«, sagt die EJF-Referentin Sigrid Jordan-Nimsch, deren Organisation die Heime in der Brandenburger Abgeschiedenheit betreibt. Und die Eltern werden, soweit möglich, eingebunden. »Wir sagen:

Kommen Sie her, schlafen Sie bei uns im Bungalow, schauen Sie, was Ihr Sohn jetzt alles kann!« Aber auch die Referentin weiß: »Alle erreichen wir nicht, trotz aller Bemühungen.«»Alle geschlossenen Heime, die ich im Rahmen einer 2006 und 2010 veröffentlichten Studie über ›freiheitsentziehende Maßnahmen‹ gesehen habe, bieten eine solche intensive sozialpädagogische und psychologische Betreuung«, sagt Sabrina Hoops vom Deutschen Jugendinstitut in München.

Somit wird deutlich: Ein Heim hat nach heutigen Wertmaßstäben nichts mehr zu tun mit den Unterdrückungsinstitutionen der unmittelbaren Nachkriegszeit. Dies sollte sich bei den fachlichen Behörden, den damit befassten Politikern und nicht zuletzt bei den der Aufklärung verpflichteten Medien eigentlich herumgesprochen haben. Der Altmeister der Kinder- und Jugendpsychiatrie Helmut Remschmidt unterstützt in einem *Spiegel*-Interview 2013 auf die Frage nach einem Vorschlag für junge Intensivtäter die Forderung nach geschlossenen Heimen und widerspricht der Kritik an diesen Einrichtungen: »Wir haben für eine Studie frühere Heimzöglinge aus den siebziger Jahren befragt. Die Mehrzahl hat gesagt: Ja, es war schwierig im Heim, aber ich habe einen Schulabschluss gemacht, ich habe einen Lehrmeister kennengelernt, der Vorbild war. Viele hätten es ohne diese Heime nicht in ein normales Leben geschafft.«

24. WAS AUCH NOCH HILFREICH IST: MONEY, MUT UND KREATIVITÄT

Ach, wenn es doch überall so wäre: eine Schule, deren Entwicklung zur Chefsache des Bürgermeisters erklärt wird, die Finanzierungshilfen aus dem EU-Regionalfonds bekommt, eine ehemalige First Lady als Schirmherrin hat, die nicht nur die Tür zu den Geldern verschiedener Stiftungen öffnet, sondern auch sonst für Medieninteresse und internationales Engagement sorgt. Die für die über 80 Prozent der ungefähr 850 Schüler, die nicht deutscher Herkunftssprache sind, Türkisch und Arabisch sprechende Sozialarbeiter einsetzt und wo die Familien nach der Schulanmeldung informierende Hausbesuche bekommen. Auf deren Gelände neben dem sozialpädagogischen Dienst ein Kinder- und Jugendgesundheitsdienst angesiedelt ist und die Eltern, die in den Schulbetrieb eingebunden sind, zum Elternfrühstück im Elterncafé von einem Ernährungsexperten beraten werden.

Nein, das ist keine Schule in Finnland, obwohl die genannten Verhältnisse denen finnischer Schulen wahrscheinlich schon recht nahe kommen. Es ist die Rütli-Schule in Berlin-Neukölln, wie sie ein Bericht in der *Zeit* im Jahr 2014 beschreibt.

Viel Geld wurde in die Hand genommen, um aus der einst berüchtigtsten Schule Deutschlands ein Vorzeigeprojekt zu schaffen. 32 Millionen Euro sollen bis 2017 zugesagt sein. Neben den schon erwähnten pädagogischen Diensten gehören jetzt zum Campus Rütli zwei Kitas, eine Sporthalle, ein Jugendfreizeitheim und eine Volkshochschule. Auf einem ehemaligen Kleingartengelände entstehen Lernwerkstätten. Eine Grundschule, eine Realschule und die ehemalige Rütli-Hauptschule haben sich zu einer Gemeinschaftsschule zusammengeschlossen. 2011 begann man mit der gymnasialen Oberstufe, 2014 machten die ersten Schüler ihr Abitur. Ein reines Erfolgsmodell also, das allerdings mit dem Makel leben muss, als Vorzeigeprojekt besonders behandelt und finanziert zu werden. Doch was spricht dagegen? Es zeigt nur, dass der gute Wille und die Berücksichtigung diverser Kommunikationsstrategien manchmal doch nicht ausreichen und eine gewisse materielle Basis eben unverzichtbar ist.

Der Bericht in der *Zeit* verweist allerdings auf einen weiteren Umstand, von dem anzunehmen ist, dass er zu der erfolgreichen Umgestaltung der Rütli-Schule, inmitten eines schwierigen sozialen Umfelds, beigetragen hat. So wird der Besucher am Eingang von einem schwarz gekleideten Wachmann begrüßt und freundlich nach dem »Wohin?« gefragt. Mit dem Schulhaus und dem Pausenhof habe dies nichts zu tun, klärt die Schulleiterin auf. Das mag stimmen, doch wird der Bezirk keinen Sicherheitsdienst bezahlen, wenn er überflüssig wäre.

Ausgelöst durch die steigende Tendenz, Gewalt von außen in die Schulen zu tragen und besonders während der Pausenzeiten für Stress auf dem Schulhof zu sorgen, begann man gegen Mitte des vorigen Jahrzehnts, die Schulen im Bezirk während der Unterrichtszeit abzuschließen oder per Videoüberwachung die Eingänge zu kontrollieren. Mit nur vorübergehendem Erfolg. Nach weiter zunehmenden Gewaltvorfällen, bei denen nicht nur Schüler, sondern auch Lehrer Ziel der Übergriffe waren, bot Neukölln seinen Schulen den Einsatz von Wachschützern an. Achtzehn von 24 Oberschulen sagten zu.

Obwohl die Idee wenig Beifall im Berliner Senat fand und dem Vorschlag mit den üblichen Einwänden begegnet wurde – »martialisch aussehende Wachleute könnten das Schulklima belasten«, man müsse vielmehr »die Konflikte von innen lösen« –, startete im Dezember 2007 der Einsatz der Wachschützer. Auch die mittlerweile zum Reformprojekt avancierte Rütli-Schule gehörte dazu. Im Dezember 2010 lobte Bürgermeister Heinz Buschkowsky diese Maßnahme als eine der erfolgreichsten der vergangenen Jahre. Seither gebe es an diesen Schulen keinen einzigen vergleichbaren Vorfall mehr.

Im November 2011 ergab sich die Chance für den Senat, die »das Schulklima belastenden« ungeliebten »paramilitärischen Einheiten« loszuwerden. Entgegen allen Umfragen, die eine hohe Zufriedenheit mit den uniformierten Helfern ergaben, wurde das Projekt wegen fehlender Finanzierung eingestellt. Schon zwei Monate danach gab es erneut schwere Vorfälle. Wegen wieder steigender Fallzahlen und aufgrund der Forderungen von Eltern und Lehrern von elf Oberschulen, waren die Wachschützer ab Oktober 2012 wieder zurück. Mittlerweile sind sie auch in der Stadtbibliothek und im Sozialamt des Bezirks tätig. Die Kosten belaufen sich in jedem Jahr auf rund 500 000 Euro, und die Bereitstellung dieses Betrages ist keinesfalls auf Dauer gesichert.

Ähnlich ungesichert ist die Position der Schulsozialarbeit, obwohl sie das wichtigste Bindeglied zwischen Lehrern, Schülern und Eltern darstellt: für die Schüler ein entlastender Ansprechpartner bei kommunikativen und sozialen Problemen, die im Unterricht entstehen und für deren individuelle Bewältigung Lehrer oft keine Zeit haben, ebenso bei Schwierigkeiten mit den Mitschülern in der Klasse, auf dem Pausenhof und dem Schulweg. In den Schulstationen fangen Schulsozialarbeiter die Schüler in Freistunden auf, helfen, die Zeit nach dem Unterricht zu strukturieren, und animieren für sinnvolle Freizeitaktivitäten. Sie sind damit hilfreiche Informationsgeber für Lehrer, aber auch für Eltern, weil sie die Kinder und Jugendlichen in anderen Zusammenhängen erleben. Für Eltern sind sie Erziehungsberater und fördern die Vermittlung zu außerschulischen Unterstützungssystemen. Laut einer Umfrage von Infratest dimap von 2015 befürworten 86 Prozent aller Eltern den Einsatz eines Schulsozialarbeiters.

Der Erzieher, der in unserer Schule jahrelang die Stelle eines Schulsozialarbeiters vertrat und die Schulstation organisierte, gab häufig aufschlussreiche Hinweise über aktuelle Konflikte und Streitigkeiten und trug auf diese Weise dazu bei, so manches unerklärliche Verhaltensproblem zu lösen. Ausgebildet in Mediation und anderen Methoden, sorgte er unzählige Male für einen friedlichen Ausklang eines konfliktreichen Schultages, was die betroffenen Kollegen und Eltern mit Erleichterung vermerkten.

Dankbarkeit seitens der Behörde brachte ihm das allerdings nicht. Jahrelang lebte er mit Zeitverträgen und der Unsicherheit, ob die Weiterführung seiner Stelle genehmigt würde. In dieser prekären Arbeitssituation befinden sich viele Schulsozialarbeiter in den verschiedenen Bundesländern. 2011 konnten die Kommunen rund 3000 neue Stellen mit Mitteln aus dem Bildungs- und Teilhabepaket des Bundes (BuT) schaffen, die bis Ende 2013 befristet waren. Mithilfe von Landesmitteln wurden viele dieser Stellen nach Ablauf des BuT erhalten, jedoch meist wieder als zeitlich befristetes Projekt. Wie unter diesen Bedingungen die für diese Arbeit notwendige Kontinuität und ein vertrauensvoller Beziehungsaufbau gelingen sollen, ist nicht nur Fachleuten ein Rätsel.

Gelegentlich sind auch materiell anspruchsvolle Vorhaben durchaus selbst realisierbar. Noch zu Beginn der Neunzigerjahre war die Schule, an der ich unterrichtete, mit einem Schulhof gesegnet, der offensichtlich den Planungsvorstellungen einer autogerechten Stadt der frühen Sechziger entsprang: eine trostlose Asphaltfläche, auf der halb verblasste weiße Linien eine entfernte Assoziation auf mögliche sportliche Aktivitäten hervorriefen, und als pädagogisches Highlight eine einsame Tischtennisplatte aus Beton. Die Pausenaktivitäten der Schüler begannen meist mit sinnlosem Hin-und-her-Gerenne und endeten oft mangels alternativer Beschäftigungsmöglichkeiten in gegenseitigen Schubsereien, Streitigkeiten und Prügeleien.

Ein Programm des Lehrerfortbildungsinstituts mit dem motivierenden Namen »Grün macht Schule« brachte die Wende. Es vermittelte anschauliche Beispiele erfolgreicher Ergebnisse anderer Schulen sowie organisatorische Starthilfen. Eine Tagesexkursion führte uns zu Pausenhöfen, die die Qualitäten eines Freizeitparks mit einer entspannten Gartenatmosphäre verbanden. Doch wie realisieren ohne Geld, aber mit asphaltiertem Schulhofboden? Eine aufgeschlossene und tatkräftige Schulleitung, ein generalstabsmäßiger Aktionsplan einer Arbeitsgruppe und ganz viel zusätzlicher Arbeits- und Zeiteinsatz waren nötig. Viele Institutionen wurden angeschrieben und besucht – und viele waren bereit zu helfen. Gartenbauamt, Forstamt, Bauamt, Firmen und Geschäfte im Kiez sowie die Eltern halfen mit Spenden, Transporten und Lieferungen. So trafen sich Schüler, Eltern und Lehrer an verschiedenen Aktionswochenenden, begannen den Boden zu entsiegeln, bohrten, buddelten, bauten und pflanzten. Irgendwann waren diese Aktivitäten auch vom zuständigen Bezirksamt nicht mehr zu ignorieren, und wir bekamen professionelle Unterstützung. Aber, und das ist in diesem Zusammenhang wichtig, die Schüler blieben immer in die Planung einbezogen.

Der Gedanke dahinter: Was man selbst produziert hat, macht man nicht so schnell wieder kaputt. Entsprechend spiegelte die Konstruktion des zentralen Bauwerks – eines vielfältigen Klettergerüsts – die Wünsche und Vorschläge, die von den Schülern mit Zeichnungen und Pappmodellen erarbeitet worden waren. Auch an der Herstellung der Holzteile in einem Brandenburger Betrieb waren die Schüler der oberen Klassen in Form von Praktika beteiligt. Zusammenarbeit an einem gemeinsamen Projekt, das die Situation in den Schulpausen nachhaltig positiv verändert – besser als mit diesem Ergebnis, von dem alle profitierten, lässt sich Anerkennung nicht verwirklichen.

Doch lassen sich solche Aktivitäten, die sich über Jahre hinziehen können, nicht realisieren, wenn nicht eine kompetente Schulleitung unterstützend und fördernd dahintersteht. Ich hatte das Glück, jahrzehntelang mit einer Schulleiterin zusammenzuarbeiten, die dies gewährleistete. Kompetent, kommunikativ und mit dem Mut zu kreativen Entscheidungen, hatte sie immer ein offenes Ohr für die Sorgen und Nöte der Schüler – die sie alle mit Namen kannte – und für die Probleme der Kollegen. Ein gutes Schulklima hat viel mit einer guten Schulleitung zu tun. Das Beamtenrecht steht mit der Festschreibung von einmal erlangten Positionen, unabhängig von der tatsächlichen Eignung, dieser Erkenntnis gelegentlich entgegen.

Ein weiteres wichtiges Element eines guten Schulklimas ist die Zusammenarbeit mit den Eltern. Stimmen Eltern und Lehrer mit der pädagogischen Praxis und den Erziehungszielen überein, wird das Konfliktpotenzial erheblich reduziert. Die Nikolaus-August-Otto-Schule im Südwesten Berlins hat das schon frühzeitig erkannt und setzt seit Jahren erfolgreich auf Elternmitarbeit. Sie beschränkt sich dabei nicht auf den Betrieb eines Elterncafés oder gelegentliche Mithilfe bei Schulfesten, Ausflügen oder anderen Aktionen. Die Eltern werden vielmehr in das Erziehungskonzept der Schule eingebunden. Mit der Anmeldung ihrer Kinder verpflichten sie sich, an einem fortlaufenden Elternseminar teilzunehmen und auf diese Weise die Schullaufbahn ihrer Kinder zu begleiten. Eventuelle Verhaltensprobleme, aber auch Schwierigkeiten im Lernprozess können unter diesen Bedingungen zeitnah und kooperativ angegangen werden. Auch wird Wert auf die Mitarbeit beider Elternteile gelegt, wohl wissend, wie negativ es sich auf Kinder auswirken kann, wenn Mütter und Väter in der Erziehung an verschiedenen Strängen ziehen. Ein solches Modell setzt natürlich bei den Eltern die Bereitschaft zu einer derartigen Zusammenarbeit voraus. Aufgrund dieser Vorbedingung ist es in seiner Exklusivität (leider) nicht allgemein übertragbar.

Aber präventive Arbeit ist nicht nur durch Erwachsene zu leisten. Die Schüler selbst können aktiv werden. Patenschaften von Schülern der älteren Jahrgänge für die jüngeren können hilfreich für die Orientierung im Schulleben sein und vermitteln Sicherheit und Zugehörigkeit. Die Älteren dagegen profitieren von der Anerkennung, die ihnen durch solch eine Aufgabe zuteilwird. Dies ist auch eine ideale Methode, neu hinzukommende Schüler in den Schulbetrieb einzuführen. Wir haben das im Klassenverband für alle neuen Schüler so organisiert.

Die sogenannte Peer-Education, bei der Schüler von anderen Schülern angeleitet werden, geht einen Schritt weiter und setzt eine bestimmte Ausbildung der Schüler voraus. In Deeskalationstechniken geschult, können sie als Konfliktlotsen bei offenen Streitigkeiten tätig werden und auch die Grundelemente der Mediation erlernen, um Konfliktlösungsgespräche mit den Streitparteien zu führen. Die Erfahrung der Selbstwirksamkeit fördert die Bereitschaft, Verantwortung zu übernehmen, und führt in demokratische Verhaltensweisen ein.

Dies machen sich Projekte zunutze, die mit Jugendlichen arbeiten, die wenig oder keine Erfahrung mit Meinungsvielfalt und kompromissorientierter Konfliktlösung haben und in ihrer autoritären Fixierung leicht Opfer radikaler, fundamentalistischer Verführer werden. Das Projekt HEROES, aus Schweden übernommen, in Berlin begonnen und mittlerweile in verschiedenen westdeutschen Städten weitergeführt, ist so ein Beispiel.

Unter Anleitung von Psychologen und Pädagogen werden liberal orientierte muslimische Jugendliche darin geschult, in Rollenspielen und Diskussionen die Probleme und Widersprüche eines patriarchalisch-archaischen Gesellschaftsbildes zu thematisieren. Die ausgebildeten Jugendlichen versuchen dann, mit traditionell orientierten muslimischen Schülern in Workshops an Schulen und Jugendeinrichtungen Ehrenvorstellungen, Frauen- und Geschlechterrolle, Gewalt in der Erziehung und andere Fragen aus der Alltagswelt zu problematisieren. Als Gleichaltrige aus dem gleichen Kulturkreis wirkt ihr Plädoyer für eine demokratische Lebensform überzeugender als die entsprechenden Bemühungen von deutschen Erwachsenen.

Um der Gefahr religiöser Radikalisierung vorzubeugen, schlägt der bei HEROES arbeitende Psychologe Ahmad Mansour einen gemeinsamen Religionsunterricht vor. Nur so ist gewährleistet, dass keine religiöse Beeinflussung erfolgt und allen Kindern auf rationaler Ebene die Inhalte der verschiedenen Religionen gleichberechtigt vermittelt werden. Eine Vorgehensweise, die an einigen Hamburger Schulen versuchsweise praktiziert wird und die ich aus eigener Erfahrung nur lebhaft unterstützen kann. Auch wenn es in Berlin nicht vorgesehen ist, haben wir dies in unserer Klasse immer so gehandhabt und sind damit nie auf den Widerstand der jeweiligen Eltern gestoßen.

Davon ist allerdings in der Mehrheit nicht auszugehen. Ein Ausweg könnte die Implementierung eines verbindlichen Ethikunterrichtes sein, der nicht nur die verschiedenen Glaubensrichtungen umfasst, sondern auch die große Gruppe nicht religiöser Schüler berücksichtigt. Nur so wäre gesichert, die Vielfalt unterschiedlichen Weltverständnisses allen zugänglich zu machen. Glaubensbekenntnisse, die über die reine Wissensvermittlung hinausgehen, blieben dann tatsächlich der privaten Initiative außerhalb der Schule überlassen.

Alle diese Beispiele zeigen, dass eine richtig verstandene und angemessen praktizierte Teilhabe von Schülern und Eltern die soziale Situation an Schulen nachhaltig zum Besseren verändern

kann. Junge Menschen zur aktiven Teilhabe am gesellschaftlichen Leben zu motivieren kann allerdings nur gelingen, wenn
ihnen schon von klein auf die Möglichkeit geboten wird, die
Vielfalt unserer Gesellschaft kennenzulernen. Eine Selbstver-
ständlichkeit, sollte man meinen. Doch die Praxis sieht anders
aus. Schon aus Kostengründen. Der so oft postulierten Bildungs-
priorität sind tatsächlich enge Grenzen gesetzt. Das lässt sich
allein an der Frage erkennen, ob staatliche oder halbstaatliche
Institutionen wie Schwimmbäder, Zoos, Museen, Theater und
vor allem öffentliche Verkehrsmittel den Kitas, Schulen oder
anderen Bildungseinrichtungen unbürokratisch und kostenfrei
zur Verfügung stehen. In Berlin ist man schon bei der S-Bahn-
Fahrt mit erheblichen organisatorischen Problemen konfrontiert,
wenn man sich mit einer Schülergruppe auf den Weg macht.
Vergünstigte Gruppentageskarten gelten nur bis Klassenstufe 8,
beziehen sich nur auf einen Teilbereich der möglichen Strecken,
setzen eine Gruppengröße von mindestens zehn Schülern voraus, müssen mindestens 48 Stunden vor Fahrtantritt angemel-
det und können nur in S-Bahn-Verkaufseinrichtungen erworben
werden.

Hier ist nicht der Ort, um die verschiedenen Programme und
Konzepte sozialer und gewaltpräventiver Aktivitäten im Einzelnen darzulegen. Die grundsätzlichen Überlegungen mögen genügen. Der methodische Einsatz ist abhängig von der konkreten
Situation, den gegebenen Umständen und den handelnden Personen. Nicht jedem liegt jede Vorgehensweise, und nicht jeder
junge Mensch spricht gleichermaßen auf jede Maßnahme an, sei
sie bisher auch noch so erfolgreich gewesen. Hierbei brauchen
wir tatsächlich die viel beschworene Vielfalt, individuelle Differenzierungen, viel Geduld und viel Verständnis.

25. WORAUF WIR UNS EINSTELLEN MÜSSEN: UNBEQUEME AUSSICHTEN

Sie kennen das vielleicht. Ein Glas über den Durst getrunken, und Kopfschmerzen, Übelkeit und Erbrechen sind die Folge. Dahinter verbirgt sich schlicht die alte dialektische Erkenntnis, dass ein Zuviel an Quantität die Qualität negativ verändert. Sie finden das in vielen Lebensbereichen und natürlich auch hinsichtlich des Freiheits- und Selbstbestimmungsanspruchs. Dieser tendiert in einer freiheitlichen Gesellschaft zwangsläufig dazu, jegliche Einschränkungen abzuwehren. Wenn daraus im Leben der Erwachsenen Chaos entsteht, weil derjenige mit Freiheit und Selbstbestimmung überfordert ist, kann man vielleicht sagen: Selbst schuld! Gegenüber Kindern und Jugendlichen verbietet sich dieses Denken.

Hier sind die Erwachsenen in der Verantwortung, nicht aus falsch verstandener Toleranz Entwicklungen zu akzeptieren oder gar zu fördern, die sich im weiteren Lebensweg der jungen Menschen für sie selbst und für die Gesellschaft als Sackgasse erweisen. Es gilt abzuwägen, wie viel Freiheit, wie viel Selbstbestimmung in welcher Entwicklungsphase, für welches Kind, für welchen Jugendlichen angesagt, hilfreich und sinnvoll ist. Nicht leicht in einer Zeit, in der alles zwanghaft gleich, gleichwertig und gleichzeitig sein soll. Doch es gibt keinen Königsweg im Umgang mit Kindern und Jugendlichen. Allen gegenteiligen Versprechungen sollte man mit Vorsicht begegnen. Junge Menschen sind keine Labormäuse. Sie sind Individuen und bedürfen ganz individueller Wege und Vorgehensweisen, die vor allem Zeit und Geduld erfordern und nicht immer kompatibel mit den verallgemeinernden offiziellen Vorschriften und Vorstellungen sind. Wo die Differenzierung aufhört, fängt meist die Ideologie an.

Man wird unterscheiden müssen. Grundsätzlich kann jedes Kind und jeder Jugendliche gelegentliche Verhaltensschwierigkeiten zeigen. Das gehört zur Entwicklung dazu und ist nicht weiter beunruhigend. Notwendige Maßnahmen werden nur selten über das übliche pädagogische Repertoire hinausgehen müssen. Hier hat auch allgemeine Präventionsarbeit ihren Ort, um die Grundlagen und Werte unserer Gesellschaft beizubringen. Da die Entwicklung dahin tendiert, dass dies in den Familien immer seltener geleistet wird, müssen vor allem Kindergärten und Schulen diese Aufgaben zunehmend übernehmen.

Dabei kann es dort nicht darum gehen, das soziale Lernen in eine dafür vorgesehene Stunde, einen Aktionstag oder eine Projektwoche auszulagern, sondern tagtäglich in jedem Unterricht die entsprechenden Prinzipien umzusetzen. Ganz im Sinne der allgemeinen Vorstellung, dass Verhaltensprobleme, die bei jedem Schüler irgendwann auftreten können, sich im Lauf der Zeit schon auswachsen werden, sollte man beruhigt davon ausgehen, dass dies im Normalfall auch tatsächlich geschieht. Ausgehend von der Einsicht, dass Erziehung vor allem Beziehungsarbeit ist, wäre es angezeigt, die entsprechenden Kompetenzen nicht nur bei der Lehrerbildung stärker als bisher üblich zu berücksichtigen.

Gelegentlich begegne ich ehemaligen Schülern, die inzwischen selbst Eltern geworden sind. Erwachsen und »vernünftig« geworden, müssen sie nun jene Verantwortung übernehmen, die sie einst so störend empfanden. Doch wo nehmen sie die Handlungsanleitungen für den Umgang mit ihren Kindern her? Schön, wenn man zu hören bekommt, dass man als Lehrer in manchen Situationen Vorbild gewesen sei, und sich das eine oder andere in ihrem heutigen Handeln wiederfindet. Doch wird sich das Verhalten gegenüber den eigenen Kindern weitgehend an den selbst gemachten Erziehungserfahrungen in der Familie orientieren. So überlassen wir es weitgehend dem Zufall, mit welchen Verhaltenswerten eine neue Generation heranwächst.

Hier fände sich eine lohnende Aufgabe für einen handlungsorientierten Sozialkunde- oder Ethikunterricht, positive Verhaltens- und Kommunikationsstrategien einzuüben, die für die jungen Menschen hilfreich wären und sie darüber hinaus auf ihre oft gar nicht in so weiter Ferne liegende, zukünftige Rolle als Vater oder Mutter vorbereiteten. Die Lerninhalte für die Ausbildung als Konfliktlotse oder Streitschlichter können dafür vielfältige Anregungen geben.

Mit dem aktuellen Zuzug Hunderttausender Kinder und Jugendlicher mit unterschiedlichsten kulturellen Voraussetzungen ist zu befürchten, dass Verhaltenswerte an Einfluss gewinnen können, die mit unserer demokratischen Gesellschaft nicht im Einklang stehen. Auch hier droht die veränderte Quantität sich einschränkend auf die Qualität auszuwirken. Lehrer an Brennpunktschulen ebenso wie Bewohner von Stadtteilen, die von Migranten fremder Kulturen geprägt sind, können davon berichten. Für den speziellen Umgang mit den besonderen Problemen dieser vielen jungen Menschen ist das deutsche Schulsystem, wie die deutsche Gesellschaft überhaupt, denkbar schlecht gerüstet. Das zeigt sich nicht zuletzt an den hilflosen Forderungen deutscher Politiker, anlässlich der zunehmend in der Öffentlichkeit wahrgenommenen Verhaltensprobleme, jungen männlichen Migranten unsere Gesetze und Umgangsregeln deutlich zu vermitteln. Neben den eher Heiterkeit hervorrufenden (und trotzdem keinesfalls überflüssigen) Merkblättern, Aufklärungsbroschüren und Hinweistafeln für Erwachsene kann dies für Kinder und Jugendliche nur über einen baldmöglichst einsetzenden, nachhaltigen und verbindlichen Integrationsprozess erfolgen. Doch beginnt das Problem schon bei der Frage, wann überhaupt eine Schule besucht werden kann. Noch bis zum Jahr 2015 gab es einzig im Saarland und in Berlin von Anfang an die Pflicht zum Schulbesuch, unabhängig vom Beginn eines Asylverfahrens oder dessen Ausgang, in Sachsen und Sachsen-Anhalt lediglich nur ein Schulbesuchsrecht. Im Dezember 2015 forderte die Expertenkommission der Robert Bosch Stiftung die Einführung einer einheitlichen Schulpflicht für Flüchtlingskinder spätestens drei Monate nach der Antragstellung eines Asylverfahrens. Wenn aber, wie in den anderen Bundesländern, der Ausgang dieser Verfahren abgewartet wird, verliert man kostbare Zeit und vergibt Chancen auf eine demokratische Erziehung in den Werten unserer offenen Gesellschaft und damit auf eine gelingende Integration. Doch auch wenn die vernunftgeleitete Einsicht einen möglichst frühen Beginn in Kita, Schule oder Lehrstelle nahelegt, steht dem eine mangelhafte Realität gegenüber. Es gibt sie nicht, diese Tausende von Lehrern und Sozialpädagogen, die gebraucht werden, und gäbe es sie, stellte sich die Frage nach ihrer Qualifikation. Kinder und Jugendliche mit den unterschiedlichsten Kenntnissen und Muttersprachen, die teilweise nie eine Schule besucht haben, müssen Deutsch lernen und in einer Sprache alphabetisiert werden, die sie nicht sprechen. Und ganz nebenbei sollen ihnen auch noch die Normen und Werte unserer Gesellschaft vermittelt werden. Da mögen noch so viele Lehrerpensionäre in den Beruf zurückgebeten werden, noch so viele Quereinsteiger angelernt und noch so viele Willkommensklassen eingerichtet werden. Wer hat, außer viel gutem Willen und Engagement, die Fähigkeiten und Qualifikationen, hier zu unterrichten? Wer ist für die Schwierigkeiten gewappnet, die kommen werden, wenn manche anfangs wissbegierigen und lerneifrigen Schüler, vor allem die Jugendlichen, merken, dass die deutsche Schule und die offene westliche Gesellschaft nach anderen Regeln funktionieren, als sie es aus ihren Heimatländern gewohnt sind? Wenn sie feststellen, dass ihre Träume und Wünsche sich nicht so einfach realisieren lassen und sich die Enttäuschung in Opposition und Widerstand ausdrückt?

Der Jugendamtsleiter in Rosenheim, wo 2015 insgesamt 4800 unbegleitete Minderjährige aufgenommen wurden, sieht laut *FAZ* vom März 2016, entgegen anfänglichen Hoffnungen, die Integrationserfolge für diese spezielle Gruppe gering. Viele kämen aus Afghanistan und Afrika, und rund 80 Prozent dieser Jugendlichen seien kaum zur Schule gegangen. Neun Jahre Schulbildung mal eben in einem Crashkurs nachzuholen, sei für die meisten ebenso unrealistisch wie eine Ausbildung nach deutschen Standards. Die Familien dieser Jugendlichen erwarteten oft, dass sie

Geld in die Heimat schicken. Wenn sie feststellten, dass sie keine Möglichkeiten haben, schnell Geld zu verdienen, gäben sie auf – wie groß die Motivation anfangs auch gewesen sein mag.

Schon die äußeren Bedingungen geben wenig Anlass für Optimismus, weil jahrelang gekürzt und eingespart wurde. Berlin ist ein typisches Beispiel. Improvisierte Unterbringungsmöglichkeiten drohen zu Dauereinrichtungen zu werden. Schulbauten und Horteinrichtungen fehlen. Im nachgefragten Berliner Bezirk Pankow klagt die Bildungsstadträtin seit Jahren über die räumliche Situation an den Schulen. Jetzt sind Grundschulklassen mit 28 Kindern belegt, unter denen sich auch Flüchtlingskinder befinden. Für Willkommensklassen ist kein Platz.

In einem Bericht der *Berliner Morgenpost* vom Dezember 2015 erklärt die Vorsitzende der Gewerkschaft Erziehung und Wissenschaft (GEW) Marlis Tepe mit Blick auf ganz Deutschland, dass viele Schulen keine Räume mehr für zusätzliche Klassen haben. Und das, wie der Vorsitzende des Philologen-Verbandes Heinz-Peter Meidinger warnt, obwohl erst die Hälfte der 2015 eingereisten Kinder in den Schulen angekommen ist. Die Enge, aber auch Gründe weltanschaulicher Art führen nicht nur in provisorischen Unterkünften zu Auseinandersetzungen. Es gibt sie zwischen Willkommensklassen und angestammten Schülern. Manche Schulen haben zur Vorbeugung getrennte Pausenzeiten eingerichtet.

Wenig hoffnungsvoll auch die Situation der Jugendarbeitslosigkeit. Im Juli 2014 kritisierte der EU-Sozialkommissar Laszlò Andor in einem Interview in der *Welt*, dass Deutschland sich zu sehr auf die offizielle Statistik stütze und 370 000 arbeitslose Jugendliche dort nicht auftauchen, weil sie weder nach Arbeit suchen noch in Ausbildung sind. Viele dieser Jugendlichen seien Migranten oder gesellschaftliche Außenseiter. Dass sich an diesem Problem wenig geändert hat, lässt eine Anfrage der grünen Berliner Bildungspolitikerin Stefanie Remlinger Ende 2015 vermuten. Demnach weiß der Berliner Senat nichts über den Verbleib von etwa 3000 Jugendlichen, die nach der zehnten Klasse die Schule verlassen haben. Keine vertrauenerweckende Voraussetzung.

Verfolgt man die seit dem Sommer des Jahres 2015 laufende öffentliche Diskussion, dürften Zweifel an der Fähigkeit unserer Gesellschaft angebracht sein, diese Herausforderungen zu meistern. Gerade jene, die mit bewundernswertem Engagement in den Aufnahmeeinrichtungen helfen und eine neue Art von »Willkommenskultur« praktizieren, verstehen oft jegliche Anforderungen gegenüber den zuwandernden Menschen als unzulässige Zumutung. Sie gießen mit dieser Haltung Wasser auf die Mühlen derjenigen, die die Probleme am liebsten außerhalb der Landesgrenzen entsorgen möchten. So wird wieder eine Entweder-oder-Haltung produziert, die sich der Realität verweigert.

Bezeichnenderweise sind es oft Stimmen aus dem Umkreis der Migranten selbst, die die Probleme deutlicher sehen und deshalb auf nötige Integrationsleistungen verweisen. So forderte der Fraktionsvorsitzende der Berliner SPD, Raed Saleh, eine erneute offene Diskussion um eine »Leitkultur«. Auch der schon zitierte Psychologe Ahmad Mansour plädiert für eine unmissverständliche Vermittlung der Werte unserer demokratischen, auf Gleichberechtigung zielenden Gesellschaft. Doch die Chancen dafür stehen schlecht. Viele meinungsführende Intellektuelle halten seit Jahren eine Wertediskussion in der offenen Gesellschaft für obsolet. Die Vielfalt möglicher Lebensentwürfe gerade vor dem Hintergrund unterschiedlicher kultureller Herkunft verhindere eindeutige Werteentscheidungen. Die Frage bleibt, ob mit dieser Sicht die bisherigen Integrationsschwierigkeiten nicht geradezu befördert wurden. Nichts spricht dafür, dass es diesmal anders verlaufen könnte als schon vor Jahren. Notwendig aber ist eine vorurteilsfreie Diskussion, die hilft, abstrakte Kategorien und Rechtsgrundsätze in erfahrbare Praxis zu wandeln. Kinder und Jugendliche, die seit Jahren mit gewalttätigen Bürgerkriegssituationen konfrontiert waren, deren Familien aus Ländern kommen, in denen es, milde gesagt, an demokratischer Tradition und Erfahrung mangelt, brauchen konkrete Verhaltensorientierungen für eine offene Gesellschaft. Vorwürfe, solche Forderungen seien diskriminierend, sind fehl am Platz.

Dass Unterricht auch unter schwierigen Bedingungen mit jungen Flüchtlingen gelingen kann, zeigt ein Gespräch mit einem Schulleiter in München (*FAS* vom Februar 2016). Seit sechzehn Jahren leitet er eine private Schule, die berufsschulpflichtige jugendliche Migranten auf einen Schulabschluss vorbereitet. Mehrfach ausgezeichnet für die erfolgreiche Arbeit, verweist er auf Bedingungen des Gelingens, die so ganz anders sind, als im pädagogischen Mainstream praktiziert. So hält er wenig von einem möglichst schnell beginnenden gemeinsamen Unterricht mit deutschen Schülern, weil sich die Gefahr von Frust und Aggression bei ungleichen leistungsmäßigen Vorbedingungen erhöhe. Vor allem aber macht er klar, dass Erfolg sowie gegenseitige Anerkennung nur mit harten Regeln und klaren Ansagen zu schaffen seien. Nachlässigkeiten werden nicht toleriert. Kommt ein Schüler verspätet, so gilt: »Drei (Minuten) vor heißt Unterricht mit dir, drei nach heißt Unterricht ohne dich.«

Derartige Leitvorstellungen sind nicht nur für junge Flüchtlinge bedeutsam. Sie haben für alle zu gelten, ob Migrant oder »Biodeutscher«. Vor allem im Umgang mit sozial gefährdeten Kindern und Jugendlichen, die schon früh und lang andauernd durch abweichendes Verhalten auffällig geworden sind, ist davon auszugehen, dass in den entsprechenden Familien oft nur eine geringe Kenntnis und Akzeptanz allgemein anerkannter Verhaltensmaßstäbe vorhanden sind. Sie selbst und ihre Familien müssen meist mit besonderen Maßnahmen angesprochen werden. Nicht immer ist in diesen Fällen von der Bereitschaft der betreffenden Familien auszugehen, angebotene Hilfen auch anzunehmen.

Mögliche Einschränkungen der Rechte von Erziehenden und Familien im Zusammenhang mit diesen Interventionen werden häufig kontrovers diskutiert. Was dem einen zu restriktiv ist, ist dem anderen zu nachsichtig. Ein Geflecht von Gesetzen, Persönlichkeitsrechten, Datenschutzbestimmungen und weltanschaulichen Differenzen verbunden mit der Freiwilligkeitsoption der

Lebensweltorientierung behindern eine effektive pädagogische Intervention zum Wohle der Kinder. Erst in letzter Zeit kam es aufgrund aufrüttelnder Fälle und entsprechender Medienberichte zu häufigeren Eingriffen des Staates bei vernachlässigender Erziehung. Will man die Kinder nicht aus den Familien nehmen, bedeutet das die Bereitstellung von (verpflichtenden) Hilfen sozialpädagogischer und therapeutischer Art für die Kinder und Jugendlichen, gegebenenfalls auch für die Eltern. Das verlangt eine Abkehr vom Freiwilligkeitsprinzip, und vor allem wird es teuer.

Ebenso wie bei der Zuwanderungsproblematik macht es die angestrebte Inklusion verhaltensschwieriger Schüler erforderlich, den Pädagogen fachlich qualifiziertes Personal dauerhaft zur Seite zu stellen und sich von der Illusion zu verabschieden, dass der einzelne Lehrer durch Binnendifferenzierung diese Probleme so ganz nebenbei lösen kann. Jedes dieser Kinder und Jugendlichen bedarf entsprechend seinem speziellen Problem individuell orientierter Hilfen, wobei präventiv-sozialpädagogische Maßnahmen und konfrontative Methoden sich den Notwendigkeiten entsprechend gegenseitig ergänzen sollten. Solange allerdings die Schulsozialarbeit so stiefmütterlich behandelt wird wie bisher, werden alle guten Absichten nur leere Versprechungen bleiben. Vor allem aber gilt es einzugestehen, dass der inklusive Unterricht die Verhaltensfähigkeiten mancher Kinder und Jugendlichen überfordert. Für diese Fälle müssen genügend Kapazitäten für eine besondere Beschulung bereitgehalten werden, nicht um Trennung zu zementieren, sondern um eine schrittweise, am Entwicklungsstand der jeweiligen Kinder orientierte Integration zu ermöglichen. Inklusion kann dann am Ende des Prozesses stehen. Nur so ist gesichert, dass die Beteiligten nicht zu Opfern eines abstrakten ideologischen Anspruchs werden.

Noch schwieriger wird es bei einer sogenannten nachgelagerten Prävention, die eigentlich eine Intervention ist, da die vorhergehenden Präventionsstrategien entweder gescheitert sind oder aber gar nicht stattgefunden haben. Sie trifft naturgemäß Jugendliche oder junge Erwachsene mit schwerwiegenden Entwicklungsdefiziten. Im Fall von wiederholten Straftatbeständen (Intensivtätern) von einer freiwilligen Bewährung auszugehen ist Illusion, was die Verantwortlichen in Politik und Justiz allerdings nicht davon abhält, diese Illusion erkenntnisresistent immer wieder zu praktizieren. Im Interesse der betreffenden Jugendlichen selbst sind in dieser Situation freiheitsentziehende Maßnahmen angezeigt, die nicht unter dem Strafaspekt stehen, sondern unter Einbezug pädagogischer und therapeutischer Interventionen eine nachholende Sozialisation ermöglichen. Zwar sollte immer versucht werden, die Maßnahmen im Einverständnis mit dem Jugendlichen durchzuführen, doch, so Bernd Ahrbeck in *Kinder brauchen Erziehung*: »Das dialogische Prinzip darf keine grenzenlose Anwendung finden: In extrem zugespitzten Situationen kann es sich als notwendig erweisen, dass Maßnahmen auch ohne Einverständnis des Kindes oder Jugendlichen erfolgen. Solche Maßnahmen erfordern eine differenzierte pädagogische Begründung und müssen im Hinblick auf das Wohl der Betroffenen ausgewiesen sein. Sie nur als ›Repression‹ zu verstehen, verkennt die Komplexität der Beziehungsdynamik zwischen den professionellen Mitarbeitern und den Betroffenen.«

Es gibt eine Unzahl von Vorschlägen, Modellen und Projekten, die sich mit der Prävention und Intervention in Konfliktfällen beschäftigen. Je nach Betroffenheit, Erfahrungshintergrund, persönlicher Neigung, aber auch ideologischer Ausrichtung differenzieren die Schwerpunkte. Einige begrenzen sich auf präventive Einflussnahme, andere beziehen sich direkt auf gewaltunterbindende Aktionen, viele berücksichtigen beides.

Die Kritik gegen viele dieser Projekte richtet sich häufig auf das Fehlen messbarer Effizienz im Verhältnis zum finanziellen Aufwand. Die Ergebnisse rechtfertigten nicht den personellen, zeitlichen und materiellen Einsatz. Meist wird dann nach evaluierenden Untersuchungen gerufen, die feststellen sollen, warum die Aktivitäten nicht den Erfolg haben, den man sich davon versprochen hat. Das mag im Einzelfall berechtigt sein, suggeriert jedoch, dass isolierte Maßnahmen überhaupt zu nachhaltig erfolgreichen Ergebnissen führen können. Ich halte dies für einen Irrtum. Gewiss, sie können einzelne dissoziale Erscheinungsformen mildern, vielleicht auch kurzzeitig positive Ergebnisse herbeiführen. Aber nach allen Erkenntnissen der Wissenschaft und Erfahrungen der Praxis kann man festhalten: Soziale Erziehung ist ein langsamer, umfassender und sich oft wiederholender Prozess, der neben vielem anderen vor allem Kontinuität und Verlässlichkeit braucht. Dieser Prozess unterliegt vielen beabsichtigten und unbeabsichtigten Brüchen und Veränderungen, die immer das Risiko des Scheiterns mit beinhalten.

Darüber hinaus braucht es Zeit und Geduld, oftmals im Übermaß, der die damit befassten Pädagogen an persönliche Grenzen bringen kann. Das macht diesen Prozess so schwierig. Und mit jedem neuen Kind, das anfängt am öffentlichen Leben teilzuhaben, beginnt der Prozess von vorne. Sisyphos lässt grüßen.

Nur selten sind die Voraussetzungen für solche Entwicklungsprozesse ideal. So müssen sich Pädagogen klarmachen, dass sie nur mit Hilfskonstruktionen arbeiten. Krückstöcke quasi, mit denen das Laufen erlernt werden soll. Mal kurz mit einem Crashkurs all das nachzuholen, was im Verlauf der Sozialisation versäumt wurde, und dann noch mit pauschalisierenden Methoden, die nur selten den individuellen Entwicklungsstand berücksichtigen (können) – dabei ist der Erfolg begrenzt. Gerade deshalb aber ist es wichtig, dass präventive wie auch nachholende Maßnahmen möglichst auf die individuelle Problemlage des jeweiligen Kindes oder Jugendlichen abgestimmt sind. Die Kriterien dazu sollten weder durch das Sparsäckel eines Finanzsenators oder –ministers bestimmt werden noch irgendeiner Ideologie verpflichtet sein. Das setzt jedoch die Erkenntnis voraus, dass wir mit der ausschließenden Gegenüberstellung von empathischer Wertschätzung einerseits und konsequentem, grenzsetzendem Handeln andererseits nicht weiterkommen. Die Methode des Perspektivwechsels, auch ein Handwerkszeug der Mediation, kann für diese Erkenntnis hilfreich sein.

Für Pädagogen stellt sich unter den beschriebenen Bedingungen eine nicht leicht zu lösende Aufgabe: in der alltäglichen Praxis ihre Erziehungsideale aufrechtzuerhalten, aber zugleich die Kinder und Jugendlichen dort abzuholen, wo sie stehen, und das jeweilige Vorgehen an den aktuell vorfindbaren Fähigkeiten zu orientieren. Das allerdings setzt einen vorurteilsfreien und vor allem ideologiefreien Blick voraus, um auch unpopuläre Maßnahmen in Betracht zu ziehen. Wann sind die üblich gewordenen »weichen« pädagogischen Maßnahmen ausgereizt und ein deutliches »Bis hierhin und nicht weiter« erforderlich?

Es ist eine Aufgabe, die nicht individuell zu bewältigen ist. Vor allem bedarf es eines kooperativen Kollegiums, gutwilliger Eltern und einer Schulleitung, die bereit ist, die Kollegen angesichts mangelnder Ressourcen an Handlungsmöglichkeiten und Material mental und organisatorisch zu unterstützen und sie so weit als möglich von allen politischen Zumutungen und bürokratischen Einschränkungen zu entlasten. Es geht darum, Zeit und Handlungsoptionen bereitzustellen, um ein Schulklima zu entwickeln, von dem alle profitieren: Schüler, denen Anerkennung und Zugehörigkeit vermittelt werden, weil sie sich gefördert und gefordert fühlen, Kollegen, weil sie täglich Ermutigung und Unterstützung in der schwierigen und oft widersprüchlich erscheinenden Aufgabe erfahren, gleichermaßen einfühlend und ebenso konsequent zu sein, und Eltern, die kritisch-kooperativ diesen Prozess begleiten.

Aber nicht nur Schule und andere pädagogische Institutionen sind gefragt. Es ist eine gesamtgesellschaftliche Aufgabe, die sich gleichermaßen an Behörden, staatliche Institutionen, zivilgesellschaftliche Einrichtungen, Lehrer, Eltern, Erzieher und an jeden demokratisch orientierten Bürger richtet. Der Aufwand und die gesellschaftlichen Folgekosten, nicht nur an Geld, mögen hoch sein. Der Schaden am gesellschaftlichen Frieden und Zusammenhalt dürfte jedoch nach allen bisherigen Erfahrungen erheblich höher ausfallen, wenn man sich dieser Einsicht weiterhin verschließt.

Dabei ist die defizitorientierte Analyse dessen, was falsch läuft, ebenso wichtig wie der Blick auf Stärken und positive Eigenschaften, die unterstützt und weiterentwickelt werden sollen. Vernachlässigt man eine dieser Perspektiven, bleibt man zwangsläufig einäugig – und das ist immer eine denkbar schlechte Voraussetzung, einen gangbaren Weg zu finden. Dass dazu auch Maßnahmen gehören können, die nicht auf einen freiwilligen Lösungsansatz setzen, von manchen als zu repressiv empfunden werden und zu denen deshalb meist eine große innere Distanz besteht, sollte allen Beteiligten als Problem bewusst sein. Doch gerade für jene jungen Menschen, die sich selbst und anderen häufig im Wege stehen, liegen in diesen Vorgehensweisen hilfreiche Chancen, wieder in eine sozial akzeptierte Spur zurückzufinden.

Wir sollten sie ihnen nicht verweigern.

LITERATUR

Bücher

Ahrbeck, Bernd: *Kinder brauchen Erziehung*, Stuttgart 2004
Ahrbeck, Bernd: *Der Umgang mit Behinderung*, Stuttgart 2011/2012
Bauer, Joachim: *Schmerzgrenze*, München 2011
Bergsson, Marita, u. a.: *Umgang mit »schwierigen« Kindern*, Berlin 1998
Bründel, Heidrun, u. a.: *Die Trainingsraum-Methode*, Weinheim 2003
Bueb, Bernhard: *Lob der Disziplin*, Berlin 2008
Buschkowsky, Heinz: *Neukölln ist überall*, Berlin 2012
Fuller, Andrew: *Tricky Kids*, Stuttgart 2009
Hagedorn, Ortrud: *Mediation – durch Konflikte lotsen*, Stuttgart 2005
Heisig, Kirsten: *Das Ende der Geduld*, Freiburg 2010
Kambouri, Tania: *Deutschland im Blaulicht*, München 2015
Kelek, Necla: *Die verlorenen Söhne*, Köln 2006
Kilb, Rainer, u. a.: *Konfrontative Pädagogik in der Schule*, Weinheim 2009
Kowalczyk, Walter, u. a.: *99 Tipps Störungsfreier Unterricht*, Berlin 2009
Mansour, Ahmad: *Generation Allah*, Frankfurt am Main 2015
Müller, Andreas: *Schluss mit der Sozialromantik!*, Freiburg 2013
Prior, Manfred: *MiniMax für Lehrer*, Weinheim 2009
Quadflieg, Roswitha: *Das kurze Leben des Giuseppe M.*, Berlin 2016
Roth, Gerhard: *Persönlichkeit, Entscheidung und Verhalten*, Stuttgart 2007
Schindler, Jörg: *Die Rüpel Republik*, Frankfurt am Main 2012
Spitzer, Manfred: *Lernen*, Heidelberg 2003
Tibi, Bassam: *Europa ohne Identität*, München 2000
Toprak, Ahmet: *Jungen und Gewalt*, Herbolzheim 2006
Winterhoff, Michael: *Warum unsere Kinder Tyrannen werden*, Gütersloh 2008

Zeitungen und Zeitschriften

Berliner Morgenpost:
»2016 wird es an den Schulen eng«, 16.12.2015
»Neue Kriminalstatistik«, 21.6.2015

Berliner Zeitung:
»Wie sich Selbstkontrolle trainieren lässt«, 27.10.2014

B.Z. Berlin:
»Hier wohnen Berlins junge Intensivtäter«, 29.3.2014
»Zu wenige Schulleiter an Berliner Grundschulen«, 30.3.2015

Erziehung und Wissenschaft:
»Mehr Lehrkräfte, mehr Zeit und kleinere Klassen«, 1/2016

Focus online.de:
»Für die Clans sind die kleinen Polizisten in Berlin lächerlich«, 27.1.2016
»Berliner Raser sind ›polizeibekannt‹«, 1.2.2016

Frankfurter Allgemeine Sonntagszeitung:
»Niemand ist motivierter als Flüchtlinge«, 18.2.2016

Frankfurter Allgemeine Zeitung:
»Ein Ventil für religiöse Bedürfnisse«, 9.12.2011
»Salafisten im Klassenzimmer«, 14.5.2014

Frankfurter Neue Presse:
»Studie: Jugendliche Gefangene entwickeln sich im Knast positiv«, 14.7.2015

Lausitzer Rundschau:
»Wenn das Surfen im Netz zur Hölle wird«, 29./30.8.2015

Neue Ruhr Zeitung:
»Mehrheit der Düsseldorfer stört die Partymeile Altstadt«, 14.12.2014

Der Spiegel:
»Notruf der Rütli Schule«, spiegel online, 30.3.2006
»Das Problem explodiert«, 19/2007
»Jeder Spieler ist zu schützen«, 37/2012
»Hypothek fürs Leben«, 6/2013
»Plattgepaukt«, 17/2013
»Euch will keiner«, 25/2015

Stern:
»Kampfzone Klassenzimmer«, 19.1.20015

Stiftung-erziehungshilfe.de:
»Immer mehr Hilfen zur Erziehung – warum?«, 17/2013

Süddeutsche Zeitung:
»Deutsch macht friedlich«, 14.10.2010
»Eine Erzieherin, neun Kinder«, 4.7.2013
»Polizei löst Schülerparty in Köln mit Schlagstöcken und Pfefferspray auf«, 12.3.2016

SVZ.de:
»Die Heime der Haasenburg waren nicht schlechter als andere«, 25.4.2014

Der Tagesspiegel:
»Ungeheuer behütet«, 15.10.2006
»Grob angefasst«, 7.1.2009
»Aus einem Elfjährigen kann alles werden«, 27.7.2010
»Ohne Härte geht es nicht«, 5.9.2011
»Kinder sind geborene Diktatoren«, 8.3.2012
»Ich werde spießig, und das ist gut so«, 30.3.2012
»Politikerin im Praxistest«, 17.4.2012
»Klassenkampf in Friedrichshain«, 24.11.2012
»Dezent asozial halt«, 22.1.2013
»Respekt, Alter«, 18.3.2014
»Nicht vor den Kindern«, 15.11.2014
»Du kommst hier nicht rein«, 18.4.2015
»Paralleljustiz«, 9.12.2015
»Das Zeltlager im Zentrum«, 18.4.2016

Schulforum-Berlin:
»Sag mir, wo die Kinder sind«, 15.10.2015

Scinexx.de:
»Machen Egoshooter Kinder doch aggressiv?«, 25.3.2014

taz:
»Eigene Jugendstaatsanwälte für Neukölln«, 7.5.2015
»Ruhig mal anrufen«, 2.8.2015

t-online.de:
»Emotional unterversorgt«, 2.10.2015

Die Welt:
»Die Statistik verbirgt 370.000 junge Arbeitslose«, 11.7.2014
»Wie Nordafrikanische Problemkinder das System austricksen«, 2.3.2016
»Reker nennt Abi-Randale ›Wohlstandsverwahrlosung‹«, 17.3.2016

Die Zeit:
»Die gleichen Schüler mit neuen Perspektiven«, 27.2.2014

DANK

Mein größter Dank gilt meiner Frau, die mit bemerkenswerter Geduld und vielen hilfreichen Hinweisen die Arbeit an diesem Buch begleitet hat.

Dank schulde ich auch meiner langjährigen Schulleiterin, Ulla Glitz, die durch ihre offene und zugewandte Art maßgeblich dazu beitrug, mir die Freude am Lehrerberuf zu erhalten, sowie der ehemaligen Leiterin der AG »Gewaltfreie Schulkultur«, Ortrud Hagedorn, die mir neue Perspektiven für den Umgang mit Kindern und Jugendlichen eröffnete.

Allen Freunden und Kollegen sei für die vielen Anregungen und Diskussionen, die geholfen haben, Zusammenhänge zu klären, ebenfalls gedankt.

Nicht unerwähnt bleiben sollen meine Schüler. Sie haben mit ihrer kompromisslosen, authentischen Art erheblich dazu beigetragen, mich in einem langen, aber erkenntnisreichen Prozess von Illusionen zu lösen und meine Ideale der Realität anzupassen.